作者团队

董子铭　王 溪　李志宏

何星仪　杨 凯　熊 珊　黄 菲

顾　　问

兰由玉　王彩凤

致　　谢

成都市郫都区委组织部

成都市郫都区民政局

成都市郫都区社会工作协会

四川省数字文化与传媒重点研究基地

电子科技大学公共管理学院

电子科技大学新媒体实践平台

成都市郫都区优力课社会工作服务中心

成都市郫都区郫筒街道书院社区居民委员会

成都市郫都区郫筒街道双柏社区居民委员会

成都市郫都区郫筒街道和平社区居民委员会

服务基层治理的
传播模式重构

董子铭 等著

中国式现代化是国家治理的现代化，亦是基层治理的现代化。
基层治理千头万绪，传播嵌入穿丝成网。
多样的利益诉求，多样的基层环境，
需要多样性的疏导与传播模式。

四川大学出版社
SICHUAN UNIVERSITY PRESS

图书在版编目（CIP）数据

服务基层治理的传播模式重构 / 董子铭等著．— 成都 : 四川大学出版社，2023.4
ISBN 978-7-5690-6065-2

Ⅰ．①服… Ⅱ．①董… Ⅲ．①社会管理－研究－中国 Ⅳ．① C916

中国国家版本馆 CIP 数据核字（2023）第 058354 号

书　　名：服务基层治理的传播模式重构
　　　　　Fuwu Jiceng Zhili de Chuanbo Moshi Chonggou
著　　者：董子铭　等

选题策划：庄　溢
责任编辑：庄　溢
责任校对：刘一畅
装帧设计：墨创文化
责任印制：王　炜

出版发行：四川大学出版社有限责任公司
　　　　　地址：成都市一环路南一段 24 号（610065）
　　　　　电话：（028）85408311（发行部）、85400276（总编室）
　　　　　电子邮箱：scupress@vip.163.com
　　　　　网址：https://press.scu.edu.cn
印前制作：四川胜翔数码印务设计有限公司
印刷装订：成都金阳印务有限责任公司

成品尺寸：170 mm×240 mm
印　　张：15.75
字　　数：260 千字

版　　次：2023 年 4 月 第 1 版
印　　次：2023 年 4 月 第 1 次印刷
定　　价：68.00 元

本社图书如有印装质量问题，请联系发行部调换

扫码获取数字资源

四川大学出版社
微信公众号

前　言

　　基层治理是实现国家治理体系与治理能力现代化的重心和难点。党的十八大以来，从中央到地方各级政府都将打通"最后一公里"放在了基层治理与服务创新重要而紧迫的位置。基层传播体系建设作为一个既深入社会内层又涉及政府形象的复杂系统工程，急需在理论视野的开拓和实践工作的探索中，从媒体本位的媒介"破界"治理转换为国家本位的治理"融合"媒介，切实担负起助力国家治理体系和治理能力现代化，促进社会和谐发展的历史使命。

　　——基层治理作为一项动态工作，需要在常态与异态的切换中不断化解问题寻求发展。在社会治理的视野下讨论信息传播问题，其核心命题和逻辑起点就是舆论引导。在维护基层治理的整体稳态的过程中，信息传播和舆论引导既是激励也是保障。一方面，通过基层组织的舆论生产能力培养，形成小范围熟人社会的规范，动员激发基层工作者的内在价值需求，并为其工作开展提供舆论支持，树立和强化居民群众的共同体意识。另一方面，在基层社会中打捞舆情、组织对话，为基层民众的理性讨论提供条件和保障，通过权威、价值、利益相结合的多维导向，以促进、规范民主协商与舆论监督等社会治理功能的实现。两方面的最终目标，都是通过基层传播达成民众对社会公共事务的共识和对基层社会共同体的认同。

　　——基层治理作为一种时代要求，与基层传播体系在新形势下相互关联作用。从传播本位看治理，基层治理具有保障民众知情权、表达权、参与权和监督权的重要内涵。从治理本位看传播，基层传播是回应和满足民众社会生活中基本需求、诉求的组织化手段。一方面，在信息化、网络化、数字化、智能化日新月异的媒介环境中，基层治理急需传播体系的信息调节与深度嵌入，为政策宣传、民众参与、政社互动提供信息畅通的渠道和共治共享的平台。另一方面，当前的基层传播体系建设正值国家与社会关系转型调整，党委领导、政府负责、社会协同、公众参与、法制保障的社会管理体系逐步形成的新阶段。面对亟待提高基层组织效能、增强基层组织凝聚力的时代要求，构建适应基层工作实际的传播模式成为当前社会治理的迫切任务。

——基层治理作为一套有机系统，须在基层社会的党组织、行政单位、社工组织、居民群众、行业机构等多元主体中不断进行充分而必要的能量交往、物质交换、信息交流，以维持其动态平衡。基层治理千头万绪，传播嵌入穿针引线。基层的信息交流与传播，从"他组织"的视角看，强调的是自上而下的带动引领，通过建立信息共享平台、加强组织协调与沟通、提高基层组织信息处理能力，来维护基层服务体系稳定有序的良性运行；从"自组织"的视角看，多元的群众精神文化需求自下而上地驱动了基层传播模式从简单粗糙向丰富细致方向的不断发展，在策划各类活动的同时培育孵化各类自组织，以激发传播系统中各个关键节点的参与积极性和创造力。从"系统环境"的差异性角度看，现实中的每一个社区和乡村都有其自身特征和具体情况，基层传播模式若要持续地保持活力，就要拥有它所面临的复杂环境所需的必要多样性，通过在经验中学习，不断提升重新配置自己、更新自己适应外界环境的能力。

本书在新闻传播的理论范畴和社会治理的整体框架中，以"传播融入基层治理"为出发点，借鉴运用多学科的理论资源，采用文献分析与调查研究相结合、整体研究与重点研究相结合的方法，通过田野考察、深度访谈、参与式观察、案例跟踪等手段，在新时代基层组织的传播实践中探索挖掘适用和服务于基层治理的多样性传播模式。其中，上篇为"理论与模型"，探讨社会治理中信息传播与舆论引导的基本概念、规律和方法，为下篇的实践案例提供分析工具和路径指导；下篇为"实践与案例"，分别从基层党组织传播力提升、西部地区社工服务与城镇文明实践、西部民族地区宣传工作与乡村治理这三方面，探索基层组织在治理实践中如何进行有效的传播和沟通，并对上篇中提出的理论模型进行验证和应用。

——在基层党组织的传播实践中，不断提高党组织在宣传工作中的能力和水平，是当前党建引领基层治理的重要任务之一。面对基层治理中难以预料的舆情危机、基层党员干部传播能力和媒介素养的匮乏、传播方式方法的落后、党群间宣传话语对接错位等现实困境，本书从异态和常态两方面进行考察，重点关注危机舆情应对中的统筹联动、综合研判与策略回应，宣传动员中的话语对接、资源协调中的信息整合与文化服务中的交往互动。

——在社会工作组织的传播实践中，重点以四川省成都市专业社工机构为考察对象，结合相关案例，勾勒社会工作在西部地区参与基层治理并发挥协同支持作用的基本轮廓，并探索社工组织如何通过双向传播、两级传播、精准传播的多维模式，在政策环境、市场环境、社会环境中处理好"政社""市社""双社"之间的关系，形成长效的互动机制和沟通模式，成为基层治理系统环境中的润滑剂与黏合剂。

——在西部民族地区宣传工作的考察中，立足于边地特征及"治"与"稳"的现实需求，将以州县融媒体和文博资源为主体的地方主流意识形态传播体系视为提供"可治理性"的座架，重点探索民族地区基层媒体将自身融入社会发展与社会治理的全过程，明确其在治理体系中"培育"的本质定位与功能，进而在思想文化建设、社会安全治理和经济高质量发展三面发力，积极开展物质精神文明实践，吸收治理资源，转化治理效能，持续提升边地各民族的政治向心力。

时代车轮运转得越是急速，融合的向心力与多元的离心力越是显著，正是两者之间的张力推动着中国现代社会的转型。中国的深化改革与未来发展，需要更多深入基层一线、秉持建构性思路的舆论引导者为核心价值的重建和社会管理的创新提供思想与行动上的突破和超越。

目　录

下篇　实践与案例

上篇
理论与模型

第一章　逻辑起点：社会治理中舆论
引导的传播规律

　　将舆论引导作为现代社会管理的重要方式来研究，与中国社会处于转型期的历史背景密切相关，我们可以通过西方社会转型时期的研究成果来透视国内对舆论引导的定义。美国斯坦福大学哈罗（Harlow）博士关于公共关系的详细阐释，对我们理解舆论引导有着界定典范的启发意义。他认为，这是"一种独特的管理职能，帮助组织建立并维持公众间的双向沟通、了解、接纳与合作；参与解决公共问题或议题；帮助管理层了解公众意见和真相，并对民意做出反应；明确并强调管理层对公众利益所担负的责任；帮助管理层随时因应形势变化，并利用这些变化；同时扮演事前预警系统的角色，以有助于预测未来趋势；以研究型、正确的且合乎道德的传播手段作为主要工具"[①]。哈罗的定义产生于第二次世界大战后经济迅猛发展、消费市场无限扩张、价值观念多元的社会环境，而当今正处于转型期的中国社会所面临的态势与之高度相似，社会管理者渴望运用更丰富的管理工具，更开明、妥善地治理社会和市场。

　　"舆论引导，主要是指以政府为舆论引导主体，以实现政府行政目标的

---

　　① Rex F. Harlow, "Building a Public Relations Definition", *Public Relations Review*，1976
(4)：p. 36.

一种政府行为。具体来说，舆论引导就是指特定的政府部门为了实现组织目标，运用传播、沟通、控制等手段对公众舆论进行的疏导、引领和调控的一种管理活动。"① 从社会治理的视角界定舆论引导，强调舆论引导的主体是政府，舆论引导重在通过管理和调控实现引导者的目标。而课题组认为，在社会生活中，任何人、任何机构、任何组织都可以成为舆论引导者，也就是说政府、媒体、公众、意见领袖等都是舆论引导的主体，而政府作为终极主体在舆论引导中应承担更多的责任与义务。以系统论的视角重新理解舆论引导，本课题组做出如下定义：

舆论引导是引导者通过信息的提供、调整和完善使公众意见实现充分表达、有效互动、功能优化的社会过程，是维持、协调和促进舆论良性运行的动力平衡机制。此定义顾及了一般含义上的舆论引导定义，同时覆盖了更为广泛的内涵，为新形势下舆论引导开拓了新的视域，对深刻认识和更新舆论引导的传统观念具有至关重要的作用。立场和方法决定我们研究的出路和成果的高度。在这一定义中，我们站在公众舆论的立场研究舆论引导的运行规律，过程中体现了对公众的尊重和对异见的包容。

舆论引导需要以宏观的原则和思路整体调控微观的操作细节，前人的研究成果，要么聚焦于局部治标，要么着重于宏大叙事，欠缺的正是中观层面的学术考察，而本文探寻舆论引导过程的系统路径，是将其按照舆论运行的四个阶段进行解析，既可以沟通宏观理论与微观实践，又可以从中观上纵向把握舆论引导并实施全程管理。诚然，引导舆论需要因势制宜，不同的舆论形态有着各自相对独立的引导过程，但针对舆论运行中的共性问题建立预警、处置、善后的整套体系和执行框架，是创新舆论引导策略的基础，亦是全面和持续的治本之道。研究的难点在于舆论引导的四个阶段交错共生，而研究须拨冗去繁，将连贯的舆论运行过程合理划分以提炼各阶段的特征与规律。因此，在制度化地提高社会管理效率和实现科学系统引导舆论的同时，还需要对其灵活性和针对性等问题予以关照。

---

① 魏永忠：《公安机关舆情分析与舆论引导》，中国法制出版社 2011 年版，第 129 页。

第一节　舆论生成中的引导：
在基层社会中打捞舆情

舆情"打捞"意在主动获取沉于民意水面的公众意见，而非被动应对。舆论引导者与公众的对接需要搭建起常态化的空间，"打捞"和激活社会智慧，形成双方对等参与的沟通机制。在社会生活中，公众情绪和意见受媒介信息及人际传播的影响，始终处于一种不断扩散和累积的过程当中。社会公众情绪的生发、蓄积与舆论引导息息相关，舆论生成的不同模式对于舆论引导者进行舆情打捞的要求虽不尽相同，但都离不开量化和实证的研究方法。常态下舆论生成的缓慢氧化模式，对其引导需要类似于民意调查的持续性长效操作；而剧烈氧化模式作为异态下的舆论生成过程，则需要建立精确监测舆情走向的研判分析机制。

一、常态舆情打捞——广义的民意调查

舆论运行是一个非线性的动态系统。其中，舆论生成与舆论结晶（舆论作用于决策）这两个阶段，并非彼此分离的起点与终点，而是首尾相接、循环再生的过程。舆论生成与舆论结晶的呼应和对接，正是由民意调查来完成的。民意调查同时作为舆情预警机制和决策反馈机制的重要构成，既为舆论引导和科学决策提供依据，又是检验舆论引导效用的重要分析工具。

狭义的民意调查也称民意测验，刘建明等学者将民意测验比作舆论气候的探测，并将其定义为"对民意的方向、强弱度获取精确的数据，揭示民意的追求，把握社会动向，为解决社会问题提供充足的根据"[①]。民意是民众认知、情感、行动层面相对持续的思想。民意测验涉及的是人民的切身利益

---

① 刘建明、纪忠慧、王莉丽：《舆论学概论》，中国传媒大学出版社 2009 年版，第 297 页。

问题，在人民具备知识或知情的情况下才能使用。客观的民意调查结果，是测度和应对舆论的一种预警机制，在选择社会发展方向和制定社会政策时，无疑起着决定作用。

民意调查经过不断发展，已形成一套较为成熟的运作过程和方法体系。民意调查基于图1-1所示流程，通过受访者样本①推论总体民众的态度、情绪、意愿和感受，符合从个别认识整体，从有限认知到无限认知的规则。随着科技的进步，民意调查的方法也逐渐丰富和发展。当前，除了问卷设计与投放，舆论指数的索取方式既有传统的面晤访谈、民意投票、开放式信件调查，也有采用电脑辅助电话调查（CATI）技术来完成的基本数据收集。"互联网的发展，更直接推动了民意测验方式的转变，在线调查目前也成为业内广泛采用的一种民调手段。"②而国内的民意调查还是一个新兴的朝阳产业。近年来，全国各地民意调查机构不断涌现，有关媒体和高校与权威调查机构合作，在重大新闻事件方面反映民意、研究对策。为了积极打捞舆情，政府部门将民意调查引入日常决策也渐成风尚。

科学的抽样方法 ➤ 严谨的问卷设计 ➤ 精确的统计分析 ➤ 慎重的数据解读

图1-1　民意调查流程

对民意调查的批判是其完善的动力，防止其步入误区。"电视为出价最高的主顾公开推销商品，难道民意测验有什么地方比电视更科学吗？……民意测验是一种社会性发明物，不能脱离它在其中发挥作用的体制结构来单独考虑。……从概念上说来，民意测验也许是一种中立的技术方式，但是一旦使用民意测验，它就能发挥某种（反）社会目标的政策作用。民意测验使现代的社会控制增加了一种出色的、新的补充工具。"③美国传播政治经济学家赫伯特·席勒（Herbert Schiller）对民意调查的批判性分析振聋发聩。的确，在一些民意调查的执行过程中，存在着目的性操作的嫌疑和与生俱来的局限。民意调查的结论并不完全等于公众舆论。

①　科学获取检测样本，应是随机抽样和类型抽样的并用。
②　范伟达：《民意调查就是民意吗》，载《解放日报》2009年11月10日。
③　〔美〕赫伯特·席勒：《民意测验业：舆论的衡量和制造》，陈复庵摘译，载《国际新闻界》1983年第3期。

首先，民意调查有广义和狭义之分。广义的民意调查，包含除民意测验之外的诸如座谈会、市民信箱、蹲点调查、访贫问苦、博客论坛等体察民情、了解民意的调查方式。全面深入地探测民意还需要将多种民意调查手段有机结合。将倾听民意还原为面对面的交流和实地考察，与建立技术化、制度化的调查分析系统并不矛盾，两种方式各有优劣，关键在于积极主动的倾听态度。

其次，狭义的民意调查本身也有局限。潘忠党认为对舆论的实证研究，不能以数字给舆论定性，亦不可成为边缘化非主流意见的手段。"我们需要区分舆论作为公共讨论并发挥其功能的过程和在任何时间点上某一意见在群体中的采纳程度（可以用百分比表示）。前者是湍湍不息的河流，后者是它在某一点的'切片'"[1]。因此，民意调查需要考察过程和跟踪测验，其对象是动态的舆论，不断了解它的变化，并从中挖掘出舆论生成的规律。此外，调查者、访问员和研究人员的整体素质，是影响科学调查的重要因素。在民意调查的设计、实施、分析过程中，应做到价值中立、方法得当、手段完善。

更重要的是，民意调查的角色定位。民意调查的目的是寻求真实答案、破译社会问题，让舆论引导有的放矢，而非制造假象。抽样调查方法创始人美国数学家乔治·盖洛普（George Gallup）告诫道："应该随时记住，民意测验机构仅仅是探索事实的机构。"保罗·拉扎斯菲尔德（Paul Lazarsfeld）也认为："方法完善的民意测验的结果是科学事实，它们可能为人们错误理解和使用不当。但是解决的办法当然不是禁止民意测验，而是应该考虑怎样利用民意测验，何时谁在利用。"民意调查尽量避免由本部门、本单位、本系统主持，应由独立第三方机构进行，防止民意调查被利益集团操纵和商业化。作为常态下舆情打捞的长效机制，民意调查在为重大突发事件舆论生成后的舆论引导与科学决策做足基础和准备工作的同时，更反映着一个国家的民主化进程。

---

① 潘忠党：《舆论研究的新起点——从陈力丹著〈舆论学——舆论导向研究〉谈起》，载《新闻与传播评论》2001 年第 1 期。

二、异态舆情打捞——舆论热点的监测研判

舆情监测是指利用一定的技术手段，对与目标相关的舆情信息进行检测、统计和分析的长效机制。目的是对舆论热点做出过滤、筛选和准确判断，了解公众对其的态度和意见，以及时有效地进行舆论引导。通过社会焦点的监测把握舆论形成的临界点，将有效达到预警系统中"关口前移"的效果。李普曼认为，对人们智慧的最大考验"莫过于分辨真假危机，这是必然的。因为，在危机接踵而至、真正的危险混杂着想象的虚惊时，一旦恐慌情绪蔓延开来，理性就根本派不上建设性的用场，很快，任何一种秩序似乎都比无序更受欢迎"[①]。

新媒体的日益发达和网民数量的不断增加，促使网络逐渐成为人们的主要意见表达场所，提供了获取大量真实舆论演化数据的可能性，使对舆论生成过程进行精确化描绘逐渐成为现实。网络媒介所构建的"拟态环境"在一定程度上独立于传统媒介的"拟态环境"。基于互联网技术的虚拟社会与现实世界有着复杂多样的联系。"拟态环境"在网络的催生下已经相当成熟，"反映民意的网络舆情，源于现实世界，又会正面或负面作用于现实世界；而且，来回之间，舆情与现实的关系可能发生复杂的变化。因此，及时发现、分析、管理、利用网络舆情就变得非常重要，其中，网络舆情信息监测则是关键的起点"[②]。

网络舆情监测就是要从海量、动态、交互的网络信息中及时识别、发现舆论的潜在状态。"它既与自然语言处理技术密切相关，也与信息组织和信息分析技术相联系。受限于自然语言处理技术水平，传统的网络舆情信息挖掘主要为话题识别。近年来浅层分析技术开始出现，并在相关应用研究中体现出关注网络舆情的情感因素以辅助决策的优势。"[③] 我国近年来的网络舆

---

① 〔美〕沃尔特·李普曼：《公众舆论》，阎克文、江红译，上海人民出版社 2006 年版，第293 页。

② 曹树金：《专题·网络舆情信息监测（一）》，载《图书情报知识》2011 年第 6 期。

③ 曹树金：《专题·网络舆情信息监测（一）》，载《图书情报知识》2011 年第 6 期。

情研究活跃，新闻传播、信息管理、图书情报、数字工程技术等多学科交叉，以新闻评论、论坛博客等数据为研究数据来源，采用实验方法，对网络舆情信息监测技术进行探索性研究，为有效开展舆情监测和管理实践提供了参考，虽有较为整体和全面的把握，但还需要精确地描述舆论走向的实证研究和分析机制。

目前，中国人民大学喻国明[①]构建的网络舆论热点衡量指标体系为网络舆情监测提供了可操作的有效方法。该体系由舆论稳定性、舆情的分布、舆情的强度三个一级指标构成，包含时间、数量、显著、集中、意见五个维度。通过对上述指标的计算和赋值，形成整体议题的舆情指数。其中数据大致来源于新闻跟帖与论坛博客两个层面。中国传媒大学柯惠新等学者[②]通过建立重大事件舆情监测指标体系，进而构造舆论危机预警分析模型，用于评估重大事件舆情综合水平的指数。该体系由扩散度、聚焦度、解析度、参与度四个一级指标构成，在此基础上的舆论危机预警分析指标体系，则包含舆情发展速度、舆论危机潜力、负向舆论潜力、强烈舆论潜力四个主要考察维度。两个指标体系中后者是对前者本质的再认识，以期更有效地规避新发恶性冲突事件可能衍生的社会心理危机。南京大学王青等学者[③]通过 E-R 模型系统分析主题舆情的属性特征，构建网络舆情监测与预警指标体系。该指标体系从舆情热度、舆论强度、舆情倾度、舆情生长度四个维度诠释主题舆情的传播范围及程度、舆情主题内容强度、主题舆情生长规律及状态、舆情受众意见分布等网络舆情与预警要素。华中师范大学谈国新等学者[④]利用 I-space（信息空间）模型对网络舆情的传播过程和产生根源进行分析研究，提出了由舆情发布者、舆情要素、舆情受众、舆情传播以及区域和谐度五个指标群构成的网络舆情监测指标体系，分别展现舆情的地理分布、来源、传播渠道以及舆情内容的性质和受众的反应。

---

① 喻国明：《中国社会舆情年度报告 2010》，人民日报出版社 2010 年版。

② 柯惠新、刘绩宏：《重大事件舆情监测指标体系与预警分析模型的再探讨》，载《现代传播（中国传媒大学学报）》2011 年第 12 期。

③ 王青、成颖、巢乃鹏：《网络舆情监测及预警指标体系构建研究》，载《图书情报工作》2011 年第 8 期。

④ 谈国新、方一：《突发公共事件网络舆情监测指标体系研究》，载《华中师范大学学报（人文社会科学版）》2010 年第 3 期。

为了适应不同模式下预警机制和应急机制的需要，学界和业界都在努力尝试通过对相关数据的收集与统计分析，构建模型和评估体系以求得舆情爆发的临界指数，用以实时监控和预测。虽然已有的相关建模研究存在诸多局限，但随着人们对网络交互行为认知的深化和语义分析技术的进步，通过不断修正和检验，终将建立适用于不同舆论生成模式的预警机制和应急机制。

本书对现有的主要网络舆情监测指标体系进行了整理与归纳，并在此基础上做了初步、有限的探索，构建了不同于其他研究成果的，以舆情的主体、客体、本体为一级指标的网络舆情监测及预警分析指标体系（见表1—1）。我们认为，一方面，从舆论基本要素的角度考察网络舆情是必要且可行的，它相对更全面、清晰地囊括和筛选了影响并决定舆情性质、级别的核心要素；另一方面，该指标体系尚处于理论构建阶段，还有很大的深化和扩展空间，需要在多次的实验中赋予各指标相应的具体权重值，并建立各指标的计算公式和数学模型。

表1—1　网络舆情监测及预警分析指标体系

一级指标	二级指标	三级指标	测量方法
舆情主体 指标 A	可信度 A1	是否署名 是否原创 有无链接	基于 Web 数据挖掘技术软件的信息量数据分析
	参与度 A2	点击数量 发帖数量 跟帖数量 转载频率	
	聚焦度 A3	专业搜索引擎的搜索量 站内搜索工具的搜索量	
	解析度 A4	点击量与跟帖量之差	
舆情客体 指标 B	危害度 B1	事故主体因素的包含水平 冲突缘由因素的包含水平 灾难后果因素的包含水平	Web 文本内容分析
	敏感度 B2	道德伦理热点的对应水平 经济民生热点的对应水平 时事政治热点的对应水平 司法治理热点的对应水平 公共安全热点的对应水平	

一级指标	二级指标	三级指标	测量方法
舆情本体指标 C	显著度 C1	相关帖量占总帖量百分比	信息量数据分析
	持续度 C2	持续时间 有无间歇	
	扩散速度 C3	日均帖数/报道次数 日均跟帖/转载次数	
	传播成本 C4	有无涉及专业领域/术语 有无相关背景介绍 有无主流新闻网站报道	文本内容分析
	倾向程度 C5	正向数量 负向数量 中立数量	文本语义分析
	意见分布 C6	J型分布 双众数分布 正态分布	信息量数据分析
	信源分布 C7	门户网站 论坛博客 传统媒体	文本内容分析
	地理分布 C8	地区覆盖度	信息量数据分析

A：舆情主体指标，该指标与舆情发布者和受众相关，既衡量发布者引起网民注意的程度，以监测网络意见领袖的活动，同时衡量受众对该主题舆情的关注热度。

B：舆情客体指标，该指标表示的是某社会问题或突发事件本身具有的舆论危机潜力，即触发未来舆论危机的可能性。B1危害度是某事件中导致舆情变化的信息要素在既往舆论危机中重复出现的次数。B2敏感度是社会心理热点在既往舆论危机中重复出现的次数。

C：舆情本体指标，描述和研判舆情的核心指标。C1显著度所蕴含的假设是不同舆情主题在特定时间、特定传播载体的受关注度存在相互竞争或促进的关系。C2持续度是预测舆情生命力的综合指标，反映舆情生命周期（持续时间）和特定时段的舆情在生命周期中所处的阶段。根据舆情持续时间判断其所处的潜伏、显现、演进、缓解、消失的具体时段，可以采取相应的舆论引导策略。C3扩散速度指舆情信息在不同的传播载体中的传播速度。

同时考察 C2 和 C3 指标可以发现网民发表意见次数最频繁、最活跃的时期，这一时期网民情绪急速积聚。C4 传播成本是网民对某一舆情主题的了解程度和相关资料的网络易得程度，传播成本较高的议题往往传播速度相对较慢。C5 倾向程度有正、负、中立之分，对舆情做出客观准确的判断，还要对舆情定性，把握舆论走向。科学分析该指标，有利于引导者对自己有一个客观认识和评价，更加清楚自己工作中的成绩和不足。C6 意见分布是根据 C2 研判得来的意见倾向的集中度和发散度。其中，J 型分布表示正向或负向信息量成单项增多的趋势，俗称一边倒；双众数分布表示对立的观点两极分化；正态分布表示中立意见占主流（见图 1-2）。C7 信源分布对于了解不同网络媒体的特点很有帮助。C8 地理分布主要考察舆情在网上出现的场所和范围。不同的舆情产生和传播路径不同，此数据对舆论引导有重要指导价值，使政府和媒体在舆论引导过程中有明确的发力点。

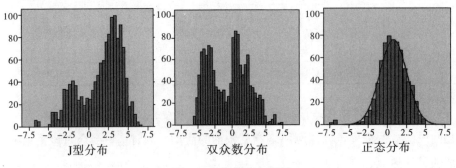

J 型分布　　　　　双众数分布　　　　　正态分布

图 1-2　舆情分布类型

在实际工作中，要定期对与之相关的热点事件进行梳理和统计，并根据相应标准做出热点排行，用于指导制定应对策略。若舆论尚未爆发，媒体可通过对社会焦点的实时监控，预测舆论爆发的时点并及时开展引导，从而达到预警效果；一旦舆论生成，媒体同样可以借助实际数据检验舆论引导的效果，从而服务于应急机制。舆论环境变化的新趋势在为精确监测舆情提供可能的同时，也打破了常规的危机信息管理机制。微博等网络新媒体可使微小的事件迅速放大，不可预见地掀起巨大的舆论风暴，一波未平一波又起。因此，舆情预警和研判需针对事件可能的关联与波及效应，而不只是事件的本身。

第二节 舆论传播中的引导：
组织对话 理性讨论

美国政治学家斯皮尔（H. Speier）认为，"舆论实际上就是传播"。这强调的正是舆论传播阶段舆论主体间充分互动的重要性。研究舆论就是探讨公共讨论（public deliberation）如何发生，在社会生活中如何展开并发挥作用的。而这一阶段的舆论引导重在组织对话，为理性讨论提供充足的信息和空间，容纳异质舆论、多元舆论，让真相、真理、公民理性在公共讨论中涌现。

一、理性讨论的必要条件：结构兼容的信息输入

传播技术的革命促成了新的舆论格局，在舆论形成和传播的过程中，公众从被监视变成监视和围观。喻国明将法国哲学家米歇尔·福柯（Michel Foucault）对建立在信息资源垄断基础上的传统社会治理模式的"全景监狱"① 比喻进行了结构性改造，认为信息技术发展带来的真正变化是新的舆论传播结构——"共景监狱"的形成。福柯发现，传统社会的管理者主要通过信息不对称的方式来实现低成本、高效率的社会治理。这恰如全景监狱中，狱卒站在最高层的牢房顶端，监视所有犯人，而犯人不但看不到狱卒，也缺少犯人彼此之间的有效沟通和信息传递。然而，以互联网为代表的新媒体，打破了信息的垄断，调换了监视的对象，众人开始对个体展开凝视和控制，管理者在信息资源把控方面的优势已经不复存在。"人们不再一如既往地凝神聆听管理者和传媒的声音，人们在'交头接耳'中沟通着彼此的信

---

① 〔法〕米歇尔·福柯：《规训与惩罚》，刘北成、杨远婴译，生活·读书·新知三联书店2007年版。

息，设置着社会的公共议程，质询、甚至嘲笑着处于公共视野之中的领导者或者媒体。"① 因此，"共景广场"较之"共景监狱"应更为形象，处于广场中央的管理者与围观公众的交锋，才是当前舆论格局的新特点。

社会话语能量的巨大释放给舆论引导带来了巨大的压力和困扰。社会张力的舒缓需要搭建更为宽广的公共话语平台。"共景广场"的空间有限是管理者对网络舆情无所适从的症结所在。因此，舆论引导者作为公共平台的构建者和社会对话的组织者，其职责乃是制定规则使之实现自我治理，为公众提供结构均衡的大量信息，使之在社会公共领域中享有更多的知情权和发言权。

我们提出理性讨论的必要条件需要具备两个要素：一是事实的呈现，真实为本，速度为重，兼容为上；二是观点的表达，正确为本，深度为重，兼容为上。在本书作者提出的舆论生成与传播的氧化模式②语境下进行表述：过去用"捂盖"和"堵压"来灭火、抑制社会舆论氧化和燃烧的方式早已不适应当前高度透明的舆论形势，不但无法彻底阻止燃烧的发生，更有可能造成舆论的不完全燃烧，引发更多新的问题。今天，舆论引导的重点不再是杜绝社会舆论的燃烧，而是让舆论在合理的时空范围内充分燃烧，以有效疏导公众情绪，通过引导使社会公共领域的公意所蕴含的社会势能得到合理地释放、转化，抑或导向性地弱化或强化。在舆论形成中让公众多一些独立思索而少一些盲目从众，使舆论增添些理智的成分，这是舆论引导的应有之义。需要强调的是，公众情绪和公众意见（可燃物）充分燃烧的实现需要充足的氧气，而这充足的氧气正是舆论引导者为公众及时提供的丰富信息，"丰富"不仅在于量大，更关键的是种类多样，只有结构均衡、内容兼容的信息才称得上丰富的信息。

信息的结构性均衡，核心是"兼容"——通过正面信息、中性信息和负面信息的合理搭配、全面提供来反映事物真相的信息呈现结构。这三者在舆

---

① 喻国明：《媒体变革：从"全景监狱"到"共景监狱"》，载《人民论坛》2009年第15期。
② 董子铭：《基于氧化原理的舆论生成模式研究》，载《编辑之友》2014年第3期。作者将社会舆论的生成途径归纳为缓慢氧化、剧烈氧化（包括自燃和点燃）等模式。其中，公众情绪作为可燃物梯度分布在舆论场中；信息披露、宣传教育、意见领袖和媒体的引导，乃至谣言化传播等可视作舆论生成中的助燃剂或氧化剂；社会问题和事件即为热源，既是社会矛盾凸显的表现，也会加速公众情绪的氧化反应。

论燃烧过程中的结构性呈现直接影响每一次舆论燃烧生成物。"即使网民在这个空间里'吐口水'、'撒野'甚至'低俗'一下，这也是一个相对健全的社会所应该容忍的。须知，虚拟空间的发泄性代偿总比现实的社会冲突代价低得多。"①观点的表达应保持生动的差异和有效的独立。"对多样性的真正接受是我们可以从由衷的宽容走向相互尊重，并最终达到彼此之间的欣然肯定。"②

信息的结构性均衡是舆论充分燃烧对于助燃剂在内容上的基本要求。在信息注入的时空性质上，则要求信息流动必须双向畅通。纵向上，政府和公众之间的信息流动和交换必须持续、通畅、充分；横向上，个体与个体之间、个体与群体之间、群体与群体之间的信息流动和交换也同样如此。如果横向传播不力，可燃物与助燃剂的充分接触必将受阻，进而反应过程——"公意"形成的速度、质量都将受影响。所以，保证横向交流渠道（大众媒介）的持续和通畅，才能使舆论的充分燃烧在更普遍的范围内进行，以促使具有更强代表性和可接受性的公意适时涌现，并使该意见获得最大的理解和支持。

如果信息注入在量上相对贫乏，在质上相对低廉，或在时间上相对延误，则无法使公众达到对舆论事件的深层次认知。这就意味着，舆论引导的不当阻碍了公众对舆论事件在深度和广度上的全面认识。那么，社会舆论的不完全燃烧所残留的物质——未被满足的公众利益诉求、未完全释放的公众情绪，将会成为新一轮舆论燃烧的可燃物。所以，对舆论的充分燃烧（良性运行）而言，助燃剂的成分（理想的信息输入）一定是信息结构的均衡和合理——除了要求反映舆论对象的信息总量充分，还要求这些信息从不同侧面反映着这个对象。这也就意味着，在舆论引导的过程中，如要维系信息结构的均衡和合理，就必须避免出现人为阻止所谓的"负面信息"进入舆论燃烧过程的情况。始终使信息输入过程中保持一定量的"负面信息"，对于舆论功能的实现也至关重要。为此，我们甚至需要重新认识并重视所谓"负面信息"在舆论引导过程性价值中的作用——这种作用，至少有一方面是燃烧或

① 喻国明：《中国社会舆情年度报告2010》，人民日报出版社2010年版，第2页。
② 〔美〕杜维明：《对话与创新》，广西师范大学出版社2005年版，第57页。

释放社会消极情绪，一方面是修正公众的社会认知。

据此，不难发现，我们期待的舆论引导显然都具有过程性价值——舆论引导本身乃是一个过程，追求过程性价值的实现是舆论引导的一个基本向度。过程性价值，主要体现为氧化（燃烧）要素和控制环节的优化与提升。具体到舆论引导，就是被呈现的信息越丰富和全面，公众智识和理性的提升也就越显著，进而社会的民主化进程也越快。正在于此，舆论引导的社会功用——聚集和释放舆论对社会的促进、修正势能，必然是实现过程性价值和目的性价值之间的结合。

二、理性讨论的充分条件：适当调整的引导策略

在对舆论生成模式的研究中，我们把表现形式不剧烈，但影响深远持久、潜移默化的舆论生成模式称作"缓慢氧化"，如社会主义核心价值观的正向涵化或转型期社会矛盾的负向累积。我们把在一系列相关事件影响下，公众情绪随此社会问题的日趋凸显而不断积累，直到某一类似事件再次发生，舆论随之一触即发的生成模式称作"自燃"。"点燃"模式则是指，以突发性公共事件作为火源，将公众长期存在的价值观念、态度偏见和情绪迅速引燃，并产生广泛而强烈的社会影响的舆论生成模式。[①]

（一）因势利导：舆论引导在内容上的侧重

在不同的舆论生成模式中，舆论引导的内容不尽相同。对于缓慢氧化模式，公众对话语权的要求较强；而对于燃烧模式，还需要媒体在保证公众知情权、表达权的同时予以宣导抚慰，疏解其焦虑、愤怒等负面情绪。媒体要根据不同的主客体和自身特点，选择恰当方式进行舆论监督和引导。图文的展现、报道的角度与倾向性、写作方式、报道题材和新闻种类等都会对引导效果产生影响。三种舆论生成模式在引导内容的侧重上，突出表现为报道的倾向性和角度的不同。缓慢氧化模式和自燃模式的舆论生成时间较长，要求

---

① 董子铭：《基于氧化原理的虚拟社会舆论引导探析》，载《当代传播》2014 年第 2 期。

尽可能保持信息结构性均衡，使公众情绪得到较充分的疏导，提升公众的理性思维，避免因一元化而走向极端，诱发新一轮舆论风暴。媒体在日常报道中，要从公众利益出发，不仅要报道正面事实，还要合理揭露社会问题；宣传教育中，在突出主旋律的同时允许多元价值的存在。对于点燃模式的初始阶段，信息的类型则趋向以一元导向为主。因为公众情绪被突发事件急速点燃，处于极端动荡的态势中，此时媒体必须迅速做出反应，用同一声音进行报道，形成合力，才能及时稳定公众情绪，消弭谣言，削减不安定因素。在此之后，公众情绪趋于稳定，报道可以朝向挖掘事件本身、引导公众多方面思考发力。

（二）因时制宜：舆论引导在时间上的侧重

三种舆论生成模式的舆情走势如图 1-3 所示。点燃模式中的舆论引导应注意把握反应开始前期的短暂停顿。舆论点燃模式中，作为燃点的突发事件发生之后，短时间内舆论即可到达峰值。一般情况下，舆论峰值到达的时间相对较短，最长不过几小时，也可短至分秒。具体到达的快慢，与事件发生的时段有关。如果事件发生在网民在线比较密集的时段，如傍晚，则舆论峰值易迅速到达。根据课题组对重大突发事件中关于单位时间内网络论坛发帖数的统计显示，点燃模式中的舆情从发生到峰值的时间虽然很短，但仍然存在一个前期停顿，这段时间内，大部分网友都在观望，等待关于事件的具体信息或者观点，而这段时间内出现的主题帖内容几乎完全左右了后面参与讨论的网民的意见倾向。因此，如果能在点燃模式的前期停顿阶段进行舆论引导，就占据了主动。自燃模式的舆论引导关键在于先期发现问题，可以在公众情绪和议论的累积阶段对其进行控制、疏导。负责舆情监测和分析工作的有关部门应保持对各种社会问题讨论的持续关注，以先期发现和解决问题，及时披露权威信息或对讨论热度进行调控，不至于使之蓄积爆发。

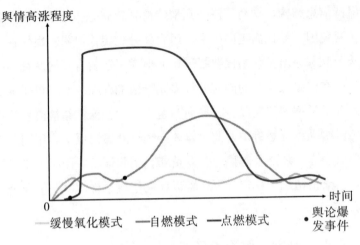

图 1-3　三种舆论生成模式的舆情走势模拟

三、理性讨论的制约条件：多元共生的规则建立

当我们着眼于单一的舆论生成模式，只面对单次氧化反应的线性流程来分析舆论的社会运行时，舆论的形成和发展、舆论的走势及功能实现，就被简化成一个只需要改动或调整某个具体因素和环节即可加以引导和控制的对象，并以为我们的改动和调整可以"一因一果"式地达到目的。这样的思维径向，很大程度上忽略了舆论与舆论乃至多个舆论之间的关联性，忽略了舆论自身通过氧化过程中的相互化合与升级演变，来涌现社会理性、促进和修正社会发展的事实。于是，这种相互化合与升级演变的机理和条件以及满足这些条件所必须涉及的和需要考察的其他社会因素，也就自然而然地被忽略。

鉴于此，我们需要综合考察三种氧化模式的相互转化和相互叠加，从非线性的思维理路出发，将舆论引导贯穿舆论传播的整个过程。当舆论燃烧所依赖的助燃剂（信息）来源发生较大的或根本性的改变时，舆论燃烧的可燃物（公众对事件的认知）、生成物（公众意见的倾向性）等环节和因素，也会相应地发生连锁反应，从而导致整个舆论氧化过程的重新整合、重新稳定、重新发展。在此过程中，一个舆论所涵盖的问题和意见在复合氧化中不断生成新的问题和意见，如此螺旋上升，从而把初始舆论向对象扩展和认知深化两个维度不断推向纵深。在社会化媒体高度发达的当前社会中，舆论演进过程的高速、敏感以及舆论走向的高度不确定性，将随着舆论事件的进一步发展，引发更多的拥有不同利益背景和诉求的舆论主体参与进来；同时，原先的或新加入的传播媒介（氧化剂）也会从不同角度提供信息，这就从根本上更新、改变了原来的信息结构。因此，只有从作为共同规律的被氧化物、氧化剂、热源这三要素入手，保证舆论引导的持续性，才能促使舆论的发展和演化达到相对理性的阶段。虚拟社会的舆论引导是一项复杂的社会系统工程，由图1-4便可见一斑。在此共生模型中，政府应从社会的整体利益和共同利益出发，根据社会需求和市场规律，通过政策法规、经济手段、专业监督等系列方式进行间接规制。①

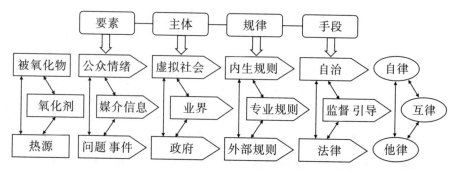

图1-4　基于氧化模式三要素的虚拟社会舆论引导多元共生模式

从热源的角度来讲，政府加强立法是增强网络可靠性、安全性和依法管理有效性的必要条件，是为当务之急。没有规范虚拟社会的网络法律，任何规制和管理措施都无据可依，这将导致更多、更频繁、更严重的网络事件发生，进而影响虚拟社会的健康发展。

从氧化剂的角度来看，近年来不断涌现的质疑主流、反对权威的网络文化奇景，反映了网民对传统宣教方式的"逆反"。因此，运用技术和专业手段改善网络舆论引导方式，以广大网民喜闻乐见的形式弘扬主旋律是虚拟社会管理的重要途径。以文字为主的传统传播形式不利于公众情绪的表达，而在图片和影像可以像文字一样高速传播的今天，注重和运用灵活、生动的手

① 李钢：《虚拟社会管理的问题与对策研究》，载《行政管理改革》2011年第4期。

段去塑造契合网民心声的形象和内容，已经成为网络舆论引导的必修课。此外，技术手段在防范虚拟社会的偏失问题上也起着不可替代的作用，是各种虚拟社会安全管理的保障。

对被氧化物本身的要求则是加强虚拟社会的行业自律。网络作为一个重要的经济载体，良好的自身环境有利于行业发展。因此，网络的服务提供商和内容提供商有责任也有义务组织构建行业自律机制，在加强对计算机房、网络接入点管理的同时，协助政府倡导文明上网、加强对内容和网络行为的监督，净化网络环境。

第三节　舆论演进中的引导：
多维导向　达成共识

社会化媒体①的浪潮正冲击着处于转型期的中国社会，民众利益诉求陡然增加，各种新锐传播形态层出不穷。价值观念的高度多元和传播媒介的深度自助，作为社会环境和媒介环境变化的重要因素，使当下的社会思潮，出现了多元化、多角度且"水火难容"的不同声音，公众舆论朝着更加不可控的方向演进。然而，冲突各派的观点，其核心问题却是相同的，都在寻求共识和答案以破解社会各界存在的不满。达成共识的前提是承认多样性，而非一元化或者多对少的简单胜出，以多维导向壮大主流舆论、凝聚思想共识，必须超越差异，寻找指引前行的共同力量。

---

① 社会化媒体，是一种给予用户极大参与空间的新型在线媒体，改以往媒体一对多的传播方式为多对多的"对话"。博客、维基、播客、论坛、社交网络、内容社区等是具体的实例。

一、权威导向：社会治理中的情绪调节与意见分流

作为舆论的重要引导者，大众媒介因其相当程度上代表着公众舆论而被赋予了较大的权威性，而这种权威性使得大众媒介对事实和观点的选择带有自然放大某种情绪和意见倾向的能力，直接影响着舆论的演进方向。引导者的权威来自舆论本身，又反作用于舆论的初始形态。因此，可以通过诉诸舆论的权威导向调节公众情绪，分导集中的片面意见，达到舆论引导之目的。

（一）理智型引导——公众情绪的调节

随着公众独立思考意识的增强，网络舆情在放大正面情绪方面的作用日渐减弱，然而在强化负面情绪方面的效果越发显著。负面情绪是一种由于无法消除困境而产生的被压迫感。由于个人感知的有限，人们需要到拓展了的认知维度——媒介提供的信息中寻求共鸣。一旦媒介提供的趋同于负面情绪形态的舆论被人们感知，人们则会受到"鼓励"，以几何级数的速度叠加着自身的生活压力，刺激着更强烈的负面情绪再生。这正是近年来网络作为社会风险放大器，致使舆情迅速蔓延的原因之一。人人皆传者使得人们在网络媒体中寻找负面情绪的对接点变得更加容易。

因此，为了控制公众负面情绪的弥漫以防发生较大的突发性事件，媒介从业者的冷静和理性是舆论引导的首要精神状态。其理智体现在，作为传播者和引导者，媒介有义务如实客观地反映已经存在的情绪和舆论，无论是正面情绪抑或负面情绪，都不能将自身卷入勃发的情绪中去。引导者自身被正面情绪感染，会导致夸大正面宣传而适得其反；被负面情绪感染，则无法正确把握对社会变动和突发事件的认识，更无力及时给予公众解释和心理疏导：这都会损害舆论引导者的权威性。需要注意的是，对公众情绪的调节并非只是舆论演进中的引导任务，而是存在于舆论生成、传播、演进的各个环节。其中，调节的关键时机往往在最初阶段，此时，引导重点在于转移、分散情绪，而权威导向的作用则凸显于舆论演化阶段，原因在于此时的引导必须借助媒介自身的公信力和理智的力量。

（二）责任型引导——集中意见的分流

当舆论过于集中时，为防止舆论共振而引发极端行为，引导者有责任提出不同的意见以供公众在讨论中达成共识。这体现了前文所述的在舆论传播中保持信息输入的结构性均衡。舆论分流，需要引导者确定自身的社会责任，将宣传、煽情抑或揭露、批评保持在适当的范围。针对舆论一边倒的情形，引导方式可以是"既发表流行的评价意见，同时又有意多发表一些其他的评价意见，使得过于集中的舆论得以分流，形成正常的舆论不一律的自然状态。在引导过程中，逐渐使得体现主旋律的评价意见居于主导地位"。[①]舆论引导者的责任体现在对焦点的关注和正确把握，然而在此过程的具体操作上则需慎重。新媒体时代受众的"去权威化"心理，是权威导向和强势引导在网络舆论引导中逐渐式微的重要原因。

责任型舆论引导，一方面，需要在舆论高涨时提供认知的批判视角。一些媒体的严肃新闻娱乐化、娱乐新闻低俗化、信息的狂轰滥炸、以讹传讹推波助澜等责任淡化行为，让受众陷入"到处是水却没有一滴水可以喝"[②]的汪洋大海。此时舆论引导者的责任在于，以其独特视角对社会热点进行报道、解释和分析，正确传递各方声音，继承、扬弃、整合和创造文化和艺术形态，潜移默化地影响和塑造公众的精神操守，提高公众的认知层次和品位。另一方面，需要引导者在受众迷茫时提供重要清晰的信息，促进新闻信息及时、真实、准确、全面、客观传播，以保障公众的知情权、参与权、表达权和监督权。一个负责任的媒体，"总会体察民意、顺应潮流，总会善于把握社会脉搏、研判时局走势，总会提出关键命题、做出核心引领"[③]。

二、价值导向：社会意识多元共生中的共同体认同

价值观念是国家发展、社会和谐的精神力量和纽带。引领价值观念、整

---

① 陈力丹：《舆论学——舆论导向研究》，中国广播电视出版社 1999 年版，第 111 页。
② 语出：塞缪尔·泰勒·柯勒律治（Samuel Taylor Coleridge, 1772—1834）。
③ 高薇、何晏：《中国媒体——社会责任的守望者》，载《半月谈》2009 年第 20 期。

合公共精神，是舆论引导实践过程中的根本方向和最高境界。价值导向旨在于多元价值共生中以核心价值体系的建设实现引领与整合。在塔尔科特·帕森斯（Talcott Parsons）的结构功能主义中，意义/文化/价值系统具有"潜在的模式维系功能"，能够维持价值观的基本模式并使之在系统内保持制度化，以处理社会成员的内部关系紧张问题。培育共同遵循的社会文化和社会价值，是世界各国化解社会矛盾、缓解舆论冲突的共同做法。

（一）创新型引导——核心价值体系的扩展

中国作为一个多民族国家，在复杂多元的社会结构下维持政治稳定和经济繁荣，亟须培养对共同价值观——社会主义核心价值体系的认同感。在封闭的社会系统中，价值体系"在一定程度上可以围绕社会福利制度和社会组织方式的具体状况而调整"[1]，用核心价值观来为社会制度和组织方式正名，而不至于对社会认同和达成共识造成过大影响。而在当前中国这个开放的社会系统中，核心价值观、社会福利制度、社会组织方式等领域都处在与西方其他国家和理论直接比较的视野下，其模式维系功能需要在其自身从传统价值体系向现代价值体系的不断转换和创新中发挥。

意义的生产和输出，是舆论引导的高境界。它要求引导者超越"追随"和"附和"，实现意义的延伸和增量。上升至国家层面，则要求引导者审社会发展之时，度公共生活之势，创造性地提出和倡扬新的公共准则与公众信念，以不断建设和完善社会主义核心价值体系。核心价值体系有效凝聚社会的前提是公众普遍理解、认同、分享和维护现存的共同意义，然而易于接受的价值体系必然具有一定的包容性和灵活性，能随着人们思想意识的变化而发展。为适应经济转轨和社会转型，我国先后提出了"全面建设小康社会""三个代表""科学发展观""构建社会主义和谐社会"等主流价值观。党的十六届六中全会首次明确提出"建设社会主义核心价值体系"这个重大命题和展览任务。党的十八大首次提出了24字的社会主义核心价值观基本内容，并高度重视其培育和践行。这一核心价值体系的扩展过程还将随着社会的进

---

① 李友梅、肖瑛、黄晓春：《社会认同：一种结构视野的分析》，上海人民出版社 2007 年版，第 28 页。

步和发展与时俱进。党的十九届六中全会指出，"党领导人民成功走出中国
式现代化道路"。中国式现代化既是实现中华民族伟大复兴"中国梦"的内
在要求，也是构建"人类命运共同体"的题中应有之义。中国式现代化不仅
助推了中国的高速发展，也同样通过包容开放、和平发展帮助全世界共同进
步。以包容型的价值导向引导舆论，还将不断吸收非核心价值体系中的优秀
资源来丰富核心价值体系，尊重差异，最大限度地形成社会思想共识，更大
范围地赢得人们的认同。

（二）贴近型引导——价值参照体系的影响

在舆论演进过程中，经验和群体规范分别作为内外价值参照体系对公众
意见的改变发挥着重要作用。随着社会意识多元、多样、多变的特征日益明
显，加之舆论主体的分散和无组织，越来越多的人为了适应自己的生存环
境，已经无法单纯依据个人的信念和经验等内在价值参照体系来确定自己对
社会问题应持何种态度与观点，从而在公开表达具体观念时，总会有意无意
地考虑现有舆论的力量对比，或参照他人和媒介的说法。此种外在价值参照
体系多以社会既定的思维模式、评价体系、行为标准为内核，表现形式和内
容则多种多样。

舆论引导者在提供价值判断标准、建立和更新"价值参照体系"的过程
中，常会发现舆论演化的两种相反趋势——同化和异化，即趋向共识和两极
分化。然而，受众可能会躲避媒体信源以避免更大的心理失和，也可能会靠
近媒体的观点以求得心理和谐，这两种趋势形成的时间和条件，是舆论引导
需考察的要素。英国传播学家丹尼斯·麦奎尔（Denis McQuail）根据范·
库伦伯格（Van Cuilenburg）和努门（Noomen）的"和谐－失和"理论绘
制了这一影响过程，如图 1—5 所示。

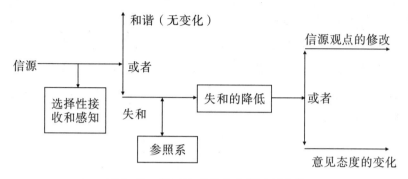

图 1-5　"和谐－失和"与影响过程①

在图 1-5 所示的过程中，首先，受众对信息进行扫描和过滤，对与自己相同或相左的观点加以关注或视而不见（选择性接收和感知），从而基本降低了失和的可能性，然而这一阶段的效果微弱。由于舆论环境的继续演变，在收到引导者新的不同观点时，失和的情形再次发生，并激活依赖于参照体系的社会心理机制，继而产生两种可能性：有着中等或较少差别的参照体系可能导致受众对原有意见和态度进行某些调整；而有着严重差别的参照体系往往会导致受众拒绝有关信息及其来源（比如认为该信源没有预期那么可靠或有吸引力），以及对自己的预存立场进行重新确认，即直接影响受众的信息产生了适得其反的效果。因此，舆论引导者应通过提供与公众预存立场相接近的参照体系来影响公众意见的走向，注意委婉缓和地提供贴近实际、贴近生活、贴近公众心理的价值参照体系。

三、利益导向：社会治理中的群体聚合与冲突化解

"现代性产生稳定，现代化却造成不安定。"身处社会转型期的人们，正是处于这种期望与现实的不平衡状态。正如萨缪尔·亨廷顿（Samuel Huntington）所说，发达国家对发展中国家的示范作用"先是提高了人们的期望，而后又加剧了人们的挫折感"。人们对改变现状、提高生活水平的

---

① 〔英〕丹尼斯·麦奎尔、〔瑞典〕斯文·温德尔：《大众传播模式论（第 2 版）》，祝建华译，上海译文出版社 2008 年版，第 32 页。

强烈期待，导致了对物欲的追求和行为短期化的浮躁。因此，每一个涉及具体利益的社会问题，都可能将潜舆论中蓄积的不平衡心态引爆。舆论引导作为一种精神力量，虽然无法解决社会的结构性问题，但舆论引导者可以通过舆论演进中求同存异的利益导向与公众达成共识，在尊重个体利益的基础上，唤起公众自我利益与国家利益、整体利益的共同交集。

（一）求同型引导——群体利益的聚合

社会主义市场经济作为历史上的一种全新经济形态，在实际发展中也带来了不可预测的问题和困难。每当涉及人们的切身利益，不同社会群体的利益差异、获利手段的道德分歧，不同地域的社会经济发展差距，会不同程度地造成群体舆论的分散和疏离（舆论分散化并非舆论的不利状态，但舆论分散和聚合的任一状态持续过长都不利于社会的健康发展）。群体小型化和舆论利益化是群体舆论分化的最主要体现。通常不同利益群体之间的矛盾多集中于非劳动致富、利益与权力结合等现象，而利益分配调整中不均衡的各群体，多以对立和分离状态存在，在自由发展状态下难以自发地对话与协商，需要作为舆论引导者的政府和主流媒体组织其对话和沟通。存在意见分歧的群体通过交流和沟通寻找可以相互理解的共同点以增强信任、达成共识，从而实现舆论的聚合。

利益聚合的五点共识。当下社会转型中群体利益分散，但《人民日报》原副总编辑周瑞金认为至少可以达成五点共识："一是现代市场经济制度是发展经济的最佳选择；二是民主法治国家是长治久安的政治制度选择；三是公民社会是社会治理最有活力的社会选择；四是现代科学技术是发展先进生产力的主要选择；五是以人为本、思想自由、多元发展、和谐共融，是经济社会发展的最佳人文精神。"① 这五大共识并非暴力、强压下的趋同，亦非欺骗、诱导下的挟从。当前的中国，迫切需要在深化改革的同时，从这五点出发进行舆论引导，重新凝聚改革共识，以走出当前社会经济转型的困境，化解发展进程中的难题。

以人为本与大局意识。提取不同群体利益的公约数——人，这是"我"

---

① 任孟山：《皇甫平：中国改革再一次到了紧急时刻》，载《华夏时报》2012年2月12日。

与"我们"的黏合力量，是求同型舆论引导的核心理念。人们分散于不同岗位，承担和扮演不同的责任和角色，彼此之间有着千差万别的既往和不确定的将来，但只有"人"是最原始的共同点。以人为本，目标是实现人的全面发展，让发展的成果惠及个人，追求的正是人民的根本利益。人的天性需要情感、拒绝孤独，因而着意于平凡生活、社区建设、理解互助、对率真和纯朴的呼唤，正是媒介新闻报道中聚合舆论的契机。根据亚伯拉罕·马斯洛（Abraham Maslow）的需求层次理论，人在生理上、安全上、情感上的需求得以满足后，还将追求更高层次的需求——在群体中完成"自我确认"，而在自我确认的过程中，需要引导者根据人们的心理过程进行议题设置。对此，管理学者罗杰·达普利克斯（Roger D'Aprix）提出了另一个金字塔模型，呈现出人们的思维焦点在引导和沟通中不断产生出的由低至高的图像。我们将两种过程用"利益双塔"重新呈现（见图1-6）。

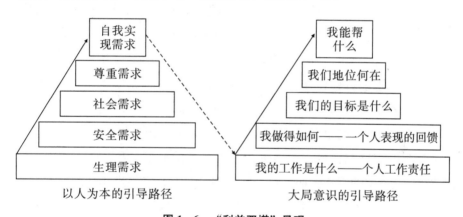

图1-6　"利益双塔"呈现

当舆论焦点由"我还需要什么"跃升至"我能帮什么"的层面时，公众的大局意识已经形成，展现给人们的是创造共同美好的工作和生活图景。在求同型引导中"人的需求"是聚合不同利益群体的根本导向，"大局意识"是在此基础上的引导艺术和策略，它们的最终目的都是打造和提升职业的安全感、营造人群的温暖感、国家的归属感，锤炼社会的向心力、凝聚力。

（二）存异型引导——利益冲突的化解

由利益冲突而引发的社会舆论，在当下更常见的表现为"无直接利益冲突"，这是中国社会发展和改革开放进程中出现的一种新的并逐渐常态化的矛盾形式，"指社会冲突事件的参与者对冲突事件本身并没有直接的利益诉求，而是路见不平或借题发挥、借机宣泄以表达不满情绪而造成的矛盾"。无直接利益冲突的参与主体多为拥有较少资源的弱势群体，利益表达渠道相对堵塞，话语权微弱，在微小事件的诱发下，会因以往利益受损的记忆或未来利益受损的预期而主动参与到已发生的直接利益冲突中，使舆论的演进变得更加不可控和复杂化。其矛头直指政府执法部门和社会强势群体。此种"仇富、仇官、仇不公"的舆论心态，既是利益失落感和相对剥夺感的情绪表达，实质上更是不同利益主体在利益需求上的碰撞，带有追求根本利益的性质。

化解无直接利益冲突需要三个步骤：利益诉求的表达、利益分配的平衡和利益格局的重整。其中，确保利益诉求的表达是化解冲突的首要任务，是实现后两者的前提，同时也是舆论引导维护舆论系统良性运行的力所能及的范围。畅通利益诉求表达渠道是一个双向双效的过程：一方面，为公众不满情绪开辟宣泄的出口；另一方面，为公众相关利益的实现开拓争取的入口。而舆论引导则是将该出入口制度化、有序化、常态化的工作。指导此项工作的核心理念在于"存异"——不让批评与质疑的声音被淹没。

从耗散结构论的角度来看，社会组织是远离平衡态的系统，一旦进入绝对平衡态，就意味着衰亡。宏观的有序是动态的平衡，因此冲突绝不仅是一种破坏社会稳定的因素，而是对于社会整合具有积极促进作用的波动要素。既然冲突不可也不应完全避免，那么实现利益诉求的有序表达，最有效的办法不是关闭这个情绪宣泄和利益争取的出入口，而是通过出入口的开放，来容纳和消化社会矛盾，将利益冲突型舆论的强烈程度和破坏性降至最低。由此看来，面对确实存在的社会问题，无论是体制内的上传下达，还是大众媒介以及民间组织的表达机制，对社会公正的不懈呼吁和对具体问题的公开揭露，都是存异型舆论引导的重要途径。

我国当前各种舆论、思潮的相互交汇、碰撞乃至冲突，这是复杂多变的系统要素和系统环境共同作用的结果，并非由舆论引导的单一导向可以解决。针对不同的舆论形态，需要将权威导向、价值导向与利益导向相结合，并有所侧重，多维度多层次地形成合力。

第四节　舆论结晶中的引导：
社会治理的功能实现

所谓结晶，在社会科学领域，多用来比喻经由努力而获得的珍贵成果。将"结晶"概念引入传播领域的人是公关之父爱德华·伯纳斯（Edward Berners）。他认为，舆论的结晶不是对意见的碎屑做出伪善的迎合，更不是粗暴的打压或生硬的引诱，而是将纷繁复杂的公众意见凝结起来，升华为"认同"和"象征"的高贵之物。[①] 在李普曼看来，舆论引导是结晶舆论、寻找秩序的帮手，是社会话语的建构者，为众人提供力量和尺度。不管舆论表象如何纷纭变幻，其实背后都是"成见"之间的较量。于是，舆论引导者的工作便成为发现和整理"成见"。社会的进步即是成见的进步——公众舆论沉淀为人类智识，转化为社会意识和共同精神。然而，本书中的"舆论的结晶"是在此基础上，舆论社会修正功能和社会发展促进功能的实现。通过引导使舆论的结晶所蕴含的社会势能得到合理的释放、弱化，或导向性地转化、强化为社会动能，是舆论引导的根本目的。

一、促进和规范民主协商——引导舆论的话语结晶

国内著名政治学者俞可平认为，协商民主就是公民通过自由而平等的对话、讨论、审议等方式，参与公共决策和政治生活。这一过程就是决策者不断听取公众舆论并使之转化为政府政策的过程，然而决策的困扰在于要面对选择，也要面对放弃，并随时面对着众说纷纭。现代社会推崇民主决策，有赖于"规则与程序"和"公众参与"两大制度因素。舆论引导可以通过这两种方式进一步实施：首先，舆论引导者根据公众舆论修正基本规范的框架，

---

① 胡百精：《公共关系学》，中国人民大学出版社 2008 年版，第 220 页。

改变权利和责任的分配方式。这种修正和调整需要以反思性为其提供恰当的开放度。其次，舆论引导者施行能为公众有效协商提供更多机会的制度。协商过程不仅影响公共舆论的传播，而且还赋予公众协商更大的权力和影响。应鼓励协商公共领域中更多样的话语互动。舆论整体越大越多元，越需要不同的、不断的协商过程。

在协商实践中，"公众参与"赋予了决策民主性，征求公众意见而生成的决策自然容易被公众接受，也减小了落实过程中的阻力。然而，为了提升民主决策的效率和科学化，作为公众中的意见领袖，专家的价值更不可忽视。专家论证为决策提供更加专业和具有说服力的意见，能为社会舆论的引导揭示深刻的道理，是表达意志的机制中应被强调的重点。李普曼在论述专家论证与决策互动时说："正确的顺序应该是由不偏不倚的专家首先为实干家发现和阐述事实，然后尽其所能，在他了解的决策和他所组织的事实之间进行比较。""如今的顺序是，大人物发现事实并据此作出决策，一段时间之后，社会科学家推出充分的理由说明大人物有所为有所不为的英明之处。"①专家论证不应是"事后诸葛"和舆论工具，舆论引导者和国家权力机关应重视"完善重大决策的规则和程序，建立健全领导、专家和群众相结合的民主决策机制"②。

然而，需要我们警惕的是，专家论证的舆论价值有可能成为试探民意的手段。近年来，我国的民主协商程序在不断进步，过去不少政策措施在拍板后才公开的现象已经越来越少见。现在，政府部门常把一些准备推行的措施采用"政治气球"的方式公布出来，试探社会舆论的反应。所谓"政治气球"即示假隐真，"决策部门在做出一项决策之前，由于政治气象不明或时机尚未成热，便通过一个'可靠来源'把消息泄露一些出去，用'政治气球'以测气象，看看上下各方会有怎样的反应，这就给决策机关留下了缓冲调控的机会"③。客观地审视这种舆论试探，有一定的民主协商内涵，但同时也对舆论引导的公信力造成了一定的危害。

---

① 〔美〕沃尔特·李普曼：《公众舆论》，阎克文、江红译，上海人民出版社 2006 年版，第 267 页。
② 刘建明、纪忠慧、王莉丽：《舆论学概论》，中国传媒大学出版社 2009 年版，第 233 页。
③ 秦志希、饶德江：《舆论学教程》，武汉大学出版社 1994 年版，第 243-244 页。

一方面，舆论试探作为对政策措施进行民意检验的一种方式，较之罔顾民意和强制推行，其进步意义不言而喻。将尚处于调研和酝酿阶段的未成熟政策向社会公开，让媒体报道评论、网友拍砖灌水，这无疑显示了舆论引导者和决策层的开阔眼光和胸襟，使公众能以发牢骚、提意见的方式参与决策，是一种动态而非静止、既注重结果也注重过程、既注重公众"配合"也注重公众参与的政务公开行为。

另一方面，政府舆论试探的运用不当也会给公众留下"朝令夕改"的不良印象，损害政府权威形象，流失公信力。从"治堵方案"到"房价调控"，从"价格干预"到"试探民众对通胀的承受力"，利用专家建议的先行来试探民意的消息充斥着舆论空间。究其目的，主要包括两点：首先是，营造让步幻觉。以专家建议的放风为政府政策做铺垫，在提高或降低了公众心理预期后，使政府政策更容易被接受。"因为专家的建议往往比政府最终出台的规定严厉得多，舆论对专家建议进行一番口诛笔伐后，心理上实际已经无奈地'将建议当成了现实'。当政府出台的政策比专家的建议温和得多，阻力就会大为减少，民众就更容易接受。"[①] 其次是，进可攻退可守。有网友概括："现在时兴试探民意的'假消息'！你不反对，那就是真的；你反对，马上'辟谣'！"这种透支民众对政府信任的做法，既不利于公共利益，也不利于长久维持舆论的运行秩序。

社会管理者应当权衡舆论试探的利弊，肯定舆论试探在民主协商中的正面作用，公开坦诚地面向社会征求意见，勇于承担试探意见遭到社会批评的风险，让公众真正参与决策酝酿、调研、论证、实施、改进的全过程。

二、维护和规范舆论监督——引导舆论的权力结晶

舆论监督，是运用大众媒介帮助公众了解政府事务、公共事务和一切涉及公众利益的活动，并用舆论的力量促使它们沿着法制和社会生活共同准则

---

① 曹林：《有一种公关策略叫"专家建议试探民意"》，载《中国青年报》2010 年 12 月 14 日。

的轨道运行的一种社会行为，是现代文明社会须臾不可缺少的。[①] 可见，舆论监督具有一种修正功能，而舆论引导正是以这种社会修正功能的发挥为目的。两者间相互平衡并保持张力的关系，看似对立，实则一致。

在舆论的结晶阶段，社会管理者根据社会舆论进行决策的权力行使过程需要加强社会公众和新闻媒体的舆论监督作用。"公众舆论得以持续下去的大原则根本上是程序的原则。"[②] 在我国，舆论监督已经作为对党政、司法等权力的有效监督方式被纳入政治体制改革和民主法制建设的程序之中。然而，程序的维持需要行为规则的建立，要助力舆论监督发挥积极功能，还需要舆论引导者讲究策略、准确定位和把握尺度，以维护和规范舆论监督的权力结晶过程。

首先，舆论引导者在鼓励舆论监督的过程中，要培养公众强烈的社会责任意识，尽可能动员社会各方力量的支持，为其提供空间，畅通渠道，避免舆论监督陷入孤掌难鸣的状态。而在舆论监督的内容上也应予以适当的引导，把握好"主题的重点"与"内容的全面"之间的关系。所谓主题的重点，就是舆论监督不能涣散而无力，应将监督的重心置于切实关系到治国理政方略、公众利益和社会公平道德等的重要公共事务和社会问题；而内容的全面，是指传媒在进行舆论监督时需要深入调查研究，以免以偏概全，力求客观和全面真实。此外，舆论监督的时机和火候也需要舆论引导者予以适度调节。其次，健全并完善公共权力的监督机制，需要舆论引导者协调舆论监督与党内监督、国家权力机关监督、行政监督、政协监督的位置和关系，以良性的互补形成整体合力，实现权力监督资源的优化配置和最佳效能。最后，明确舆论监督的权力边界——法治高于人治。在获得广大民众支持的同时，开展媒体的自律，以防构成侵权、越权甚至妨碍司法公正。这一点需要舆论引导者和民众共同提升认识。一方面，社会管理者应保持清醒，辩证地看待"领导批示"的力量。一些地方官员勇于接纳网络民意监督的作风值得褒扬，但还是存在一些现实情况，某些问题被披露之后只有"高层领导"介入才能得以解决，这是传统的人治思想的残留，与法治精神背道而驰。当

---

① 孙旭培：《新闻学新论》，当代中国出版社1994年版，第7页。
② 〔美〕沃尔特·李普曼：《公众舆论》，阎克文、江红译，上海人民出版社2006年版，第283页。

"领导"依靠权力而非程序、规则和制度包办一切的时候，难免会顾此失彼甚至导致破坏规则和秩序的严重后果。领导者应把握好依法行政和尊重民意的尺度，在以人为本、体察民情的同时，公共决策应严格遵守相关程序和规则，解决问题也要责任清晰明确，从而将舆论监督对决策的作用纳入法制建设范围。另一方面，提升公众尤其是网民的媒介素养和新闻媒体的自律意识，使之认识到"媒介审判"是对司法权威的极大挑战。媒介审判的主要特征是在司法审判结果尚未得出之前，对案情做出定性、定罪、量刑等判断，这种超越司法程序的危害在于，媒体和网民的语言往往无法避免煽情和主观因素，其些许的片面、夸张都会激起公众对当事人的同情或憎恨，从而有意无意地压制了相反意见，"无助于对事实真相的探寻和反思，不利于法制观念和社会理性的成长。相反，它会将公众思维引向狂热的非理性误区中，产生媒体高于法庭，媒介权力可以左右司法权力的错觉，并造成公众对媒介角色的变形期待"①。

---

① 苏门：《法制新闻传播的异化》，http://blog.sina.cn/s/blog_4aede9ad01008688.html。

第二章 时代要求：基层治理中信息传播的现实考察

　　基层传播作为基层治理工作中促进群众参与公共生活的重要机制，在具体的基层治理过程中发挥着"宣传引导、信息传播、政商服务、多元协同、组织动员"的作用。那么如何有效发挥基层传播的积极作用，使其更好地服务于基层治理以提升治理效能？一方面，需要从系统科学的角度，在理论探索、技术创新和具体实施的不同层次上，提出能够体现研究、处理和解决复杂性问题的完整方法论；另一方面，需要探索出适于环境、易于实施、可持续运行的、动态的、平衡的系统性操作路径和规律性传播范式以指导实践。

　　首先，系统科学是"关于系统运动普遍规律的学问，它强调整体与部分、部分与部分以及系统及其外部环境之间的联系"①。2021年4月，中共中央、国务院印发的《关于加强基层治理体系和治理能力现代化建设的意见》明确指出，要统筹推进基层治理这个基础工程以实现国家治理体系和治理能力现代化。故在有效推进基层治理的过程中，必须要把握好整体与部分、系统与环境之间的关系。然而，在这个"治理媒介化"的语境下，传播不仅是作为监督手段和舆论宣传与意识形态灌输的"喉舌"工具，还是实现多元主体参与与协同，形成多中心治理网络、多形式社会协商、多主体联动

---

　　① 梁裕、肖凤翔：《系统科学视域的职业教育集团协同治理》，载《职教论坛》2022年第3期。

的基层治理现代化互动平台①，肩负着"引导群众、服务群众"的双重任务②。由此，在基层治理的过程中，不能单纯地将传播作为一个意识形态的宣传工具，而要将其视作基层整体治理的连接器与提升整体治理效能的放大器。③

其次，"治理"是"各种公共的或私人的个人和机构管理其共同事务的诸多方式的总和"④，契合了系统的整体性特征。整体哲学是系统科学中最重要的方法论。整体分为有组织的和无组织的。无组织的整体，其要素之间缺乏联系，整体的性质与部分相近或近似；有组织的整体，其要素之间存在密切的联系，整体具有部分所不具备的性质。⑤ 基层治理作为一个有组织的整体，除了要实现中央与地方之间的有效沟通和互动外，还需要发挥"科技中介组织"的职能作用⑥。尤其是随着基层治理与传播之间"互为依赖的新型协同互动关系"⑦ 的出现，传播在政府、社会、群众之间的桥梁与中介作用愈发明显。有学者提出，传播制度本身就是国家制度体系的重要组成部分，传播能力现代化既是国家治理能力现代化的重要特征，也是基层治理效能的具体体现。⑧ 可见，基层治理与传播的整体性运行，为进一步创新治理手段，提升治理水平，营造共建共治共享的基层治理格局提供了发展思路。

最后，功能性作为系统的本质属性之一⑨，既是基层治理整体性的呈现，也是基层治理与传播整体性的呈现。目前学界对基层治理与传播的整体功能性研究主要集中在两个方面。一是基层治理的数字化研究。这一类研究主要强调"媒介赋能"，运用传播媒介的优势提升基层治理的整体效能。例

---

① 朱亚希、肖尧中：《功能维度的拓展式融合——"治理媒介化"视野下县级融媒体中心建设研究》，载《西南民族大学学报（人文社科版）》2020 年第 9 期。

② 朱春阳：《县级融媒体中心建设：经验坐标、发展机遇与路径创新》，载《新闻界》2018 年第 9 期。

③ 本刊编辑部、刘浩三、吕晓虹等：《媒体与社会治理》，载《中国广播》2020 年第 8 期。

④ 俞可平：《论国家治理现代化》，社会科学文献出版社 2014 年版，第 20—21 页。

⑤ 金观涛：《系统的哲学》，鹭江出版社 2019 年版，第 199 页。

⑥ 刘庆新、李娟、赵丽锦：《社会治理视角下科技中介组织的 NGO 化演进路径研究》，载《中国管理信息化》2015 年第 18 期。

⑦ 詹雨鑫、沈文金：《社会治理视域下政媒协同新型关系的构建与实践——以广东省江门市数字政府观察团为例》，载《传媒》2021 年第 11 期。

⑧ 王传宝：《国家治理现代化需要传播优势加持》，载《青年记者》2019 年第 32 期。

⑨ 苗东升：《系统科学大学讲稿》，中国人民大学出版社 2007 年版，第 14 页。

如，有学者认为，传播技术能使基层治理形成数字化治理，助推治理主体、形式、内容、过程和方式的有机协调，促进新媒体技术应用、服务和治理的整体创新，为基层治理转型和效能升级赋予新动能、新路径[①]；也有学者提出，传播媒介实时交流、开放共享的特征和匿名评论、交流的功能，促进了民众的数字化表达和基层治理的数字化转型，对提高基层治理的工作效率与质量有积极意义[②]。二是基层治理的媒介化研究，强调的是传播媒介与基层治理的融合，实现了基层治理的信息资源共享。例如，施蒂格·夏瓦在《文化与社会的媒介化》中讲道："媒介既是特定的社会和文化领域（家庭、政治等）的基本结构之一，又是一个半独立的机构，一则扮演着其他文化和社会制度之间的纽带角色，并为我们理解作为整体的社会提供了诠释框架，再则为公共讨论构建一个共同的舞台。"[③] 我国学者栾轶玫也认为，传播媒介具有"智能化社会治理中介"的功能，能利用媒体自身的介质特征，从政治、经济、文化等各方面鼓励民众参与到社会治理中来[④]，横向可以联动多家平台，快速集纳各类信息，纵向可以沟通政府、社会、群众，构成一条信息资源共享和自由流动的双向横纵贯线，以提升基层整体治理能力[⑤]。

由此，运用系统科学的思维对基层治理的传播模式进行研究，不仅有助于进一步深化基层治理的理论研究，还能为基层治理的现实实践提供一定的指导和咨询意见。而活系统模型是系统科学中适用于各类组织机构提升其系统外界环境适应性和独立持续存活能力的组织模型。该模型超越以往组织管理理论之处在于它不限于高层管理者，试图影响系统运行、参与交流和相互作用的每一个基层组织成员都可被纳入考量范畴，打破了自上而下的层级管控，实现了基层自主运行的目标，完全契合基层治理过程中发挥基层组织能动性和创造力的要求，有助于实现基层治理传播体系良性运行的目标。

---

① 黄新华、陈宝玲：《治理困境、数字赋能与制度供给——基层治理数字化转型的现实逻辑》，载《理论学刊》2022年第1期。

② 何保东：《将新媒体有效嵌入农村基层治理》，载《人民论坛》2018年第28期。

③〔丹麦〕施蒂格·夏瓦：《文化与社会的媒介化》，刘君等译，复旦大学出版社2018年版，第5页。

④ 栾轶玫：《信息传播与公共服务：县级融媒体中心建设的"双融合"》，载《视听界》2018年第5期。

⑤ 栾轶玫：《重大主题报道：媒介化治理的传播实践》，载《编辑之友》2022年第3期。

活系统模型是把组织的运作方式与有活力的有机体（如人体）进行类比、模拟，然后在类比中发现规律，经过同态映射（将现实系统中的多个元素进行抽象的概念性建模，对应到另外一个结构严谨的机理模型中）的科学抽象后得到结果，再经过大量系统案例的科学检验在管理实践中得出模型，进而指导实践。鉴于此，本章将以新时代文明实践中心这一基层治理的主要抓手为例，对基层治理中信息传播的新形势、新现状、新问题等进行分析，并借助系统科学的相关理论模型，为完善基层治理传播体系提供一种全新的组织设计与创新方法，使基层治理工作能够走深走实、见行见效。

第一节　现阶段基层治理中信息传播的新形势

基层治理是实现国家治理体系与治理现代化的重点和难点。党的十八大以来，从中央到地方各级政府都将打通"最后一公里"放在了基层治理与信息传播服务创新重要而紧迫的位置。[①] 尤其是在加强促进基层信息传播与保障基层民主方面，国家密集出台的一系列政策法规中多次给予强调。2021年4月，中共中央、国务院印发的《关于加强基层治理体系和治理能力现代化建设的意见》更是明确提出了要健全动态衔接的基层治理机制，提升政策宣传、民情沟通、便民服务效能，建设人人有责、人人尽责、人人享有的基层治理共同体。结合国家战略、地方实践、信息传播环境与基层治理工作的最新数据进行综合判断，当前基层治理过程中的信息传播面临着新的要求。

一、需要基于顶层设计形成具体方案

党的十八大以来，以习近平同志为核心的党中央对基层治理问题高度重

---

① 董子铭、李志宏：《系统论视野下全民阅读基层服务体系建设思考》，载《中国出版》2022年第8期。

视，并在多个重要会议上提出了基层治理在国家治理方案中的实施措施。如表 2-1 所示，国家层面出台的一系列政策表明，基层治理不仅是国家治理中不可或缺的一部分，还是实现国家治理体系和治理能力现代化的关键环节。国家的政局稳定、经济发展顺畅和人民的安居乐业之基，在于社会的有序运转，而保证"有序"的关键在于国家的顶层设计方案在基层的稳步推进。换句话说，国家治理体系和治理能力现代化的根本在于基层治理的现代化，只有"尽可能将资源、服务、管理放到基层"①，建立健全基层治理的体制机制，创新创建信息传播的内容、方式与模式，提高基层政治、经济、文化、社会发展水平，打破信息传播与交流的壁垒，才能实现国家治理的整体目标。因此，县级融媒体中心、新时代文明实践中心等基层治理平台的建立与一系列的经验总结、政策牵引为以后基层治理的信息传播运行，提供了可借鉴的经验做法和良好的政策环境，为满足广大人民群众的精神文化生活需要提供了坚实的条件保障。从政府组织到各企业单位和高校科研机构再到群众自组织，社会各界正在联合致力于搭建一个可以整合公共资源、融合各类传播渠道、提供丰富内容的服务于基层治理的传播体系。然而，就目前各地区的基层治理工作与信息传播现状而言，尚缺乏可随环境变化的、动态的、可持续运行的传播方案。虽然各类传播形式，如"三微一网一端"（微博、微信公众号、微视频、网站、客户端）正如火如荼地进行，但也存在着信息生产内容供给不足，或盲目搭建浪费公共资源的现象。故亟须在现有的顶层设计与科学谋划基础上，结合各地实际情况，制定出台具体措施，实现基层治理传播模式与群众需求变化的动态平衡、内容生产与传播的高度协同、内容提供与实施的有效链接，从而切实解决"政策在路上、服务在嘴上"的基层治理末梢堵塞问题。

---

① 陈水生、叶小梦：《调适性治理：治理重心下移背景下城市街区关系的重塑与优化》，载《中国行政管理》2021 年第 11 期。

表2-1 党的十八大以来论述基层治理的会议及政策文件一览表①

会议时间	会议名称	政策名称	相关内容
2012.11.08	中国共产党第十八次全国代表大会	《坚定不移沿着中国特色社会主义道路前进，为全面建成小康社会而奋斗》	健全基层党组织领导的基层群众自治机制；发挥基层各类组织协同作用，实现政府管理和基层民主有机结合
2013.11.12	中国共产党第十八届中央委员会第三次全体会议	《中共中央关于全面深化改革若干重大问题的决定》	创新社会治理体制；改进社会治理方式；激发社会组织活力；创新有效预防和化解社会矛盾体制；健全公共安全体系
2015.10.29	中国共产党第十八届中央委员会第五次全体会议	《中共中央关于制定国民经济和社会发展第十三个五年规划的建议》	完善党委领导、政府主导、社会协同、公众参与、法治保障的社会治理体制，推进社会治理精细化，构建全民共建共享的社会治理格局
2017.10.18	中国共产党第十九次全国代表大会	《决胜全面建成小康社会，夺取新时代中国特色社会主义伟大胜利》	加强社区治理体系建设，推动社会治理重心向基层下移，发挥社会组织作用，实现政府治理和社会调节、居民自治良性互动
2018.02.28	中国共产党第十九届中央委员会第三次全体会议	《中共中央关于深化党和国家机构改革的决定》	加快实施政社分开，激发社会组织活力，克服社会组织行政化倾向；加强基层政权建设，夯实国家治理体系和治理能力的基础
2019.10.31	中国共产党第十九届中央委员会第四次全体会议	《中共中央关于坚持和完善中国特色社会主义制度 推进国家治理体系和治理能力现代化若干重大问题的决定》	健全党组织领导的自治、法治、德治相结合的城乡基层治理体系，健全社区管理和服务机制；发挥群团组织、社会组织作用，发挥行业协会商会自律功能，实现政府治理和社会调节、居民自治良性互动，夯实基层社会治理基础；加快推进市域社会治理现代化

---

① 该表内容是课题组根据有关公开内容进行梳理汇总所得。

会议时间	会议名称	政策名称	相关内容
2020.10.29	中国共产党第十九届中央委员会第五次全体会议	《中共中央关于制定国民经济和社会发展第十四个五年规划和二〇三五年远景目标的建议》	推动社会治理重心向基层下移，向基层放权赋能，加强城乡社区治理和服务体系建设，减轻基层特别是村级组织负担；加强和创新市域社会治理，推进市域社会治理现代化
2021.11.11	中国共产党第十九届中央委员会第六次全体会议	《中共中央关于党的百年奋斗重大成就和历史经验的决议》	完善社会治理体系，健全党组织领导的自治、法治、德治相结合的城乡基层治理体系，推动社会治理重心向基层下移，建设共建共治共享的社会治理制度，建设人人有责、人人尽责、人人享有的社会治理共同体
2022.10.16	中国共产党第二十次全国代表大会	《高举中国特色社会主义伟大旗帜，为全面建设社会主义现代化国家而团结奋斗》	健全基层党组织领导的基层群众自治机制，加强基层组织建设，完善基层直接民主制度体系和工作体系；完善社会治理体系，健全共建共治共享的社会治理制度，提升社会治理效能，畅通和规范群众诉求表达、利益协调、权益保障通道，建设人人有责、人人尽责、人人享有的社会治理共同体

二、需要增强成功案例的推广适用性

经济基础决定上层建筑。各地区、各区域由于生产力、社会状况、意识等方面的发展不平衡，导致城乡之间、东中西部地区之间的公共基础设施、信息传播认知、媒介使用和基层治理工作满意程度等都存在较大差异，呈现出了经济越发达的地区越着力推动、反之则既无心也无力的两极分化现象。虽然经济基础对精神文明建设的决定性是必然规律，但这更要求我们重视地域间的资源结构和发展水平的差异，因地制宜、因势利导地推进基层治理工作以及创新符合当地需求的信息传播渠道，以实现公共文化服务均等化。党的十八大以来，基层治理工作成绩丰硕、亮点频现，但优秀案例多为各地区的品牌项目，具有地域性限制，受益人群有限。对于其他地区而言，复制品牌项目的可操作性和可持续性均有难度，优质的公共资源、机制、渠道和方式仍然供给不足。无论是肇庆市"街道吹哨、部门报到"的基层治理模式①，还是四川省Q县的"一站式"基层治理方式②，抑或是党建引领③、媒介融合④等，这些成功案例都只能映射出基层治理及信息传播的一个切面。更值得关注的是不同区域经济发展水平和不同群体生产生活方式的差异，经济欠发达地区难以承办规模较大的信息传播活动，更遑论持续进行高强度高密度的信息传播，而小型的信息传播活动仅是挂靠在一些单位部门或借助一些活动提供常规的免费服务，完成相关的工作指标。因此，在今后的基层治理信息传播中还需增强成功案例的推广适用性，否则直接进行样板案例的照搬很有可能会造成资源浪费或力不从心。

三、需要探索适应环境迭代的新模式

信息网络技术和现代传播手段的飞速发展给基层治理带来了严峻挑战，尤其是基层治理的数字化建设。首先，目前基层治理的数字化建设还处于摸索阶段⑤，公共服务体系建设尚未全面联网互通，而人们获取信息、交流学习的方式和多元化的信息需求已经呈现出巨大变化。截至2022年6月，我国网民规模达10.51亿，手机网民规模达10.47亿⑥，指尖信息获取的方式正在被越来越多的人所接受和习惯，碎片化、社交化和感官化也正成为新的

---

① 吴祥浩、肖浩纯：《"街道吹哨、部门报到"基层治理模式研究——以肇庆市广宁县为例》，载《智慧农业导刊》2022年第19期。

② 蒋明远：《"以人民为中心"：基层治理的价值取向和现实出路——基于四川省Q县"一站式"调处平台改革的案例分析》，载《领导科学论坛》2022年第10期。

③ 陈亮、李元：《去"悬浮化"与有效治理：新时期党建引领基层社会治理的创新逻辑与类型学分析》，载《探索》2018年第6期。

④ 栾轶玫：《媒介"融合深化"助推基层治理现代化》，载《视听界》2021年第4期。

⑤ 韩志明、马敏：《清晰与模糊的张力及其调适——以城市基层治理数字化转型为中心》，载《学术研究》2022年第1期。

⑥ 中国互联网络信息中心：《第50次中国互联网络发展状况统计报告》，2022年08月31日。

重要的服务趋势。面对这样的发展变化，传统的基层治理模式、信息传播形式、内容提供方式显然无法适应。其次，人民精神文化生活需求的日益多样化与基层治理参与群体的分众化、垂直化，要求新时代基层治理工作与信息传播活动的开展，既要线下细分人群丰富供给层次，又要线上整合资源以实现互联互通和集约优化①。更值得注意的是，大量网络信息内容的喷薄而出，以多元、多样的内容形式涌入各个环节、各个领域，加上基层信息传播还未完全建立线上内容供给体系，这些海量、多样的线上内容产品给线下的基层治理工作开展带来了严峻挑战。因此，综合运用现代技术和传播渠道以及现代组织管理新模式实现更加丰富的信息传播模式以满足基层群众垂直多样的信息新需求是当前亟须思考和付诸实践的重要课题。

第二节　基层治理过程中实践平台的建设现状

党的十八大以来，中国特色社会主义进入了新时代，加强和创新基层治理实践，推动基层治理能力和水平不断提升，既是推进国家治理体系和治理能力现代化的题中应有之义，也是党夯实执政基础、巩固基层政权的必然要求，更是保证国家长治久安、社会和谐稳定、人民幸福安康的必由之路。2018 年 7 月，中央全面深化改革委员会第三次会议提出，要建设新时代文明实践中心，加强和改进基层宣传思想文化工作和精神文明建设工作②，来打通宣传群众、教育群众、关心群众、服务群众的"最后一公里"，以此来更好地满足人民群众对美好生活的向往，从而让人民群众有更多获得感、幸福感、安全感。

新时代文明实践中心作为一个可以整合公共资源、融合各类渠道、提供丰富内容的基层治理平台，纵向以县（市、区）、乡镇（街道）、村（社区）

---

① 董子铭、李志宏：《系统论视野下全民阅读基层服务体系建设思考》，载《中国出版》2022年第 8 期。

② 韦青：《拓展新时代文明实践中心建设 筑牢基层宣传思想文化工作基石》，载《奋斗》2022年第 12 期。

三级为单元，形成"中心—所—站"三级服务体系，并由县（市、区）、乡镇（街道）、村（社区）党委或党组织主要负责同志担任负责人，以志愿服务活动为基本形式，打通了城乡治理过程中的运行机制、工作机制以及引导机制；横向整合了党组织、社会他组织、民众自组织等的人员、资源、平台、活动等，推动了基层治理和传播模式的改革创新，使其更富有活力、更有成效、更可持续地发展。

四川省成都市现已建立了 23 个文明实践中心，261 个文明实践所，3045 个文明实践站①，在体制机制上实现了新时代文明实践中心县（市、区）、镇（街道）、村（社区）三级的"全覆盖"；在资源整合上，形成了"政府＋社区＋学校＋企业＋社会组织"的资源矩阵，将各类资源与新时代文明实践活动融合；在志愿队伍上，结合各地实际情况，创新探索，成立特色志愿者队伍，保障活动开展与基层服务；在活动开展上，因地制宜，结合当地特色文化、产业等，打造县（市、区）、镇（街道）、村（社区）品牌活动等。新时代文明实践中心既让党的最新理论思想、方针政策深入人心，又在纵向和横向上将各类资源、服务落在实处，为提升基层治理能力和水平提供了实践经验。

一、创新体制机制，激发基层治理水平高质量发展的动力

新时代文明实践中心作为新时代基层治理的实践平台，在体制机制上，通过"三级工作体系＋高水平资源库＋供需清单服务制度＋示范带动作用＋六大联动平台"等创新手段，为基层治理实践平台的建设提供了有力的支撑。

一是高效化的三级工作体系。成都市自 2019 年试点以来，各县（区）、镇（街道）、村（社区）已基本完成了"中心—所—站"三级服务体系设置，贯彻"一把手责任制"的建设要求，由各级党组织书记为主要负责人，并对辖区内的"中心—所—站"进行管理与指导。在此基础上，如表 2-2 所示，

---

① 数据来源于四川省成都市"文明兴蓉"微信小程序，检索时间为 2023 年 3 月 6 日。

各文明实践中心、所、站也明确了工作重点与工作内容，围绕"中心吹哨、部门动员、三级贯通、各方参与"的工作机制，三级相互联通，各司其职，推动基层治理工作的高效化处理。

表 2-2　成都市新时代文明实践中心各级工作重点与工作内容

三级工作架构	工作重点与工作内容
新时代文明实践中心	围绕深入贯彻落实中央重大决策部署阶段性工作，制定年度工作计划，明确时间表、路线图、任务书，为实践所、实践站工作定方向、明走向
新时代文明实践所	深入辖区街道，开展各类新时代文明实践活动，把功夫下到察实情、出实招、办实事、求实效上，帮助地方解决困难、厘清思路、推动工作
新时代文明实践站	根据实践中心、实践所工作方向，结合村（社区）情况开展移风易俗、文化生活、体育、理论宣讲、节庆等各类活动，将新时代文明实践落实到"最后一公里"

二是专业化的高水平资源库。成都市在建设基层治理实践平台的过程中，通过新时代文明实践中心，充分整合各县（区）、镇（街道）、村（社区）附近的文娱机构、社工机构、科研机构、高校、医院等公共服务阵地资源，打造高水平资源库，突出成都特色，并与之充分联动，提高基层治理过程与服务手段的专业化程度。例如，东部新区新时代文明实践中心整合玉林各大果园，与中国农科院郑州果研所、四川省农科院等科研院所合作培植新品种，通过农业高水平资源库的建设带动当地农业的专业化发展。

三是精准化的供需清单服务制度。基层治理的根本目的在于解决群众的现实需求，故新时代文明实践中心的建设则是以群众需求为导向，创造性地建立了供需清单服务制度，以切实了解群众需求，整合可供给资源，提供基层服务。例如，依托"文明兴蓉"小程序收集群众"点单需求"，协调实践所、实践站完成"接单"，实现基层服务与群众需求精准对接，形成群众点单、分类统单、专岗制单、发布派单、志愿者接单、群众评单的"六单服务机制"，助力基层治理的精准化服务。这种通过大数据，洞察民生需求来精准提供服务的制度，给广大群众带来了看得见、摸得着的获得感与幸福感。

四是品牌化的示范带动作用。成都市以中央划定的新都区、温江区、郫都区、蒲江县、都江堰市 5 个全国示范点为重心，在全市域内实现了"全域覆盖、多边开花"的目标，即除了 5 个区（市/县）外，其余非试点地区参照全国试点的标准，结合自身实际，因地制宜，同步开展深化拓展试点工作。如今，在各试点的示范带动作用下，成都市已孵化出多个品牌项目。例如，武侯区形成的"一站一特色，站站不相同"，围绕"经典文化传承"内容打造的本心书院实践基地和"华西坝"历史文化风貌片区，围绕"现代文化熏陶"内容打造的成都音乐大道实践街区。

五是系统化的六大平台联动。以新时代文明实践中心为代表的基层治理实践平台，搭建了包括理论宣讲平台、教育服务平台、文化服务平台、体育健身平台、科技科普平台与便民服务平台等六大平台。各平台之间相互联通，使得辖区内现有的资源得到联动，在有限的时间、经费条件下达成"1+1>N"的整合效果。例如，武侯区整合区内理论宣讲、教育服务、文化服务、科技科普、健身体育、社区便民六类公共服务平台资源，盘活现有文创园区、文化街区、爱国主义教育基地、学校、科研院所、企业等驻区单位的成熟资源，建设"N"个富有武侯特色的文明实践基地，构筑"6+N"文明实践阵地体系，最大效能地提升基层服务能力。

二、整合阵地资源，多方位助力基层治理平台的稳固发展

基层治理是国家治理的基础，高标准建设基层治理平台，对巩固党的执政地位、维护国家安全、保证社会稳定具有重要的意义。新时代文明实践中心作为党加强和创新基层治理实践的重要方式，在资源整合、阵地建设、资源共享等方面需要全面建设。成都市在新时代文明实践中心建设过程中，探索出了以群众为导向的资源开发、以阵地建设为依托的资源整合、以网络平台为抓手的资源互通三种服务路径与服务方式，全方位整合了成都市内各类人力、场地、活动等资源，达到资源的最大化集成与共享服务管理。依托多视角、多路径的资源整合方式，基层治理实践平台逐步取得了整体性资源管理、优化性资源配置、开放性资源共享三个重要成效。

（一）以群众需求为导向的资源开发——群众需求在哪里，文明实践到哪里

"群众盼什么，文明实践中心就干什么；群众在哪里，文明实践就延伸到哪里。"成都市在基层治理实践过程中，准确把握群众对美好生活的期待，积极开放各类资源，调动各方力量，使得基层治理实践阵地能够不断拓展服务领域，尽其所能地满足日益增长的社会需求。以需求为导向的资源开发，既是对固定平台的功能开发，又是对流动平台的流通路径开发。一方面，由于社会需求的多样性、多元性，在基层治理实践过程中，会形成多个基础公共服务平台，如公园、文化广场、图书馆、体育馆等。受制于管理、人员、地域等因素的影响，这些基础公共服务平台的功能并不能很好地满足群众的需求，导致资源的闲置与浪费。另一方面，由于基层治理实践方式的创新，数字化服务平台，在科学技术的赋能加持下应运而生，群众日益增长的个性化需求在屏幕"指尖"上愈聚愈多。因此，需要以群众需求为导向，多方位、多领域、多层次地进行资源开发，打破环境限制，开发信息资源共建共治共享的流通路径，以便为群众提供各种及时便捷的服务。例如，成都市"文明兴蓉"项目的打造和供需清单服务制度的制定，皆是以群众需求为导向，通过资源开发、制度创新、信息共享的方式，推动基层治理实践平台的多样化服务，以满足群众各项需求。

（二）以阵地建设为依托的资源整合——就地取材，因地制宜打造特色品牌

基层治理的工作原则是坚持因地制宜，并通过分类指导、分层推进、分步实施的方式，形成具有中国特色的基层治理模式。成都市在基层治理实践平台的建设中，始终坚持"就地取材、因地制宜、特色打造"的理念，积极组织各区（市/县）、镇（街道）、村（社区）的各部门，以综合利用阵地资源为基础支撑，对便民服务中心、文化服务中心等阵地重组优化，统筹党建、文明实践、基层治理等工作，打造"党群服务＋文明实践＋社会治理"综合体。通过整合现有党群活动设施、文体设施、科普普法设施、医疗单位、教育设施等基层公共服务资源，来全面盘活基层服务资源，提高阵地资

源的使用效率和服务效能。坚持全域化视角，编织多层次、宽领域的"阵地网络"，有力拓展基层站点，延伸基层治理实践平台的"最大半径"。例如，邛崃市坚持守正创新，根据本市深厚的历史文化资源，挖掘辖区红色历史资源，因地制宜地打造红色文化品牌项目，讲好邛崃红色故事，传递好党的声音。同时，邛崃市还积极统筹辖区文化馆、邛窑遗址公园、天府种业园、中小学校、广场、党群活动中心等阵地资源，分门别类地开展各类文明实践活动，逐步实现了"资源共享、阵地共建、设施共管、活动共办"的特色品牌效应。

（三）以网络平台为抓手的资源互通——"两心六屏"，实现信息交叉"流动"

基层处于纵向国家行政体系与横向社会交往关系的中心位置，是国家治理的神经末梢，在整个国家治理体系中具有基础性地位，其治理效果直接关系到国家的秩序稳定、经济建设和社会整体发展。[1] 新形势下的基层治理，亟须打破"条块分割"所形成的"信息孤岛"，实现信息之间的交叉流动。成都市在充分发挥县级融媒体中心的同时，合理利用新时代文明实践中心，通过信息的互联共通，实现"两个中心"的信息流动与资源共享。换而言之，就是通过打造新时代文明实践中心和县级融媒体中心"两个中心"，以及电视屏、手机屏、电脑屏、数据动态大屏、触摸屏和户外宣传屏"六屏"同显的"两心六屏"信息流通平台，来实现新时代基层治理工作管理的信息化、供需对接的精准化、群众参与的便捷化，形成符合时代发展的基层治理新阵地、新平台、新载体，进而实现信息的交叉"流动"，以动员更多的人积极参与到基层治理的过程中。例如，新都区在建设基层治理实践平台时，能够主动适应"网络社交时代"的特点，应用互联网思维，抓网络建设，推进基层治理实践向外延伸，即联合新时代文明实践中心与融媒体中心，将新时代文明实践工作的"四大功能"全面整合到线上，借助融媒体中心的多样式制作、多渠道分发、多平台传播的优势，将群众所需、所要、所思的信息

---

① 李春根、罗家为：《从动员到统合：中国共产党百年基层治理的回顾与前瞻》，载《管理世界》2021年第10期。

内容送到群众的"屏前",形成全方位、多层次、高频率的信息交叉互动,使党的最新理论、路线方针、政策措施真正落到实处。

三、动员群众力量,促进志愿服务的常态化、精准化、灵活化

基层治理的关键在于"人"。习近平总书记在不同场合多次强调:"人民群众有着无尽的智慧和力量,只有始终相信人民,紧紧依靠人民,充分调动广大人民的积极性、主动性、创造性,才能凝聚起众志成城的磅礴之力。"① 基层治理说到底就是与人打交道的过程,如何调动人民群众的参与积极性,把基层治理好,重点在于基层治理的队伍是否具有完善的工作机制、科学的工作方法、专业的工作技巧以及能为群众实实在在解决困难的态度和能力。成都市在基层治理的过程中,充分利用新时代文明实践中心这一基层治理实践平台,积极动员和调动人民群众的力量,以志愿服务的常态化、精准化、灵活化,打造了一批具有成都特色的志愿服务队伍,为创新基层治理方法、提高基层治理能力和水平提供了可行之路。

(一)志愿服务的"常态化"

成都市在探索基层治理路径的过程中,始终坚持"志愿服务是人才成长的摇篮"的志愿服务理念,通过新时代文明实践中心这一重要的基层治理实践平台,以基层党组织为核心,以社会服务为重点,以志愿者为社会服务的主要力量,积极主动地融入基层社区,形成志愿服务活动的"常态化"。在志愿者来源方面,主要包括四大类:一是以退休的老党员、老干部为代表的老年群体,如锦江区春熙嬢嬢志愿者服务队;二是社会各行业的工作人员,包括外卖、快递、网约车行业的工作人员,如锦江区的特色党建品牌"小牛哥"先锋车手志愿服务队;三是青年学生群体,如未返校大学生、中学生;四是党政机关工作人员、社区工作人员、党员等。在志愿者招募方面,主要

---

① 习近平:《习近平谈治国理政(第 2 卷)》,外文出版社 2017 年版,第 52 页。

有线上和线下两种方式：线上方式包括通过本地微信公众号、微信群、应用程序等平台进行招募，如"文明兴蓉"小程序、成都志愿者 APP、蒲江"村村响"APP；线下方式包括居民骨干推荐、信息栏张贴招募信息、联系社工组织、利用节假日走访宣传等方式。在志愿服务保障方面，一方面，对招募的志愿者进行信息登记，并邀请社工组织或高校教师对志愿者进行理论、技能的培训与考核，对于考核合格且能长期进行志愿服务活动的志愿者登记造册，纳入志愿服务管理系统；另一方面，采取积分制的方法，对参与志愿服务活动的志愿者给予制度上的保障，志愿者可凭积分与服务时长获得相应的权益。例如，新都区志愿者可用积分在指定的超市换取日常物品，邛崃市对积分和时长多的志愿者进行物质与精神上的双重奖励，等等。通过多形式的志愿者招募、培训、考核、登记以及服务保障，调动群众参与志愿服务活动的积极性，以保证志愿服务的"常态化"。

（二）志愿服务的"精准化"

习近平总书记曾指出，"志愿服务是社会文明进步的重要标志"。[①] 这种进步不仅是社会层面的进步，更是一个城市步入更高发展水平的彰显。成都市基层治理实践平台志愿者队伍建设上的亮点在于，根据不同的志愿服务对象，打造特定的志愿服务队伍，使得志愿服务与群众需求相吻合，从而实现志愿服务活动的精准化、专业化。这个亮点不仅是组建具有特色的志愿服务队伍开展针对性的、精准性的服务工作，来解决特殊人群的实际需求，更是这个城市和谐团结、文明进步、主人翁意识觉醒的体现。正如习近平总书记强调的那样："共同富裕路上，一个也不能掉队。"[②] 因此，成都市针对这些特殊人群，如孤寡老人、残疾人、妇女儿童等，精准打造了相关的志愿服务队伍，如物业公司志愿队伍、妇女儿童志愿队伍、老人志愿队伍、残障人士志愿队伍、党员志愿队伍、社区一家亲志愿队等。通过组建具有针对性的志愿服务队伍来精准解决特殊人群的实际需求，使他们也能够享受到社会主义社会发展的辉煌成果，以获取更多的幸福感、安全感。例如，锦江区春熙路

---

① 习近平：《稳扎稳打勇于担当敢于创新善作善成推动京津冀协同发展取得新的更大进展》，载《人民日报》2019 年 1 月 19 日。

② 习近平：《习近平谈治国理政（第 3 卷）》，外文出版社 2020 年版，第 66 页。

街道"心雨梦工厂"志愿服务队，在锦江区内有 130 多个服务点，专门针对未成年人，进行帮教、救助和理论宣传；牛市口街道"小牛哥"先锋车手志愿服务队，带动周边车手为街道孤寡老人送物资、陪老人聊天等；邛崃市"金剪刀"志愿服务队、"舞动文君"志愿服务队等都是针对孤寡老人而组建的志愿服务队伍，定期在敬老院、孤寡老人家中，开展相关的志愿服务活动，解决老年人群生活、心理、身体健康等方面的问题。

（三）志愿服务的"灵活化"

基层治理水平和治理能力的提高，不仅需要有人来参与，更需要对参与者的水平和能力进行提高。志愿服务之所以是基层治理的中坚力量，源自志愿服务自身的灵活性。成都市志愿服务的灵活性主要体现在：能够灵活运用新时代文明实践中心这一基层治理实践平台，定期、按需组织志愿者培训，策划相应的志愿服务项目，统一标准开展志愿服务，在培训时间、内容、方式以及激励上都具有灵活性。一方面，志愿者培训，内容涉及理论宣讲、群众教育、党史学习、知识科普、疫情防控、物资调配、文化生活、文明新风等，涵盖生活、法律、沟通、礼貌、礼仪等多个方面，可按月、按季度、按活动开展频率来定期或者不定期开展。其培训方式主要有四大类：一是社区培训，由社区工作人员负责开展，根据志愿服务活动的具体内容和性质进行培训，如东部新区石盘街道卫星社区由党群办统一对志愿者进行培训；二是请具有专业知识技能的人员进行培训，如金牛区联合市交警二分局的警务人员开展志愿者培训；三是委托第三方的社会团体，如社工组织进行培训，如郫都区菁蓉湖社区委托"优力课"社工机构，进行志愿者培训；四是线上培训，如金堂县、蒲江县利用"腾讯会议"开展线上志愿者培训。另一方面，根据志愿者培训参与度、活动出勤率、志愿服务时长等对志愿者做出绩效评估和考核，以此作为激励的标准。激励方式主要有两种：一是精神表彰激励，包括评选优秀志愿者，发放优秀志愿者证书或证明、志愿者纪念章、纪念品等，如新都区每年开展"十佳志愿者""最美志愿者"评选活动，表彰优秀志愿者，促进"爱心循环"；二是积分制度，志愿者可使用积分兑换生活物品，如温江区与当地超市、洗车行、理发店等合作，志愿者可通过积分兑换消费券等。

第三节 基层治理中传播的现实困境与问题

从社会秩序理论上说，基层治理的实质就是基层政府通过向民众提供公共管理、公共服务、公共安全，直接或间接将民众的社会生活组织起来，并以此取得民众对公权力的自愿认同和内在服从。也就是说，在内容上，基层治理面对的就是民众的社会生活；在逻辑上，基层治理首先遵循以"非强制"为主要特征的主体间"自愿"导向的关系逻辑。因此，"基层治理"也约等于"基层社会治理"（治理的主要内容是民众的社会生活，治理的主要逻辑是各主体的社会关系）。

从政府本位看基层治理，其主要内涵也就是对民众社会生活中的基本需求、诉求的组织化回应和满足——不断改善教育、医疗、就业等关系民众生存和发展的基本民生及夯实公共安全保障，是"回应和满足"的结果表现；不断创新基层政府与民众的沟通、互动渠道，动员民众以适当的方式参与基层治理并在此过程中准确把握民众的需求和诉求，是"回应和满足"的过程表现。因此，改善民生与促进民众参与（基层民主）多被视为基层治理的"标配"。

从传播本位看基层治理，其主要内涵就是保障民众的知情权、表达权、参与权和监督权。一方面，"四权"的保障是一种民主要求，不仅有利于逐步建立和完善基层社会的表达机制，使民众诉求有畅通的渠道得以实现[①]，还有利于反映民情、缓解矛盾、解决冲突[②]；另一方面，信息的传播与接收需要合适的传播方式方可达到传播的目的与效果。传播作为服务于基层治理的手段，可以将党和政府的治理理念、政策、方针等通过传播媒介和传播平台，以民众喜闻乐见的方式传递给民众，在潜移默化中形成治理共识。因此，科学合理的传播模式是提升基层治理效能的最佳方式。需要强调的是，

---

① 李树桥：《公民表达权：政治体制改革的前提》，载《中国改革》2007 年第 12 期。
② 李翔：《从"表达权"看我国谈话广播的创建》，载《中国广播电视学刊》2008 年第 6 期。

城乡社会之间在经济、制度、观念等方面的差异性，决定了对基层治理传播多样性的探究是基层治理的重要构成。在国家治理体系和治理能力现代化的推动下，基层治理尤其关系国家和区域之社会发展的全局。此外，从马克思精神交往论上看，基层治理必须要以特定的生产力为前提，结合实际的社会状况来选择合适的传播模式，这对合目的合规律地认识城乡地区基层治理有特殊的重要性。由此，本节以上文提到的基层治理实践平台——新时代文明实践中心为抓手，对基层治理中传播的现实困境与问题进行分析，发现基层治理实践平台在提升基层治理信息传播的可供性方面存在党组织传播的"悬浮化"、他组织传播的"内卷化"、自组织传播的"碎片化"等现实困境以及线上、线下舆论场信息传播存在阻力的问题等。

一、提升可供性过程中的同心圆构建张力

如果把"传播"理解为以基层治理为圆心对基层社会实施的秩序建构，那其实现程度也就取决于传播和基层社会的"圆心交叠"与"同频共振"程度，转换到传播学理论上，也就是"媒介的可供性"。从传播实践的连续性上看，可供性既是信息传播得以有效实现的前提，也是基层治理本身在累积意义上希望实现的目的。不过，可供性并非只针对传播主体，也针对传播客体和基层治理过程。在传播主体那里，可供性涉及信息生产、信息传播以及两者的内在适配性，也涉及传播方式的科学、适宜以及反馈链的完整和有效；在传播客体那里，可供性涉及信息的可获取、可审阅、可编辑、可传情、可兼容等，也涉及客体自身在社会行为上的自主、自觉和自为。基层治理的传播，实质就是主客体之间互动的性质及其多元性和丰富性。简言之，可供性就是传播主体、传播客体和基层治理过程在治理现代化意义上的互适。但从马克思的精神交往理论中可知，在现实的基层社会，因城乡地区在生产力、社会状况、意识等方面，均存在不同程度的不平衡与差异，所以城乡地区基层社会"可供性"的发展程度也就有巨大差异。就算是在"可供性"有一定基础的个别地区，传播方式的固化也在很大程度上制约了其成长性和效能发挥。也就是说，不断增强城乡地区基层社会"可供性"，正面临

基础（客观）和意识（主观）两方面的困境。

（一）党组织传播的"悬浮化"

基层党组织，主要是指在企业、农村、机关、学校、医院、科研院所、街道社区、社会组织、人民解放军连队和其他基层单位成立的党的基层组织，包括基层党委、党总支、党支部、党小组等，是党在社会基层组织中的战斗堡垒，也是党的全部工作和战斗力的基础。[①] 基层党组织作为基层治理与服务民众的关键引领者，是连接党和民众的情感纽带和密切促进党群关系的重要桥梁，担负着"教育党员、管理党员、监督党员和组织群众、宣传群众、凝聚群众、服务群众的职责"[②]。因此，其传播力的强弱极大地影响着基层党组织发挥服务和引领作用的效果。但在实地调研中发现，新时代文明实践中心作为基层治理的重要载体，基层党组织在引领建设与信息传播时，党员党性意识不强、传播管理理念落后、内容服务与民众需求不符等问题还较为突出。在这种情形下，难免会产生党群之间的离心力。倘若党组织不能通过党群关系、干群关系的拉力来对冲"离心"倾向，民众对党组织的"不认同"感就会随之累积。所以，在新时代文明实践中心的建设中，党组织在"凝聚人心，夯实基础"的意义上其实是一体两面。以党组织传播来密切党群关系，既是深入推进国家治理现代化的根本目标，更是维护基层社会持续稳定、长期稳定、全面稳定的根本保障。

1. 基层党组织中党员党性意识的层级化

通过实际调研发现，在新时代文明实践中心的建设中，基层党组织的党员党性意识会随着公共事务与自身利益的相关性，出现层级化的表现，具体可分为三层。

第一层是党性较强、能为民服务的党员。《中国共产党章程》中对党员应尽的义务做了规定："为人民群众服务，巩固党与人民群众的联系，了解并及时反映人民群众的需要，向人民群众解释党的政策。"[③] 但现实中，无论是乡村还是城市社区，这类党员并不多，且主要是基层党组织的工作人员

---

① 《中国共产党章程》，人民出版社 2022 年版，第 23—24 页。
② 《中国共产党章程》，人民出版社 2022 年版，第 26 页。
③ 盛继红：《中国共产党党章汇编》，中国人民大学出版社 1991 年版，第 54 页。

与部分民众党员。原因在于：一是工作任务需要，保持党性意识是必需。在调研期间，不少党组织工作人员表示："我们做党组织工作的，如果自己的党性意识不强，还怎么要求别人，怎么领导工作？只有我们自身党性意识强，才能更好地开展工作。再说了，这也是我们的本职工作，把党和政府的最新理论、政策、方针传达给民众，是工作要求也是义务。"二是因为涉及自身或与自身相关群体的利益。例如，新冠肺炎疫情期间，在"外防输入、内防反弹"的总策略和"动态清零"的总方针下，在个别地区疫情防控的压力还是比较大。"我是一名老党员，又是这个小区的住户。现在我们小区管控的这栋楼离我住的那栋楼很近，社区人手又不够，我如果不参加疫情防控志愿工作，我们这个小区的情况可能更糟糕。"（访谈对象 E1）"村里大多数都是老人和孩子，我的父母和孩子都在村里，我作为我们村里的年轻党员，既为了家人的安全，也为了我们村里人的安全，必须站出来。"（访谈对象 E5）

第二层是党性一般、集体沉默的党员。党的十八大以来，习近平总书记多次强调，党员干部要以身作则，做好表率，把党员身份亮出来，密切党群干群关系。[1] 但在实际的党组织工作中，由于人都具有"利己性"和"情绪性"。所以，当"为人民服务"与利己主义发生摩擦时，受环境或生活境遇的影响，部分党员可能会逐渐变得利己。在调研中，不少党员也讲道："我牺牲自己的时间、精力来做志愿服务工作，帮助村里做一些劝导工作，但一些村民不理解还说我多管闲事，真的很气人，所以现在我也不管了，村里有事叫我就去，不叫就不去。"（访谈对象 E7）"在疫情防控中，一些人不理解我们，特别是老一辈（老年人），说为啥他们进出门要受到约束。还有一次，因为那个时候为静默期，一户每天只能出小区一次买菜。一对小夫妻就不能理解，那天出去了三次（跟着别人）。我们发现后，就跟他们说：'你们今天都出去三次了，就不要再出去了。'但是，他们当时坚持还要进出，嘴里骂骂咧咧的。当时，我的心里不好受。后来他们就从那个院门口临时搭建的墙翻出去了，我就拿着手机给拍下，打电话给我们书记。当时他们就被拉到派出所教育一番。所以说少数人只考虑自己的利益，不理解我们的工作职责。

---

① 习近平：《习近平谈治国理政（第2卷）》，外文出版社 2017 年版，第 167-168 页。

他们根本没有尝试过，不晓得嘛。"（访谈对象 E3）

面对这种"不理解"，当党员的党性意识被"磨掉"之后，便成为集体沉默党员中的一分子。借用一位党员的话："我们发现，在工作岗位我就是党员，但回到社区之后，就是个普通的居民。你会参与社区的公共服务、志愿服务，参与社区的治理吗？"（访谈对象 B6）

第三层是党性缺失、自私自利的党员。这类党员其实曾经也属于第一层、第二层党员，但当他们经历了不求回报的公共性与民众的不理解之后，便成为一个沉默且自私自利的党员。虽然这类党员在党组织生活中数量很少，但影响却极为恶劣。在调研期间，一名负责党组织工作的人员讲道："林子大了，什么鸟都有，我们党组织也不例外。一些人入党的时候干啥事都很积极，不管是理论学习还是志愿服务，都冲在前面，但时间久了，就很少去帮助和服务群众，只参加与自己利益相关的事。尽管这只是个别少数，但对于一名党员来说，思想意识不强，党性修养严重下滑，自私自利，根本就不配党员身份。"（访谈对象 B6）

可见，基层党组织党员党性意识的层级化是逐步形成的，反映在现实生活中也是有阶段性的。第一层级是所有党员的早期表现，但随着时间的推移和环境、心理、思想上的变化，可能会逐步变成第二层级的中期表现和第三层级的后期表现。这种形势的变化，不仅损害了基层党组织的形象，还导致民众对新时代文明实践中心的不认同。因此，基层党组织要抓好党员的理论学习，"把学习成果转化为提升党性修养、思想境界、道德水平的精神营养"[①]，这样才能更好地深入推进新时代文明实践中心的建设，打通基层治理的"最后一公里"。

2. 基层党组织传播管理理念与民众需求不匹配

传播管理学是指运用管理学、传播学等学科的理论成果和方法，研究在现代社会条件下的传播管理现象、传播管理规律和传播管理一般方法的学问。[②] 其研究的内容是整个传播管理系统，包括传播者与受众、传播媒介、信息、传播效果等各个要素、各种关系以及各类关系的动态变化。其中传播

---

① 习近平：《习近平谈治国理政（第 2 卷）》，外文出版社 2017 年版，第 35 页。
② 张笃行、唐洁：《传播管理原理》，四川人民出版社 2008 年版，第 6 页。

者和受众是传播管理的核心和动力，是物质、能量、信息的集合体；传播媒介是传播过程中不可缺少的物质基础和载体；信息是传播的主要方式与内容，也是获得传播效果好坏的关键因素。在实地调研过程中，我们发现：基层党组织传播管理的理念与当下快速发展的媒介环境不适应。从传播者的角度而言，乡村地区的站、所缺乏传播的意识，城市地区的中心、所、站虽有传播意识却缺乏专业人才，且都停留在政务信息转发、活动宣传等方面。"我们不晓得啥是传播，只是按要求把政府的一些政策信息、要求，张贴在活动广场或通过微信群转发给村民，这个是不是传播？"（访谈对象 B12）"之前我们的社区（站）工作还比较传统，也没有宣传的概念。2015 年引入社工组织后，我们才慢慢地有了宣传的概念，就是我们做了工作要进行宣传。但我们的工作人员基本上是 12 个人左右，而我们社区的居民大约有 5 万多，面对这么大的群体，一对一是完全不现实的。所以，我们就通过 QQ 群、微信群、微信公众号等把我们的一些活动信息发布出去。由于我们没有专业的人来搞宣传，因此基本上都是一些信息简报或者活动安排。"（访谈对象 B5）

从传播媒介来看，乡村地区的新时代文明实践所、站主要通过口口相传、报栏以及微信群、QQ 群来进行信息的发布。相较于乡村，城市的新时代文明实践中心、所、站除了上述三种之外，还有微信公众号、微博、网站、应用软件与程序等。但在访谈过程中，我们了解到，"虽然社区可利用的传播平台种类很多，但基本上都处于闲置状态，还在使用传统的宣传方式，比如说在小区公告栏里面进行活动表的张贴或展板的展示。但现在年轻人上下班都匆匆忙忙的，也没有那么多时间停留下来看这些东西"（访谈对象 B7）。此外，随着网络信息技术的发展，民众获取信息的方式和习惯都发生了变化，以往的传播媒介已不能完全满足民众的需求。"村里的微信群除了发一下通知，啥也没有。你要了解一些信息还是要去网上看。现在我们一般都到快手、抖音上面去看。这上面有人讲解，你只需要看就行，视频看完了，这个东西（指政府发布的政策、采取的措施等）也就了解了。"（访谈对象 E6）由此可知，基层党组织在指导新时代文明实践中心的建设过程中，乡村地区由于媒介可供力的限制，所、站不能完全发挥宣传、教育、服务、便民等作用。而城市地区的所、站虽比乡村地区的媒介资源丰富，但并没有完全激活各传播媒介，使其更好地根据文明实践工作需要统一调配工作，发挥传播媒介对基层治理的宣传、引导作用。

从传播内容来看，根据实地的问卷调查①，当问到"您所在的地区开展过哪些内容的活动"时，如图 2-1（a）所示：乡村地区开展最多的是理论宣讲（包括学习习近平新时代中国特色社会主义思想等党的最新理论和惠民政策等）和其他（包括移风易俗活动，如文明礼仪规范、环境保护、村民议事、用电安全、疾病防控等），占比分别为 27%、25%，其余教育服务、文化服务、科技科普、健身体育等活动内容占比均在 10% 左右。城市社区情况如图 2-1（b）所示，开展的最多的是理论宣讲，占比为 23%；其次是科技科普活动（包括自然灾害的安全防范、各类动植物的识别、机器人制作等）和其他活动（包括环境保护、交通劝导、节水节电、关爱弱势群体、保护动物等），占比均为 19%。可见，向民众传播党的最新理论、国家政策等是传播的主要内容，其次是便民服务与提升民众生活质量的内容，这既符合新时代文明实践中心"宣传群众、教育群众、关心群众、服务群众"的建设目的，也符合党建引领基层治理履行组织群众、宣传群众、凝聚群众、服务群众的职责要求。

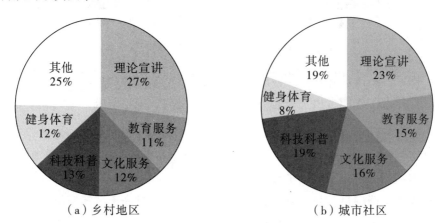

（a）乡村地区　　　　　　　　　　（b）城市社区

图 2-1　开展活动的内容情况

① 2022 年 4—10 月，作者在选取的调研范围内，分乡村地区和城市社区，以线下线上相结合的形式共发放调查问卷 727 份，回收 719 份，回收率达 98.9%。经过对问卷回答质量的评估，最终得到有效问卷 714 份，问卷有效率为 99.3%。其中乡村地区发放问卷 347 份，回收 343 份，回收率为 98.8%，其中有效问卷为 340 份，有效率为 99.1%；城市社区发放问卷 380 份，回收 376 份，回收率为 98.9%，其中有效问卷 374 份，有效率为 99.5%。

　　但当问到"您最想了解或参加哪一类活动"时，如图 2-2 所示，乡村地区与城市社区最想了解或参加的活动内容都为文化服务（包括举行各种演出，组织文化活动、修建公共文化设施、提供文化产品等其他相关服务），占比分别为 31%、33%；其次是教育服务、科技科普的相关内容；最后是理论宣讲与健身体育，仅占 10%左右。可见，随着社会的不断发展，民众的精神文化需求日益增长，只有丰富民众的精神世界，增强民众的精神力量，提升民众的精神风貌，才能更广泛、更有效地动员和激励广大民众积极参与新时代文明实践中心的建设，推进基层治理的现代化。

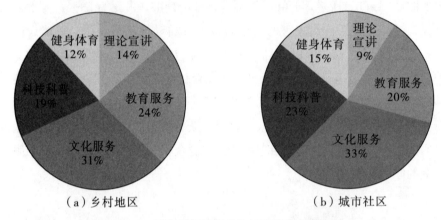

（a）乡村地区　　　　　　　　　（b）城市社区

图 2-2　民众最想了解或参与的活动内容情况

　　因此，从传播媒介、传播内容等方面来看，党组织的传播仅是从自身工作性质以及工作职责出发来向下传播信息，换句话说，就是为了完成上级交办的工作任务，所传播的信息大多都不能满足民众的实际需求。这点在调查问卷中也得到了验证。当问到"您所在的新时代文明实践中心（所/站）开展的活动内容是否能够满足您的实际需求"时，如图 2-3 所示，城乡地区中认为"不能满足"与"完全不能满足"的人数均领先于"能满足"与"比较能满足"的人数。可见，党组织的传播效果并不佳。综上所述，由于党组织缺乏先进的传播管理理念或者说对民众的需求重视不够，在信息传播与沟通中，信息供给与信息需求错位，加上新媒体传播的原因，使党组织的传播"悬浮"在民众需求之上，未能深入民众实际生活，导致党群关系逐渐疏远。

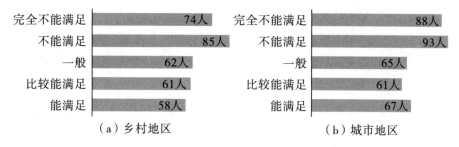

图2-3 民众对党组织传播内容的满意程度

（二）他组织传播的"内卷化"

系统科学理论认为，在系统外部，任何集群相对于其发展的环境而言，都是他组织。[1] 在现实社会中，他组织的现象十分普遍。凡系统的设计、组建、控制、管理、操作等，是外部力量试图改变某个系统的结构、状态、行为的过程都是他组织。凡进化出专门负责调节控制的子系统，对其他系统就有他组织作用。[2] 例如，社会组织在城乡治理过程中发挥的作用，就属于他组织作用。从公共关系学的角度看，他组织也可称为"社会他组织"，具体指"在各级民政部门登记注册的社会团体、基金会和民办非企业单位"[3]，包括政治组织、经济组织、文化组织、军事组织、宗教组织等[4]。它和政府、基层自治组织不同，是介于两者之间，发挥提供服务、反映诉求、规范行为等"桥梁"作用的组织。本节所讲的社会他组织就是这类组织。而"内卷化"是指"一种社会或文化模式在某一发展阶段达到一种确定的形式后，便停滞不前或无法转化为另一种高级模式的现象"[5]。借用这个概念说明他组织传播相较于党组织传播，尽管在信息量、传播数量、渠道、形式上都有所创新，但其传播的效果并没有得到极大地改善。

---

① 胡剑芬、冯良清、饶烜：《基于自组织与他组织理论的临空经济系统协同发展研究》，载《系统科学学报》2016年第3期。

② 钟国兴：《他组织——系统科学的另一片视野》，载《光明日报》1999年3月2日。

③ 赵佳佳：《社会组织相关概念的分析与界定》，载《行政与法》2017年第6期。

④ 于水波、曹堂哲：《社会组织能力评估的系统权变观》，载《云南行政学院学报》2011年第6期。

⑤ 蒋旭峰：《抗争与合作：乡村治理中的传播模式》，浙江大学出版社2011年版，第161-172页。

1. 传播主体较多，但圆心辐射力有限

从新时代文明实践中心的建设来看，以四川省成都市为例，截至 2022 年 10 月 12 日，共建成新时代文明实践中心 23 个、新时代文明实践所 261 个、新时代文明实践站 3044 个。[①] 但在实地的调查中发现，部分新时代文明实践中心新媒体思维不够，服务功能不足，信息覆盖率不足，到达率更低。笔者在与成都市委宣传部的负责同志交谈中得知："成都市新时代文明实践中心建设开始于 2019 年 4 月，由于目前全国都在进行试点，属于探索阶段，完全是'摸着石头过河'，没有可借鉴的建设经验。但为了响应中央的号召，成都市按照政策要求，结合各区（市、县）、乡镇（街道）、村（社区）的实际情况，相继建立了一些中心、所、站。从目前运行的现状来看，存在着阵地服务的辐射范围小、服务功能不足、资源整合的能力不够、志愿者队伍的质量不高以及信息覆盖面窄等困境。虽然我们有这么多的中心、所、站，但真正做得好的却很少。"（访谈对象 A1）

从社会他组织的登记数量上来看，以四川省成都市郫都区为例，"截至 2022 年 8 月，成都市郫都区登记社会组织数量 557 支，社工机构 42 家，区内外开展专职服务社工人数 1044 人，另孵化培育社区社会组织 1270 家，皆在街道进行备案"[②]。然而，在访谈过程中，一位社会他组织负责人讲道："郫都区现在成立的社会他组织有很多家，但实际开展工作的或者说比较活跃的社会他组织也就十几家。事实上，就整个郫都区而言，其实社会他组织介入基层治理的工作已经全面铺开，所有的村、社区几乎都曾或者说是通过乡镇（街道）一级购买社会他组织的服务。但是村（社区）里边儿的民众，对我们（社会组织）的那种关注度和认知度还不够。"（访谈对象 C3）

从以上两个案例可知，他组织传播的主体数量虽然较多，但各个主体的传播能力与功能服务能力有限。具体表现为：一是信息覆盖率低。各个他组织自身的宣传平台体量小、较分散、覆盖少、功能弱，点赞率、关注率、转发率不足。例如，"文明成都"的微博号关注量为 82.2 万，抖音号关注量为

---

① 数据来源于四川省成都市"文明兴蓉"微信小程序，检索时间为 2022 年 10 月 12 日。

② 一闻网：《郫都区五社联动推动民生服务后半篇》，http://www.firstnews.com.cn/renwu/renjian/2022/0928/110471.html。

50.5万①，覆盖率仅占全市常住人口约4％与2.4％②，其每条信息的"赞转评"数量更是稀少，可见信息传播效果并不理想。二是整体联动性弱。他组织与主流媒体之间的新闻信息共享体制机制不够健全，各个组织主体的新闻宣传各自为政，仅靠自身宣传平台，不能形成整体发力、联动宣传的格局。三是宣传策划不足。宣传整体策划和创新意识不够，宣传报道没有同民众所关心的热点、难点问题联系起来，不严谨，不规范，内容多是活动开展过程，无法与民众形成情感上的共鸣，且存在"大标题、小内容"和"内容枯燥、形式古板"③的现象。

2. 传播渠道丰富，但信息生产量不足

新时代文明实践中心作为基层治理的重要抓手，其主体力量是志愿者。根据中央全面深化改革委员会第三次会议审议通过的《关于建设新时代文明实践中心试点工作的指导意见》，要动员和引导各党政机关、国有企事业单位的各类部门组建新时代文明实践服务队，以志愿服务的形式，因地制宜地开展经常性、面对面、民众喜闻乐见的文明实践活动，使习近平新时代中国特色社会主义思想在基层真学、真懂、真信、真用，引导民众能够积极参与基层治理，实现自我管理、自我教育、自我服务、自我监督，提升基层矛盾纠纷化解的能力，从而推动基层治理体系和治理能力的现代化。因此，相对于"自治"的基层社会而言，由各党政机关及部门组建的政府他组织和社会组织、机构等组建的社会他组织在介入基层治理的过程中，能够利用其组织特性和信息传播渠道，在培养民众民主意识和公民权益观的同时，成为反映基层民众诉求的有效途径。④ 然而，在现实的基层治理中，他组织参与基层治理的效果并不好，很多他组织的传播渠道虽起到了"锦上添花"的作用，但并没有实质性的传播效果。⑤ 以成都市精神文明建设办公室为例，在调研过程中发现，虽然成都市精神文明建设办公室在参与新时代文明实践中心的

---

① 数据来源于成都市精神文明办公室官方平台，检索时间为2022年10月12日。

② 根据四川省第七次全国人口普查，成都市常住人口突破2000万大关，达2093.8万人。

③ 李志宏、周益孜：《智媒时代新闻语言的嬗变》，载《新闻世界》2022年第10期。

④ 李骏：《住房产权与政治参与：中国城市的基层社区民主》，载《社会学研究》2009年第5期。

⑤ 刘成良：《行政动员与社会动员：基层社会治理的双层动员结构——基于南京市社区治理创新的实证研究》，载《南京农业大学学报（社会科学版）》2016年第3期。

建设中形成了"两微一网一端一抖"（如表 2-3 所示）的传播体系，但从实际的传播效果来看，并未达到预期。究其原因，则是其信息生产能力不足，具体表现为内容生产的原创性和接近性不足。

表 2-3　成都市精神文明建设办公室"两微一网一端一抖"传播平台①

账号类别	图标	昵称/账号/网址
微信公众号	文明成都　成都市精神文明建设办公室	文明成都（cdwmb520）
微博号	文明成都	文明成都
门户网站	成都文明网　cd.wenming.cn	http://cd.wenming.cn
APP	文明兴蓉	文明兴蓉
抖音号	文明成都	文明成都（wenmingchengdu）

内容生产不是信息堆叠和简单拼贴，须有自身定位和信息转化的过程。一方面，自身定位的主体性突出创作者和传播者的身份，点明用户目标；另一方面，信息转化的独特性强化自身与其他媒体的区分，这就指明了在内容生产的过程中原创的重要性。此外，作为圆心，它向外辐射越广，与受众越接近，引力的系数越大，在内容影响力上越能够事半功倍。因而内容生产的原创性与接近性，围绕目标受众提供信息与知识，让媒体账号变得更加丰满和充实。如表 2-4 所示，笔者对"文明成都"微信公众号和"文明成都"微博号进行了为期 1 年（2021 年 10 月 1 日—2022 年 10 月 1 日）的跟踪观察发现，两种传播平台在传播内容的生产上存在内容原创性和接近性缺乏的问题，虽然"信息集中采集、多平台分发"无可厚非，但是在资讯转载的同

---

① "两微一网一端一抖"具体指微信公众号、微博、门户网站、移动客户端、抖音。在本文中指以成都市精神文明建设办公室为代表的政府他组织所建立的"文明成都"微信公众号、"文明成都"微博号、"成都文明网"、"文明兴蓉"APP、"文明成都"抖音号。

时，也必须结合自身账号特性和受众需要，生产原创内容，并且必须考虑到目标受众的需求，特别是在语言使用和本地区活动上，要贴近受众语言习惯和生产生活习惯。在跟踪观察期间，"文明成都"微信公众号共发布 1173 条信息，其中原创内容 181 条，非原创（转载其他媒体平台）内容 992 条；"文明成都"微博号共发布 3507 条信息，其中原创内容 442 条，非原创内容 3065 条。由此可见，他组织传播虽传播种类多样，但信息生产能力确实有限。在内容生产的接近性上，传播内容应着重满足当地民众的生产生活需求，但"文明成都"微信公众号、微博号等传播平台，大多都偏向政务信息的报道和活动信息的征集、发布、投票，没有深入到目标民众的生活中去，缺乏相应的软新闻资讯和文化教育、科普知识等内容。

表 2-4 "文明成都"微信公众号与"文明成都"微博号信息发布数量汇总表①

账号类别	发布总数/条	原创内容数/条	非原创内容数/条
微信公众号	1173	181	992
微博号	3507	442	3065

3. 传播形态多样，但互动反馈频率低

媒介可供性理论强调的是，传播主体与传播客体之间的关系，即传者与受者之间的互动关系。互动是传播过程中非常重要的形式和传播因素，不管是传播主体还是传播客体，都是通过信息的交互流通与互动反馈来检验信息传播是否实现预设目的以及得到想要的传播效果。② 从传播的角度来看，有效的传播是双向的，是能够从双方的互动关系中体现出来的。一方面，受众对传播信息的点赞、转发、评论等行为可以检验信息传播的影响力和有效性；另一方面，传播者对评论信息的回复和媒介功能的提供可以不断优化传播的内容、形式与方式方法。因此，在传播内容上，传播者为受众提供更多"与你有关、对你有用"的信息，可以增加与受众之间的互动频率，增强受众黏性。而及时的信息反馈不仅能为受众提供良好的阅读体验，增加受众的

---

① 此表中的数据是作者在 2021 年 10 月 1 日—2022 年 10 月 1 日期间对"文明成都"微信公众号和"文明成都"微博号进行跟踪观察发现时记录所得。

② 胡伟、丁越亚：《资讯类客户端如何在互动传播中提升受众黏性》，载《中国新闻出版广电报》2021 年 8 月 12 日。

好感度，还能够吸引更多的受众参与互动，以此完成信息的阅读、点赞、转发等行为，有效地扩大信息的传播力与影响力。

但在当下的互联网媒体时代，信息的传播功能很大程度上需要传播形态的变更和多样化来承托，以此为受众带来丰富立体的信息体验。笔者对上述的"文明成都"微信公众号和"文明成都"微博号进行观察和分析发现，二者均存在传播形态多样，但互动反馈频率低的问题。从传播形态上看，它们推送的信息都有文字、图片、视频、H5 动画等多种传播形态；从推送形式上看，分别以"文字＋图片"和"文字＋视频"的形式为主。虽然运用了多模态话语，图文并茂，声画并进，但是受众的互动频率并不高。比如"文明成都"微博号，拥有粉丝 82.2 万，发布信息 51957 条，共有转赞评数397.8 万，视频累计播放量为 229.2 万。① 在跟踪观察的 1 年时间里，笔者注意到其账号所推送的信息，大多以"文字＋视频"的形式呈现，每天最多发布 24 条信息，最少发布 18 条信息。但从"转赞评"数量来看，效果并不好，其中转发量平均在 30-40 条，评论量与点赞量平均在 5-10 条。再看"文明成都"微信公众号，信息大多以"文字＋图片"的形式呈现，每天推送 2-4 条信息，从阅读量来看，每条信息因放置位置的不同存在差异，但均比较低。然而，转发量与点赞量并不高，有时还会出现高阅读量、低点赞量、低转发量的现象。例如，2022 年 4 月 2 日发布的《2022 年成都市"清明祭英烈"网上签名寄语活动已开启!》，阅读量达到 10 万＋，但点赞量只有 4368 条，转发量为 1309 条，热度较高。同时，评论区有很多留言，大都在表达对先烈的缅怀、对英雄的致敬，情感真挚。但是，在这些令人感动的留言区中，编辑却没有及时地进行互动，没有回复任何一条评论。由此可见，虽然传播形态相较于传统的文字或图片而言更加的丰富、多样，但从实际的传播效果来看，并没有起到"引导"与"服务"的作用。

（三）自组织传播的"碎片化"

在基层治理中，民众自组织与基层自治组织有所不同。基层自治组织，如村委会、居委会，都是在基层政府的政治动员下成立的，遵循着对基层政

---

① 数据来源于"文明成都"微博号，检索时间为 2022 年 10 月 17 日。

府负责的政治逻辑，具有很强的行政色彩，甚至异化为基层政府对基层社会行政管理的延伸。[①] 这种体制下的基层自治组织职能定位并不清晰，其实质就是一个半行政化的机构，自组织性质很难显现。[②] 而民众自组织是立足于民众需求、兴趣、爱好和认知等，民众自愿形成的组织。它由基层社会的精英们牵头，运用乡土社会的人情、面子、关系等多种复合型资源，深入民众现实生活中，通过组织和调动民众以"村规民约"的形式来"化解正规法治边缘和模糊地带的非规则性乡土纠纷"，实现"用群众来组织群众，用老百姓来治理老百姓"的基层治理模式。[③] 根据卡尔·霍夫兰的个人差异理论，民众心理或认识结构的差异会使他们对媒介的认知出现偏差，致使主流媒体的传播效果弱化。

首先，自组织传播的碎片化削弱了主流媒体的话语控制。在传统媒体时代，民众获取信息的渠道单一、信息来源相对固定，信息大多通过电视、广播、报纸等媒介以及人际交往的方式进行传递，传者与受者之间呈现出单向的"灌输"关系。但随着网络信息技术的迭代发展，民众自组织传播已突破了时间、地域等因素的限制。不同类型的自组织可以选择不同的时间、地点、渠道、平台等采取文字、图片、视频、音频等多种符号直接进行信息的传播。这就意味着信息的传播已不再是主流媒体的专属，拥有同等资源、平台的自组织也不再是被动的接受者，而是拥有了与主流媒体相同的话语权。自组织可以随意选择传播时间与传播方式，独立地获取信息资源，极大地削弱了主流媒体的话语控制。一位自组织负责人讲道："现在获取信息或者发布信息真的是很方便，以前想发一条活动信息或者新闻稿，要专门邀请《华西都市报》的记者来我们这里，这还要在人家愿意来的情况下，我们才能发一条信息。如果人家觉得我们这个没有价值，还不来呢。但现在不一样了，他们来不来都无所谓，我们可以自己发。现在大家都喜欢看视频，我在'美篇'上制作一条视频，图文并茂那种，可以直接将观看链接转发在群里。我

---

① 杨嵘均：《论农民自组织动力源的现代转型及其对乡村治理的结构优化》，载《学术研究》2014 年第 5 期。

② 任孟娥：《基于自组织理论维度的农民组织的现状分析》，载《农村经济》2008 年第 9 期。

③ 韩庆龄：《协同共治与过程民主：农民自组织的治理实践——基于湖北省秭归县 G 乡的实证分析》，载《求实》2022 年第 3 期。

就以这种视频的形式进行宣传。"（访谈对象 D3）

其次，自组织传播的碎片化产生了民众对基层政府的信任危机。李普曼认为：人们由于实际活动范围、精力和注意力有限，不可能对与他们有关的整个外部环境和众多事务都保持着经验性的接触，对超出自己亲身感知以外的事物，人们只能通过各种信息供给机构去了解。① 在乡村地区，民众接触外部世界尤其依赖传播媒介。他们通过电视、手机等媒介载体，获取信息，形成对客观环境的基本认知，但这种认知事实上是基于传播媒介而形成的一个"虚拟环境"，是一种媒介假象。在调研过程中，不少民众反映"国家现在对农村的政策是真的好""从电视新闻上、手机的推送信息上都可以看到，国家对农村的支持力度很大""国家很关心我们老百姓"等。这些新闻信息基于新闻事实，民众通过对媒介的选择使用，获得了惠民信息，但忽略了政策的实施是一个阶段性的、需要与本地的实际情况相结合等现实因素，一味地把从电视、手机等媒介中获取的信息投射于当地的基层社会实践，一旦现实中的内容与媒介中的内容出现偏差，就会对基层政府产生信任危机。有一位受访者就这样说道："国家政策是好的，但到了我们这里就啥也没了，说这个不符合、那个不符合，说来说去就是不按国家政策来落实。我平时也在手机上看着哩，都一样的东西，其他地方都可以，偏偏到我们这里就不行，就是'拿着老百姓的钱，不给老百姓办事'。"（访谈对象 E8）

最后，自组织传播弱化了主流媒体的传播导向价值。任何一种信息的传播都是有目的、有导向性的。以不同的传播方式进行信息传播时，都会以某种价值取向为依据对信息内容进行编辑、发布，以取得不同或相同的效果。随着传播媒介的大众化，在当下这个流量至上的传播环境中，抖音、快手、美篇等新媒体的快速发展，呈现出碎片化的传播样态，主流媒体的系统性、完整性的内容被"肢解"，海量的碎片化信息充斥在民众的生产生活中。由于自组织传播形式缺乏"把关人"，一些制造粗糙、内容低俗、非理性的、带有煽动性的信息内容冲击民众的价值取向，极易诱发基层社会中不稳定的因素，从而出现一些越轨行为，引发舆论危机。此外，西方国家凭借网络传

① 〔美〕沃尔特·李普曼：《公众舆论》，阎克文、江红译，上海人民出版社 2006 年版，第20—22 页。

播技术的优势，对我国基层社会进行意识形态的渗透，严重威胁了主流意识形态的安全和基层社会的稳定。自组织的碎片化传播，所采取的用户生产内容（user generated content，简称 UGC）模式打破了传统信息的"统一生成"模式，民众可以随意选择自己感兴趣的信息内容进行浏览。但需要注意的是，很多民众由于长期接收这种碎片化信息，形成了对客观现实世界的片面化和碎片化认识。例如，有受访者反映："我从手机上看到，现在疫情越来越严重了，天天说清零了，天天都在增加，根本就看不到清零的希望。"（访谈对象 E9）可见，长期接收碎片化的信息，不利于培育民众积极向上、乐观开朗的价值观。特别是在当下这个媒介环境中，网络信息良莠不齐、泥沙俱下，给基层的精神文明建设带来巨大挑战。

二、统筹基层舆论场信息传播途中的联动阻力

在基层治理的传播过程中，舆论场的统筹联动尤其需要处理好以下两方面的问题。第一，如何合理统筹线上网络空间的资源，使其更好地与主流意识形态相一致。主流意识形态是国家精神生活的核心。在我国，媒介的主要任务之一就是宣扬党和政府的方针政策。这一定位有利于动员社会、凝聚力量。近年来，随着网络技术的发展与普及，主流意识形态的社会凝聚力处于更加复杂多元的环境之中。因此，一定要防止不良社会思潮对区域舆论的绝对控制。在常态之下，舆论中的民众具有基于个人理性的主体性，既明白自己在干什么，也明白为什么要这样干。一旦舆论被不良社会思潮左右，个体就容易受到裹挟，甚至丧失个人理性。这就意味着只有始终坚持主流意识形态在全局意义上的指导性，基层的社会思潮和舆论走向才能保持正确的方向，才不至于将部分民众带入非理性的歧途。然而，这就要求在基层治理的过程中，打通平台之间的壁垒，增进数据要素之间的流通，以提高线上资源的统筹能力。第二，如何有效发挥线下公共服务空间的服务功能，使其能够更好地发挥作用服务于基层治理。线下公共空间，不仅会与具有主体性的民众发生密切联系，还会在某种程度上因传播行为被赋予一定的意义。在线下的公共空间中，如公园、健身场所、广场、农家书屋、活动室、公告栏等，

民众定时或不定时在某个地点相遇、交往、沟通，形成了基层传播环境。在其中，每一个人都有一定的社会交往关系，也需要与他人进行交流，因此，将公共服务空间作为人际交往的圆心，充分利用公共空间的服务功能，实现基层治理理念的全域覆盖，基层治理人人参与。鉴于此，统筹线上网络资源与提升线下服务能力是基层治理的重要内容。

（一）线上网络空间资源的统筹不足

面对网络信息资源的纷繁芜杂和民众需求的多元化，强化网络空间资源的统筹整合，实现线上资源内容供给全面、高质、有效，从而提高网络空间信息传播的价值，有利于社会资源共享、凝聚力量，更好地服务基层治理。但在实际调研过程中发现，基层对线上网络空间的资源统筹明显不足，具体表现为：

1. 乡村地区网上资源整合能力较弱

习近平总书记在党的二十大报告中提出："人才是第一资源。"拥有一定数量和质量的人才，是确保乡村地区治理成效的基本保证。随着城市化进程的持续深入和社会交往活动的频繁开展，从乡村进入城市工作、学习、生活的民众数量越来越多，乡村地区面临着人口流失严重的巨大问题。就如民众所言："年轻人、有能力的人都到城里去了，剩下的都是一些老弱病残、没有能力的人。"（访谈对象 E8）尤其是乡村地区的精英群体，在更好的就业机会、生活条件以及薪酬等因素的驱使下，纷纷进入城市，导致乡村地区空心化、空巢化现象严重。因此，面对互联网技术的发展及其在乡村地区的普及应用，乡村地区表现出"疲于应对"与"集体沉默"的样态。究其原因，主要是精英群体的大量流失。乡村地区缺乏治理人才，以整合网络资源，服务于基层的治理工作。调研结果如图 2－4 所示，乡村地区初中及以下学历的人数占总数的 74%，而高中/中专及以上学历的人数只占 26%。且在访谈过程中，我们了解到，不少地区的民众不懂得在网上搜寻有用信息。"我们拿手机上网主要就是和家里人开视频聊天，然后看看村里有啥通知，其他的都不会，这高科技的东西玩不转。"（访谈对象 E5）可见，目前乡村地区存在人才缺失、民众数字素养偏低等问题，这就导致了乡村治理出现"疲于应对"数字化治理的局面和无法整合使用网络资源所出现的"集体沉默"

现象。

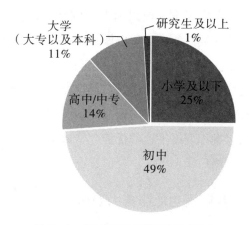

图 2-4　乡村地区受教育程度比例

2. 城市地区线上平台统筹协调乏力

技术的发展对人们的生产生活产生了重大影响。当下社会是信息社会，网络信息技术的发展在给城市治理带来机遇的同时，也为城市治理带来了挑战。随着网络技术的发展更新，一个全新的不依赖于实体空间的线上网络空间出现。[①] 截至 2022 年 6 月，我国手机网民规模达 10.47 亿，网民使用手机上网的比例为 99.6%。其中，城镇网民规模达 7.58 亿，占网民整体的72.1%。[②] 可见，网络已成为民众信息获取、文化教育、休闲娱乐、交友联系、表达观点的重要渠道。但在实地调研过程中发现，城市地区在网络空间的治理方面存在统筹协调乏力的问题。具体表现为：第一，线上平台之间的数据共享存在壁垒。由于相关的业务部门之间缺乏统一的管理规范，线上平台之间的信息不能实现实时交互与共享，在实际的治理过程中，对一些数据不能做到及时更新与实时共用，甚至出现一些"滞后数据、错误数据、无用数据等，无法直接用于为公众服务"[③]。不少工作人员在访谈中讲道："新时代文明实践中心刚开始建设时，使用的是'成都志愿者'APP。后来'文明兴蓉'APP 上线后，上级部门要求所有的活动招募、志愿者注册、活动开

①　黄新华、石术：《从县域社会治理到市域社会治理——场域转换中治理重心和治理政策的转变》，载《中共福建省委党校（福建行政学院）学报》2020 年第 4 期。

②　中国互联网络信息中心：《第 50 次中国互联网络发展状况统计报告》，2022 年 8 月 31 日。

③　陈文：《城市治理中的信息壁垒与矫治路径》，载《国家治理》2021 年第 17 期。

展等都要在'文明兴蓉'上开展，对志愿者数量、活动次数等指标的考核也以'文明兴蓉'后台数据为准。但以前在'成都志愿者'APP上面的数据又共享不过来，这就导致以前的工作白做、现在的工作重做、以后的工作难做。"第二，各平台之间的联动性弱。职能部门的"条块分割、多头管理"，使得各平台的建设标准不一且各自为政。在这样的现实情况下，城市地区虽拥有丰富的网上资源，但因各平台之间缺乏统一的标准与健全的联动机制，无法进行协同联动以发挥网络平台的优势，造成资源浪费和平台利用率不高的问题，甚至形成"僵尸平台"。

（二）线下公共空间功能服务力有限

广场是一个空间概念，具有主体性的人在广场进行交往过程中，不仅与空间发生关系，还在某种程度上赋予了空间意义，即信息的传播与流通。线下人际交往信息的传播与公共空间密不可分。广场作为空间实践的传播环境在赋予人际传播行为地点意义的同时，也赋予了空间符号的特殊意义。在这个过程中，可以使用空间进行交往的行为就是传递信息、服务民众，因此也可被看作一个传播的过程。在基层社会中，无论是乡村还是城市，都存有"广场"这一特殊的公共空间。民众通过定期或不定期的方式在广场聚集、交流、沟通，形成线下的公共活动场域。在这个场域中，每个人都有一定的社会交往关系，而交往活动具体实践使得身处其中的人的社会交往关系相互影响，继而对同一公共事务或活动产生共同的认识，从而形成基层治理的共识，以更好地解决基层社会中的问题与矛盾。此外，广场作为一种使用频率很高的服务性空间，在乡村、城市都发挥着基础服务与公共文化建设的功能。因此，广场建设在基层治理现代化的推进过程中具有举足轻重的意义。

然而，我们在实际调研的过程中发现，不管是在乡村还是在城市，广场的服务功能并未完全发挥，其原因主要有三点。

一是广场周边基础服务设施不完善，缺乏人性化的布局设计。如图2-5所示，在广场周围，既没有可供人休息的长廊、桌椅，也没有高大的庇荫树木，更没有凸显本地文化的内容；有的只是大面积的硬化的地面以及少量的、简单的健身器材和低矮的花草。从健身器材的配备来看，主要适用于老人与儿童，体现了对老幼群体需求的满足，却忽略了年轻群体。他们的需求并没有在广场提供的服务中得到体现与满足。此外，硬化的地面相较于未硬化的地面来说，是一种文明的进步和服务力提升的表现，但由于绿化、设计缺乏人性化的思考与布局，没有配备可遮蔽阳光的树荫、供民众休憩、长廊等。

图 2-5　某一城市的广场布局

　　二是广场文化活动形式单一，多为民众自发活动。这一点在乡村地区尤为突出。乡村地区由于上文中提到的精英人才的严重流失，缺乏能组织具有持续性的活动的精英，加上乡镇相关部门、企业以及社会组织等很少参与乡村地区的活动组织与策划。因此，乡村地区的广场仅是民众茶余饭后休闲娱乐的场所，除了广场舞、下棋之外，再无其他活动，活动形式比较单一。正如村民所说："我们就是吃饱了没事干，自己到广场上看看有没有跳广场舞的或者下棋的。天气好的时候人还多一点，天气不好的时候广场上都没人。"（访谈对象 E8）可见，乡村地区的广场活动参与，具有很强的个人意愿性，没有任何约束与统一的活动目的，活动组织分散、规模小。此外，农忙、气候、季节等因素的影响，也让广场上人迹稀少，活动没有持续性。

　　三是民众主人翁意识不强，参与广场建设的积极性不高。广场的建设，离不开民众的积极参与，民众才是广场建设的真正主人。但在现实情况中，很多基层民众主人翁意识不强，感觉广场的建设与自己无关，参不参与都无所谓。正如一位村民所言："我们仅能从个人的立场来提需求，但广场的建设不是满足某一个人、某一群体的需求，它要符合大众的普遍需求，所以参不参与问题不大。"（访谈对象 E4）由此可知，民众的参与意愿不高，导致广场的实际效用与基础服务无法有针对性地满足民众的具体需求。

第三章　思维路径：动态平衡的基层
传播活系统构建

　　长期以来，在基层传播研究领域，用还原论、整体论等传统方法的研究占据主流。针对基层传播体系的复杂性问题研究相对比较少，通常情况下对于基层传播体系的研究都是将其分割成若干个子系统，以相关的职能部门、组织、行业等为基础单位提高传播的效果以认识整体。然而，基层传播体系中包含多个层次和分叉点，且各子系统之间具有复杂关联性，很难进行简单分解，勉强分解出的子系统也很难发挥其作用，甚至可能回到以前的"闲置"状态。此外，多元的参与主体之间存在着不同利益的冲突，这不仅反映了子系统之间的局部利益冲突，还体现出局部发展与整体建设之间的冲突。资源分散、各自为政、条块分割、参差不齐、缺乏协调等是目前基层治理中还未解决的问题。这就注定采用还原论方法，把基层传播系统简单分解成诸多子系统分别进行建设、发展的做法一定不会达到系统整体优化的目标。这也表明，用还原论、整体论方法来处理一些复杂的系统问题是行不通的，必须打通从整体到部分再到整体的通路，把宏观和微观结合起来，从一个一个已经认识得比较清楚、具体的部分来宏观观测整个系统的系统结构，[①] 基层传播作为一个复杂的系统，其建设不仅要让各子系统能够自主地与环境发生相互作用，进行自我适应和自我学习，还要让各子系统自主地与基层治理系

---

① 钱学森：《再谈开放的复杂巨系统》，载《模式识别与人工智能》1991 年第 1 期。

统的整体目标协同，从而整合与协调其他社会组织、机构以及群众自组织，发生相互作用，切实满足群众的多元化需求以及提高群众的思想觉悟、道德水准、文明素养和全社会的文明程度。为此，在研究基层传播时，必须要对简单、固化、单向的传统思维进行反思，思考如何发挥基层传播的阵地平台优势、聚合效应，使信息传播能够更好、更高效地服务于基层治理。故需用系统科学的思维来分析和审视具有复杂特性的基层传播体系。

基层传播体系是信息传播的中心，是知识、资本、软硬件设施高度聚集，人流、物资流、信息流、能量流相互交汇，子系统数量、种类、关联点极其繁杂的开放的动态的系统。基层传播体系的建立不仅需要有丰富的公共文化服务资源（物质资源），包括信息技术资源，同时还需要人的高度参与。人是系统构成中不可缺少的子系统，也是一个复杂系统，众多的这种复杂系统为子系统参与形成的系统就更加复杂了。基层治理便是以人这个开放的复杂系统为对象，以各类公共文化服务资源为基础，运用策划、决策、组织、协调、控制等一系列运行管理机制，采用行政、技术等手段，通过信息流动的方式，围绕群众的实际需求进行的资源整合协调、社会主义核心价值观引导以及服务行为。基层传播体系涉及政治、经济、文化、社会以及生态环境等诸多因素，故具有多维、多层、多点交织的动态非线性复杂系统特性。因此，基层传播体系必须遵循复杂系统的规律。在这一点上，活系统模型的提出，为研究基层传播体系提供了新思路。活系统模型作为系统控制论中适用于各类组织机构提升其系统外界环境适应性和独立持续存活能力的组织模型，超越以往组织管理理论之处在于它不限于高层管理者，试图影响系统运行、参与交流和相互作用的每一个基层组织成员都可被纳入考量范畴，打破了自上而下的层级管控，实现了基层自主运行的目标，完全契合基层治理过程中发挥基层组织能动性和创造力的要求，以及实现基层治理传播体系良性运行的目标。

第一节　活系统模型的基本原理及其适用性

活系统模型（the viable system model，简称 VSM）是 20 世纪 60、70 年代英国系统管理和控制论专家斯塔福德·比尔（Stafford Beer）运用控制论原理、行政管理的运筹学和社会学原理建立的组织管理模型。该模型超越以往组织管理理论之处在于它不限于高层管理者，试图影响系统运行、参与交流和相互作用的每一个参与主体都可被纳入考量范畴，打破了自上而下的层级管控，是系统科学领域的一个重要研究，被称为"哥白尼式的革命"[①]。

一、活系统模型的由来与研究方法论

在以运筹学为代表的时代，人们通常会以改变某一变量来实现某一具体目标。这种做法虽然简单、易操作，但容易导致其他目标因这一变量的改变而无法正常实现。可见，运筹学的应用范围具有局限性。因此，为了寻求解决方案，比尔跨越管理学、社会学、生物学、系统学等多个学科，通过反复的实验与实践，最终设计出活系统模型。

（一）活系统模型的创立过程

活系统模型是一种将控制论的基本原理应用到各类组织、机构，使其能够适应环境的变化来自我调节，以保证系统内部稳定运行的模型。因此，这一模型属于控制论的系统方法之一，是一种基于自然法则的理论模型。

1948 年，美国应用数学家诺伯特·维纳（Norbert Wiener）在《控制论：关于在动物和机器中控制和通讯的科学》一书中，提出了"控制论"，

---

① 1986 年，在英国曼彻斯特商学院举行的活系统模型（VSM）研讨会上，与会的学者将其称为"哥白尼式的革命"。

确定了沟通交流、闭环结构和反馈在自然环境与人类社会中具有普遍现象。之后，他在 1950 年出版的《人有人的用处：控制论与社会》，更是表达了控制论在人类社会的应用，这使得比尔认识到控制论具有信息交流与控制的特征。于是，他继承了维纳把重点放在信息交流、数字模拟方面而不是能量的新的研究方式，认为组织管理也和大脑一样，存在一种数字模拟的模式。[①]

1956 年，英国神经生理学家与控制论学家威廉姆·罗斯·艾什比（William Ross Ashby）在著作《控制论导论》中，提出"必要变异度定律"对活系统的建立产生了巨大的影响。艾什比认为"只有多样性可以摧毁多样性"[②]，为了便于理解，比尔将其阐释为"多样性吸收多样性"[③]，换句话说，就是系统的控制机制必须体现出与系统的多样性变化相匹配或超越系统的功能。多样化的设计是一种对未来不可预测的环境变化与系统的控制手段。就如比尔所言："必要变异度规律对于系统管理者而言就如同牛顿的万有引力对物理学那样重要。"[④] 因此，艾什比提出的"必要变异度定律"为活系统模型的建立提供了理论基础。

此外，作为比尔导师的美国神经学家沃伦·麦卡洛克（Warren McCulloch）进行的一些脑理论的研究使比尔相信，人的大脑是所有复杂系统中最有效、最智能的系统。这也为比尔创建活系统模型提供了具体的研究方法，即运用隐喻、类比与模型的方法，将人的大脑与企业、人体的神经系统与组织调节系统进行比较，经过同态、同构的科学抽象和大量科学论证、实践验证后得出活系统模型。同时，比尔还引用了戈登·帕斯克（Gordon Pask）的"对话理论"，把活系统看作一个更大的活性系统，其包含的其他活性系统可以通过对话交流与沟通的方式，层层递进，进行物质、能量与信息的交换，使系统共同意愿渗透到各个子系统中，最终实现系统的整体目

---

① Harnden Roger, Leonard Allenna: *How Many Grapes Went into the Wine: Stafford Beer on the Art and Science of Holistic Management.* Chichester: Wiley, 1994.

② William Ross Ashby: *An Introduction to Cybernetics.* London: Chapman&Hall, 1956, p. 207.

③ Stafford Beer: *The Heart of Enterprise.* London and New York: John Wiley, 1979, p. 286.

④ Stafford Beer: *The Heart of Enterprise.* London and New York: John Wiley, 1979, p. 89.

标。由此可见，活系统模型的建立过程是不断充实、反复论证的过程，也是不断实践、科学验证的过程。

（二）活系统模型的研究方法论

在系统科学中，对于复杂系统的研究方法主要有：跨学科的研究方法，还原与上索、层次分析与综合，黑箱方法，隐喻、类比和模型。[①] 而比尔建立的活系统模型主要应用了隐喻、类比和模型的方法。隐喻是修辞格（a figure of speech）的一种，指用一种类型的一个词或词组代替另一种类型的一个词或词组，从而暗示它们之间的相似性或类似性。[②] 用纳尔逊·古德曼的话来说就是，"教老词玩新把戏之事"[③]。比尔认为，一个企业或组织如何能够在复杂环境中保持动态平衡并成为活的系统存活下去是急需考虑的问题。这种所谓的存活，"指的是在一个较短时间里能保持它的大多数重要特征，在一个较长的时间里能保持某种身份认同的本质特征"[④]。正如上文所述，在自然界中，人的神经控制系统是所有复杂系统中最高级、最智能的系统，也是自然界中最强的活系统。因此，受到维纳、艾什比、麦卡洛克等人的影响，比尔首先将人体与企业组织这两个不同的概念领域进行暗含比较，认为"企业组织在运行过程中的人际交往，就像神经系统中神经元之间的联系，企业的管理机构就是组织的大脑，而碾碎机、切削机、轧钢机等就是企业组织的肌肉"[⑤]。可见，这一过程就是一种有启发性的隐喻。

著名系统科学家福罗德（R. L. Flood）与卡尔森（E. R. Carson）在《处理复杂性：系统科学的理论与应用导论》一书中写道："系统隐喻能

---

① 颜泽贤、范冬萍、张华夏：《系统科学导论：复杂性探索》，人民出版社 2006 年版，第 151—180 页。

② 李醒民：《隐喻：科学概念变革的助产士》，载《自然辩证法通讯》2004 年第 1 期。

③ 〔英〕阿利斯科·E. 麦克格拉斯：《科学与宗教引论》，王毅译，上海人民出版社 2000 年版，第 185 页。

④ 颜泽贤、范冬萍、张华夏：《系统科学导论：复杂性探索》，人民出版社 2006 年版，第 423 页。

⑤ Stafford Beer：*"The Viable System Model：Its Provenance，Development，Methodology and Pathology"，Journal of the Operational Research Society*，1984 (1)，p. 8.

提供巨大的多样性范例来帮助我们的思考过程。"[1] 因此，为进一步深入地认识这两类系统，比尔在对人体与企业组织进行隐喻后进行了全方位的类比。在组成方面，人体的各个器官、肌肉、细胞类似于企业组织的部门、机器与员工；在结构方面，人体的构造、运行类似于企业管理的设置与部门的设计；在功能方面，人体的新陈代谢与企业的优胜劣汰具有相似性；在进化方面，人体的诞生、成长、成熟与企业的建立、扩大、发展十分相似。[2] 然而，需要注意的是，"要构建有活力有机体的类比，最有效的体现就是在功能上的模拟，只根据系统组成的类比是没有任何意义的"[3]。因此，隐喻与类比的过程并不能得出一个严格的模型，还需要把这些零散的、粗糙的、边界模糊的隐喻和各自系统内的管理状况和科学状况结合起来，运用类比逻辑使目标领域对象精确化、体系化，形成两个系统初步的概念模型。

所谓模型，就是实现数学上的同态对应的一个系统。[4] 比如，系统 S2 是原型系统 S1 在映成函数 f 下的同态映射，则 S2 连同 f 就被称为 S1 的模型。这里的同态实质上就是一种保证 S2 成立的规则，而 S1 就是隐喻里的"目标领域"。因此，在得到的两个初步概念模型的基础上，两个模型分别与自己的目标领域进行同构对应（多对一的对应关系），继而得出这两个系统的严格模型，最后通过同构、概括的方法得出活系统的科学模型。简而言之，活系统模型是比尔将企业运作与人体的运行进行隐喻、类比，经过同态、同构的科学抽象与大量的科学检验得出的模型。具体方法论的简述如图 3−1 所示：

---

① Robert L Flood, Ewart R Carson: *Dealing with Complexity: An Introduction to the Theory and Application of Systems Science*. New York: Plenum Publishing Corporation, 1993, pp. 19-20.

② 黄键：《活系统模型中的功能整体主义思想》，载《系统科学学报》2016 年第 4 期。

③ Stafford Beer: *Cybernetics and Management*. London: English Universities Press, 1959, p. 158.

④ 颜泽贤、范冬萍、张华夏：《系统科学导论：复杂性探索》，人民出版社 2006 年版，第 191 页。

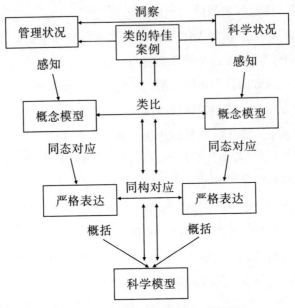

图 3−1 活系统模型的建立过程①

二、活系统的模型与基本原理

比尔运用隐喻、类比和模型的方法，经过同态映射（将现实系统中的多个元素进行抽象的概念性建模，对应到另外一个结构严谨的机理模型中）的科学抽象与大量系统案例的科学检验得出的活系统模型，是一个能够适应环境独立存活的有机体。同时，活系统模型的建立也需要满足一定的条件、遵循科学的系统规律，以保证活系统的活性。

（一）活系统模型的三大要素

活系统作为能够适应环境独立存活的有机体，其成立需要具备 M、O、E 三个关键要素。如图 3−2 所示，M 和 O 共同构成了完整的有机体，其中 O 表示"操作系统"（operation），对应人体中的肌肉和器官的活动，是人体

---

① 张君弟：《探析活系统模型：发展、模型及系统方法》，载《系统科学学报》2014 年第 01 期。

中实际工作的部分。比如，手、眼、耳、鼻、胳膊、肝、肾、肺等，是支撑人体运行的最基本的单位。M 表示"管理元系统"（management），对应的是人体的大脑与神经中枢，保证肌肉与各个器官能够协调一致地完成大脑传输的指令，并对外界环境产生的刺激做出反应。E 表示"系统环境"（environment），对应与人体直接相关的外部世界，是系统存在和发展的外部条件①，既包括人体各器官所对应的局部环境，也包括人体所面对的现有的整体环境以及未来的环境。健康的管理元系统与操作组织均能够对外界刺激做出反应，如能够应对系统环境变化而适时进行策略更新或机制调整。那么，如何实现和保持活系统的健康运行？需要操作系统、管理元系统、系统环境在结构完整、功能完善的基础上，不断进行充分而必要的能量交往、信息交流与物质交换，以维持三者之间的动态平衡。如果平衡被打破，那么活系统的活性和自我生存能力将会降低，甚至会出现不同程度的病态乃至面临崩溃的危险。这表明了活系统模型的本质是基于结构的不变性与系统功能的平衡性。

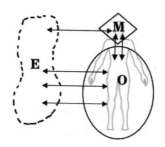

图 3-2　活系统模型三大要素之间的关系

（二）活系统模型的五个子系统

为了使活系统模型能够更加具体地被应用于其他领域，比尔根据大脑对人体的调节，将活系统模型细分为五个子系统，如表 3-1 所示，分别是执行、协调、优化、开发和决策。它们既有在系统中自己特定的功能作用，也有与其他子系统共同发挥的整体功能作用。在执行子系统（S1）中，存在

---

① 郭伟、黄敏镁：《斯坦福特·贝尔活系统模型（VSM）的系统哲学基本原理》，载《齐齐哈尔大学学报（哲学社会科学版）》2017 年第 9 期。

着许多子单元，每个子单元都可视作一个基本操作单元（elementary operational organizational units，简称EOOU），这些基本操作单元都是活系统，既能够自主地与所在环境发生相互作用，进行自我调节，还受到上一级系统的控制，以应对更为复杂的环境变化。在协调子系统（S2）中，更重要的是自我调控能力的体现，通过信息系统、行为标准、规章制度等调节来自S1的矛盾和利益冲突，以保证系统的稳定。优化子系统（S3），则根据S2和S3的内部信息以及来自S4的外部信息，立足于整体，为各子系统之间的运行提供优化服务。同时，它还为S1的基本操作单元制定目标，通过对资源的合理、有效配置来促使S1完成预定目标，并通过监察子系统（S3∗）来审计、核查。需要注意的是，S3只是对内部系统目前发生的情况进行反应，对上一级则以"休眠"的状态衰减操作系统的多样性，防止信息泛滥对上一级的决策形成干扰。开发子系统（S4），关注的是系统的未来发展和内外部关系，为系统在复杂环境中的健康发展出谋划策。它既需要分析当前的复杂环境与未来可能遇到的困难、挑战，向S3传送与当下相关的信息，还需要接收来自S3的信息，结合现有环境的分析与未来环境的预测，向上一级传送信息，以便形成更加科学的决策。决策子系统（S5），往往体现着系统的价值观和价值规范。它通过接收来自S4和S3过滤的信息，来制定出既能应对和适应外部复杂环境，又能满足内部需求的政策来服务于整个系统，且S5作为服务S1的一部分，其政策还需体现出S1各基本操作单元的共同愿景。活系统模型具体的结构和各子系统之间的关系如图3-3所示。

表3-1　一般活系统的五个子系统[①]

系统	名称	作用	对应人体	对应企业
S1	执行子系统	直接执行组织任务	各个器官、肌肉	各个部门、生产线
S2	协调子系统	协调	交感神经系统	生产协调部门
S3	优化子系统	整体优化	基脑（脑桥、小脑）	研发部、市场部
S3∗	监察子系统	审计、核查	/	质量监管部门

---

① 此表根据颜泽贤、范冬萍、张华夏专著《系统科学导论：复杂性探索》整理而得。

续表3—1

系统	名称	作用	对应人体	对应企业
S4	开发子系统	研究、分析环境，预测未来	中脑	战略发展部门
S5	决策子系统	顶层设计，政策制定	大脑	企业管理者

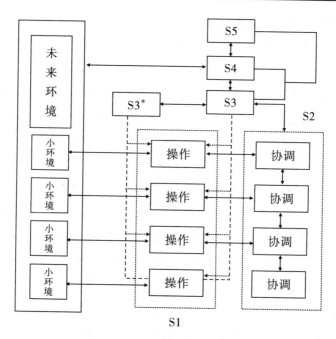

图3—3 活系统模型的基本结构

此外，在活系统模型中，S1、S2、S3 组成了比尔所提到的系统的"自主管理系统"，当自主管理系统建立之后，就"可以自主地与环境发生相互作用，进行自我适应和自我学习，其约束仅仅是他们属于整个组织的一部分，执行系统的目标和任务"[①]。换言之则是，S1、S2、S3 能够在已经建立的整体系统框架下，独自保持系统内部的稳定。然而，虽然它们能够自主地处理系统内部的事务，但毕竟面对的只是内部环境，对于应对系统外部复杂环境的能力不足，不能对系统进行整体的检查、判断。因此，还需要 S2、S3、S4、S5 组成的"元系统"对系统进行诊断设计，应对复杂外部环境带

---

① 郭伟、黄敏镁：《斯坦福特·贝尔活系统模型（VSM）的系统哲学基本原理》，载《齐齐哈尔大学学报（哲学社会科学版）》2017 年第 9 期。

来的挑战，以解决危害系统生存的问题。因此，活系统模型的应用还体现出能够对任何系统进行诊断，为系统算出合适的递归级别，来分析每个递归级别所需要衰减或增强的状态量，以保证系统的活力。

（三）活系统模型的基本原理

任何模型的建立都有其相适应的科学依据，不存在没有依据的模型。从前文的描述中可以了解到，活系统模型是基于以下两条原理建立的。

1. 比尔的递归原理

递归的概念来自计算数学，通常应用于计算机科学，用于描述以自相似方法重复事物的过程[①]，具体指在操作或结构方面能够反复运行的过程。在活系统模型中体现出的递归原理，是指系统结构的递归，即"任何一个活的组织由活的整体组成，而这个活的组织又嵌入在更广泛的整体之中"[②]，类似于分形。活系统模型中，"任何一个活系统总是包含着另一些活系统和包含于另一个活系统之中"[③]。因此，活系统本身是有层次性的，就像俄罗斯套娃，一个套着一个，每一个层次的活系统都具有相同的组织结构，受着同样的规律支配。从控制论的角度看，"所有的活组织都精确地是一样的，它们在基础上都由同样的规律写成"[④]。这就说明，活系统中的每个基本操作单元自身就是一个活系统，都具有能够独立生存的能力和适应周围环境的能力，它们的自主运行也可以显示系统的整体功能。而各个活系统也是通过这种组织结构的递归，使系统的各个基本操作单元和层级联系起来，形成一个更大的活系统，以应对外部复杂的动态环境。

2. 艾什比的必要多样性原则

必要多样性原则，也叫艾什比定律或必要变异度定律，指只有用调节器的变异度（多样性）才能压低干扰所引起的变异度，只有用变异度才能消灭

---

① 石毓智：《乔姆斯基语言学的数学基础》，载《外语研究》2017年第4期。

② 张君弟：《探析活系统模型：发展、模型及系统方法》，载《系统科学学报》2014年第1期。

③ 郭伟、黄敏镁：《斯坦福特·贝尔活系统模型（VSM）的系统哲学基本原理》，载《齐齐哈尔大学学报（哲学社会科学版）》2017年第9期。

④ 郭伟、黄敏镁：《斯坦福特·贝尔活系统模型（VSM）的系统哲学基本原理》，载《齐齐哈尔大学学报（哲学社会科学版）》2017年第9期。

变异度[1]，也就是比尔提出的"多样性吸收多样性"。从前文的论述中可知，活系统模型是通过同态映射与同构对应而形成的科学模型。因此，源系统与目标系统的对应既可以是一对一的，也可以是一对多或多对一的，这样就可以对环境的多样性进行衰减，为系统提供一种能够存活且能随机进行控制的手段。原因在于，在活系统中，环境的多样性要远远大于系统本身的多样性，而系统的多样性又远远大于管理元系统的多样性，要想实现活系统的动态平衡，就必须对环境、系统和管理元系统的多样性进行控制、调节。所以说，要保持活系统的活性，使其发挥出系统的整体性能，就需要活系统本身具有多样性，只有这样才能通过衰减环境多样性或放大管理元系统多样性的方式存活下去。具体原理如图 3-4 所示。

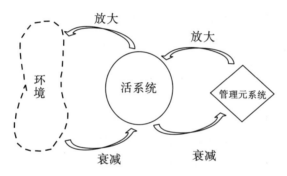

图 3-4　活系统的必要多样性原则

三、活系统思想的本质与价值

活系统之所以是一个动态平衡的系统，在于它能够主动地适应某一特定环境并独立地存活下来。与其他系统不同的是，它有能力应对复杂环境的变化，并就环境变化引起的刺激做出反应。同时，它能自主地从重复经验中进行学习，通过再生的方式更新自身，以对遇到的刺激做出最理想的反应。这就是活系统思想的本质特征。在此思想的基础上，活系统以递归原理和艾什比的必要多样性原则为依据，创立了一个能够持续性存活的科学模型，为解

---

① 〔英〕W. R. 艾什比：《控制论导论》，张理京译，科学出版社 1965 年版，第 216 页。

决复杂系统问题提供了新思路、新方法。

此外，活系统还有"超越生存的存活性"特征①。当系统所处的环境没有发生剧烈变化时，如果系统需要进行变革或者增加其多样性设计时，尽管会造成一些波动，但并不会改变系统的整体功能和影响系统的正常运行。因此，通过活系统思想的本质特征可知，一个活性的系统，能在短时间里保持活系统的共同特征，而在长时间里可以保持系统整体的本质特征。所以，要想系统发挥更大的功能作用，除了要完成自身的目标任务外，还要实现其他的目标任务。正如管理学家罗素·艾可夫（Russell L. Ackoff）所言："组织（系统）的需求实际上就是追求生存之外的存活能力。"② 相反，系统如果不能完成某一目标任务，那么，就必须做出改变与转化。这也是活系统为什么是一个活性的系统和能够保持动态平衡的原因。

基于活系统思想的本质特征，可以发现活系统思想在系统运行过程中存在的价值。具体表现在：第一，活系统思想具备的"活性"本质超越了传统系统管理的机械化思维。活系统打破了自上而下的层级管控，实现了人性化的民主管理。传统的系统管理者制定的规则，虽从制度方面明确了每个单元、个人的具体任务，但面对复杂多变的环境，这种管控的系统无法随环境的变化而做出最佳的反应。而活系统的每一个基本操作单元都是一个能够自主学习、适应环境并就环境变化引起的刺激做出反应的活系统，具有系统相同的功能和结构。第二，活系统思想具有"整合"系统要素的价值。在传统的系统管理理论中，控制是系统管理的一种方式与功能。而在活系统思想中，控制是系统的一个特别要素，能协调、整合系统中其他的要素，协助系统持续运行。活系统模型通过整合各基本操作单元，以协调的方式使系统与环境、系统与要素、要素与要素、要素与环境自主地发生相互联系和相互作用来处理复杂的问题。第三，活系统思想能够"优化"系统的整体结构。让·皮亚杰（Jean Piaget）认为，"结构只有成为体系才有生命"③。在系统科学中，系统的存在、运行、发展都需要依赖整体的结构，才能发挥系统的

---

① Markus Schwaninger：*Intelligent organizations：Powerful models for systemic management.* Berlin：Springer，2006，p. 65.

② Russell Lincoln Ackoff：*Management in Small Doses.* New York：Wiley，1986，p. 12.

③ 〔瑞士〕皮亚杰：《结构主义》，倪连生、王琳译，商务印书馆 1984 年版，第 102 页。

功能。活系统模型由三大要素和五个相互联系的子系统组成。其中，这五个子系统并不是要素的堆积，而是根据系统的具体需要，紧密联系在一起的有机体。它们之间通过物质、能量与信息的交换，对彼此进行影响、制约，以实现系统的动态平衡。最突出的就是上文提到的"艾什比必要多样性原则"，通过衰减或放大的方式限制系统的变化，将系统的组成要素限制在一定的范围内，以形成稳定的系统结构。可见，这种对系统要素的限制实质上就是一种优化。它通过减少环境的复杂性和增强管理的能力，对活系统的功能与结构进行整体优化，以达到或接近最佳的状态，应对复杂环境的变化。

四、活系统模型的适用性分析

从前文的论述过程中可知，活系统模型能够主动适应复杂环境变化，具有自我学习、自我更新、自主处理复杂问题的活性特征，能使系统在高度多样性的复杂环境中存活下去。从基本结构上看，活系统模型是由操作系统、管理元系统和系统环境三个主要部分构成，操作系统由一些相互独立又相互联系的基本操作单元组成，执行系统的全部基本工作。管理元系统为操作系统提供服务，以确保整个系统可以通过优化、整合、协调等方式协同运行。从系统功能上看，活系统模型具有五个子系统，其在系统中发挥的作用功能如表3-1所示。这五个功能子系统之间相互作用，功能互补，不断进行充分而必要的能量交往、信息交流与物质交换，以协同的形式维持系统整体的动态平衡。这种协同不能简单地说成各子系统的功能叠加，形成"1+1=2"的局面，而是系统间的功能互补与协作的整体涌现。因此，将活系统模型应用到基层传播体系的构建中是非常合适的，原因在于：

第一，基层传播体系是一个复杂的系统。基层传播是基层治理过程中重要的一环，具有信息、资本、软硬件设施高度聚集，人流、物资流、信息流、能量流相互交汇的显著特征，子系统数量、种类、关联点以及面对的环境极其繁杂。尤其是人的高度参与，使得基层传播系统更加复杂。同时，基层传播体系作为基层治理的重要组成部分，在基层治理中担任着宣传引导、信息传播、政商服务、多元协同、组织动员的重要任务，面对着来自内部与外部不断变化的复杂信息环境，具有多维、多层、多点交织的动态非线性复杂系统特性。因此，基层传播体系的构建必须遵循复杂系统的规律。而在这一点上，活系统模型与基层传播体系具有高度相似性。活系统模型作为系统控制论中适用于各类组织机构提升其系统外界环境适应性和独立持续存活能力的系统模型，打破并超越了传统系统自上而下的层级管控。它不局限于高层管理者，对于试图影响系统运行、参与交流和相互作用的每一个基层组织成员都可被纳入考量范畴，不仅实现了基层自主运行的目标，还实现了基层传播体系持续运行的长远目标，这完全契合基层治理过程中发挥基层组织能动性和创造力的要求。

第二，基层传播体系符合控制论的典型特征。活系统模型是以控制论原理为基础，以隐喻、类比和模型的科学方法论，对系统进行设计、改善，并利用递归与多样性的控制论原理，使系统保持应有的活性。而基层传播体系作为一个复杂系统，具备控制论应用于系统的典型特征，"有预定的稳定状态，也称为平衡状态；从外部环境到系统内部有信息的传递；有用来校正行动的装置；有自动调节的机制，即可以在不断变化的环境中维持自身的稳定，是一种动态系统"[1]。如表3-2所示，基层传播体系具有以下四个特点：①具有明确的预设目标，即建立一个"下情上达""上情下达"的信息传播渠道，促进基层各参与主体之间的沟通交流，最终实现基层治理的现代化。②存在内外信息的交流。各参与主体通过多样的传播媒介获取信息，会对信息有一个直观的认识与反馈，形成了信息的交流。③具有校正的机制。根据对当下环境的研判，建立健全相关的体制机制和完善相关的法律政策，对信息传播过程中出现的问题、矛盾等进行调节、校正。④能够进行自动调节。根据外部不断变化的复杂环境和内部运行中出现的问题，能够自主地进行适应，并以再生的方式更新自身，从而确保系统的动态平衡。因此，可以将活系统模型应用于基层传播体系的研究。

---

① 岳丽欣、刘文云：《我国政府数据开放保障机制的建设研究》，载《图书情报工作》2016年第19期。

表 3—2　控制系统和基层传播体系的特点

控制系统的特点	基层传播体系的特点
系统预设目标	建立沟通渠道，实现基层治理的现代化
内外信息交流	参与主体对信息的认识与反馈
校正行动机制	对相关体制机制和法律政策的完善
自动调节机制	自主适应，更新自身

　　第三，基层传播体系的结构功能与活系统模型具有高度一致性。控制论原理指导下的活系统模型在结构设计、功能发挥方面，关注的是影响因素的多样性、动态性以及如何适应复杂环境。这与基层传播体系的构建是相辅相成的。从结构上看，活系统模型的三个主要元素也是基层传播体系构建所面临和需要的最主要元素，操作系统、管理元系统和系统环境之间的关系与结构组成也具有相似性。从功能上看，基层传播体系所发挥的作用也是通过各子系统间相互补充、互相协作来实现传播的预期目标和额外目标。而子系统间的物质、能量与信息的交换，形成了基层传播体系的健康运行。可以说，活系统模型是建立有活力系统的一种有效的系统设计方法[①]，从结构和功能上为研究基层传播体系提供了一种全新的分析框架。因此，应用活系统模型来分析和构建基层传播体系是非常合适的。

第二节　基于活系统模型的基层传播模式

　　基层传播体系是一个复杂的系统，其基本结构与活系统模型相同，包括运行系统、管理系统和系统环境三部分。通过该系统模型，基层传播过程中形成的信息流和传播策略，都可以清晰地展示出来。从活系统模型的建立过程中可知，基层传播体系的建立必须综合考虑多种影响因素，体现系统结构功能的多样性特征，如基层传播的模式、特点、政策、设施、环境等。采取

---

　　① Staffand Beer：*Diagnosing the system for organizations*，*Journal of the Operational Research Society*，1986 (8)，pp. 722－723.

有效、科学的传播模式，可以使信息传播的效果最大化。一方面，合适的传播模式可以使受众接收到的信息更加全面、真实；另一方面，信息传播者还可以接收到受众的反馈，从中总结和分析传播的内容与形式是否能满足受众需求，传播方式是否规范，然后针对出现的问题调整传播策略，确保信息传播目标的实现。因此，通过引入活系统模型用于基层传播体系的建构，不仅可以揭示基层传播系统完成信息传播的过程，对传播过程中诸多参与主体表现出的特征进行科学解释，还可以揭示构成基层传播系统各参与主体之间存在的互相影响的关系。

一、基于活系统模型的基层传播体系

基层治理传播体系总体结构与活系统模型结构相同，如图 3-5 所示，分为运作系统、管理系统和系统环境三部分。其中，运作系统包括三个子系统，即 S1（基层治理的执行系统，包括党组织、社会他组织和民众自组织）、S2（传播媒介）和 S3＊（考核检查组）；管理系统也包括三个子系统，即 S3（城乡社区发展治理工作领导小组①）、S4（城乡社区发展治理委员会）和 S5（基层党委与基层政府）；系统环境主要指基层治理过程中所处的传播环境和未来发展环境，当前传播环境主要包括互联网虚拟环境和现实社会环境。总体上来说，这三个部分可以通过双向信息通道，不断进行充分而必要的能量交往、信息交流、物质交换，从而有效地促进基层服务体系的建设。

---

① 领导小组，是具有中国特色的一种组织方式和工作机制。它是党政系统中常规治理方式之外的补充，并在特定时期，拥有跨部门的协调权力。城乡社区发展治理工作领导小组是城乡社区发展治理委员会为统筹推进基层治理工作而成立的议事协调机构，具有整体优化、指导、协调的职责。

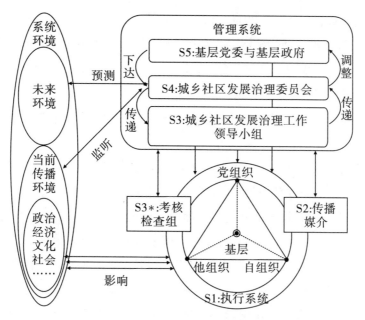

图3-5　基于活系统模型的基层传播体系总体结构

S1执行系统，是直接进行信息传播、完成信息内容生产任务的部分，由各个参与基层治理的主体组成。每个参与主体都可视作一个基本操作单元，包括党组织、社会他组织以及民众自组织等。这些基本操作单元都具有自我调控能力，能够自主地与环境发生作用，并根据环境的变化进行自我适应、自我学习和相互作用。也就是说，面对基层社会的一些公共事务，它们会自主地通过协商、座谈、合作等方式解决。因此，每个基本操作单元都是活系统，都包含环境、操作、管理三个要素，拥有自己的决策、开发、运行、协调和操作功能，形成局部元系统或局部管理机构。

同时，这些基本操作单元都拥有一定的自治性权力。从系统整体结构上看，它们通过垂直的信息传播渠道与上一级系统发生联系并接收信息与指令。上一级系统通过行政手段、制度规定、隶属关系等对S1中的基本操作单元进行约束与管理。从部分与整体的关系看，基本操作单元属于整体的一部分，在系统中发挥着"1+1>2"的作用。但这些基本操作单元作为系统中的唯一活性单元，能够独立地存活于系统之外，并按照自己的目标自主地与环境发生相互作用和自我调节，以适应相关的环境。因此，作为活系统的基本操作单元，既能成为整体的一部分，发挥它的全部功能，又能单独与其相对应的环境进行物质、能量、信息的交换。

S2 协调系统，通过传播媒介平衡 S1 中每个基本操作单元的利益关系，如通过传播手段保障"四权"（知情权、参与权、表达权和监督权），缓解基本操作单元之间的矛盾与冲突，保证基层社会的和谐稳定。传播媒介之所以能发挥协调一致的作用，是因为它能促进人与人之间的情感和交往关系，还能营造一个整体的、大家都认可的治理环境。因而，S2 可以看作一个能够自动调节的"减压阀"，当 S1 中的基本操作单元发生冲突时，可以通过衰减或放大的方式，减少负面信息，传播正面信息。

S3 优化系统，具体是以基层治理为目标建立的领导小组，如城乡社区发展治理工作领导小组，通过对基层治理参与主体的整体优化，提供协同以及资源的配置，防止资源的错配与浪费。如若想 S1 的基本操作单元实现合作，对基本操作单元之间利益的优化则是基层治理工作的关键问题，这就需要城乡社区发展治理工作领导小组通过特定的权力来相互协调。一方面，S3 需要对 S1 的诸多基本操作单元间复杂的社会关系和群体利益进行关注，并在与 S4、S5 保持一致的情况下对基本操作单元进行资源的合理分配，以达到治理的效果。例如，通过建设新时代文明实践中心增强党组织传播力，以实现凝聚群众、引导群众，以文化人、成风化俗的目标；通过建立社会工作服务站（室）以增强社会他组织的服务力，来实现提升民生服务水平的目标。另一方面，从图 3-5 可以看出，S3 是上下左右信息传播的枢纽。在纵向关系上，S3 向下传达来自 S4 或 S5 的政策信息，并对政策向下进行解释，向上传递来自 S1 各基本操作单元内部的信息，为上层的形式研判和决策提供信息；在横向关系上，S3 向左接受来自 S3 ∗ 特定部门的信息并做出回应，向右接受来自 S2 的信息，以此信息做出行动，如针对出现的舆论危机做出及时、合理的处置。

此外，在 S3 之旁的特定部门 S3 ∗ 是一些考核检查组，它的功能是对 S1 中的参与主体进行督促检查，审查其行为是否规范科学、合法合理。这是因为，出于业绩考核、资金拨付、生存发展等各种原因，S1 中的基本操作单元往往倾向于"报喜不报忧"，特别是当情况变坏时更是这样。因此，S3 ∗ 的作用就是定期、不定期地去检查和了解 S1、S2 所提供的信息的真实性，以提供其他子系统没有提供的信息，确保信息的完整性和决策的科学性。所以说，S3 及其 S3＊充当着"把关人"的角色，对接受到的信息进行真假辨别、汇总整理，之后再将信息向上传递，以防止上级管理系统受信息爆炸的影响，不能很好地完成它们的本职工作。

S4 开发系统，通过城乡社区发展治理委员会对基层社会的各个阶层、组织、团体的利益进行整体平衡，实现协商民主的基层治理。它的主要任务就是着眼于当下的现实环境与未来的发展环境，提供确保基层社会稳定发展的信息。S2 与 S3 是确保基本操作单元稳定协调和优化的子系统，仅是处理内部事务，不直接面对整体的大环境，只是与局部环境发生联系。因此，面对政治、经济、文化、社会、生态等无时无刻不变化的现实传播环境与未知的未来发展环境，研究、分析、预测环境将会带来什么样的困难挑战与发展机遇以及采取什么样的治理策略和传播方式是 S4 的主要任务。从图 3-5 可以看出，S4 是内外信息的交汇点。也就是说，它对外对整体环境进行监测，监听当前传播环境与预测未来的发展环境，收集与之相关的信息，分析潜在危机与机会；对内则是将收集并过滤的信息与预测的结果纵向地传递给 S3 即时采取对策，同时为 S5 的政策制定与决策提供依据。

S5 决策系统，则是基层党委与基层政府，负责政策制定、整体统筹、指挥全局等顶层设计。它是推进基层治理现代化最有力、最强劲的可供力，也是信息生产的最大机构。一方面，它通过接受来自 S4 过滤的外部环境信息与 S3 过滤的内部信息，对当前基层治理的政策与信息传播方式进行调整，使其能够适应变化的环境；另一方面，"站在全局的高度"，将最后的判断与决策向下进行传达，以适应外部环境的变化、保持适度的内部稳定。

二、"异态"下的基层传播现状

基层传播活系统模型，需要不断地进行充分而必要的能量交往、信息交流与物质交换，才能维持管理元系统、操作系统、系统环境三者之间的动态平衡。但如果平衡被打破，那么基层传播活系统模型的活性和自我调控的能力将会降低，系统运行就会出现"异态"，信息传播者与信息接受者之间会出现沉默、疏离、博弈等异态状况，使得适用于常态的传播模式失效，无法达到传播的效果。随着技术的发展和人们生活水平与质量的提高，基层群众的思想观念、生活方式、信息获取习惯等都产生了分化，向着多元化的方向发展，这对基层的信息传播产生了深刻的影响。

（一）沉默：乡土意识消解形成的交往障碍

中国是一个以农业文明形态为基础的国家，乡土性是中国社会的典型特征。正如著名社会学家费孝通所言："从基层上看去，中国社会是乡土性的。"① 从这个意义上看，"乡土不但是中国人赖以生存的物质性存在，也是中国人寄托情思的精神性存在，即乡土既是地理空间，又是文化空间，两者水乳交融、密不可分，共同构成'乡土'存在的可能与意义"②。然而，意识又是人脑对客观环境的主观反映，具有能动性。故从人类学的视角来看，"意识对物质的反映是自觉的、能动的，它能调节与控制人的行为方式，从而有目的、有方向、有预见地改造客观世界"③。因此，从"意识"的角度来看"乡土"，"乡土意识"可以理解为个体的心理活动，但从社会学的角度来看，乡土意识又属于社会群体的心理范畴④。换言之，个人以血缘、地缘、情感和自然意志之上的人情味、认同感为纽带，在频繁的社会交往中形成了一种亲密无间、相互信任、守望相助的共同的社会意识。可见，"乡土意识"就是民众在共同的社会活动与信息传播环境中形成的对客观环境的一致看法或行为。这一意识形成的社会交往关系简单，信息传播相对容易，即便是发生矛盾，也会有家长似的"领导"出面做工作或邻居劝解，人情味浓厚。⑤

但是，随着城市化进程的持续深入和社会交往活动的日益频繁，基层社会的乡土意识被逐渐抽离，"沉默"成为人们社会行为的共识。具体表现为：

---

① 费孝通：《乡土中国》，生活·读书·新知三联书店1985年版，第1页。
② 李徽昭：《论"乡土意识"及其本土价值》，载《淮阴师范学院学报（哲学社会科学版）》2011年第5期。
③ 黄平、罗红光、许宝强：《当代西方社会学·人类学新词典》，吉林人民出版社2003年版，第195页。
④ 程歗：《晚清乡土意识》，中国人民大学出版社1990年版，第6页。
⑤ 杨鹍飞：《民族互嵌型社区建设的特征及定位》，载《新疆师范大学学报（哲学社会科学版）》2015年第4期。

第一，人口的跨域流动，使城乡地区的组织结构、关系结构、空间结构等发生变化，随之而来的多样化的群众需求、多元化的社会样态等问题不断出现；第二，基于"熟人"关系的乡土意识被瓦解，邻里之间的关系形成"熟悉的陌生人"，特别是商业楼宇内的邻里关系，更容易成为"互不相关的邻里"和"陌生人世界"①，造成人际关系的原子化、社会结构的离散化和社会关系网络的解构；第三，信息技术的革新、智能移动设备的普及、新的媒介形态和媒介产品的相继出现，使以往互助共享的价值观消失，人们逐渐远离社会公共生活，不再参与和关心村庄或社区事务，人与人之间、人与社会之间的交往日趋减少且表现出冷漠与疏离的现象。可见，城镇化的推进与技术信息的普及，使基层社会的人际关系不断疏离、乡土意识日渐式微。对于一些公共事务，群众往往以"沉默"的方式选择"事不关己、高高挂起"的姿态，进而习惯性地坐享其成。但是，需要注意的是，乡土意识的消解并不等于说如今的基层社会就没有淳朴真挚的乡土人情，只是楼宇间的空间隔离与技术的信息赋能，造成人际交往的障碍，使得"街坊四邻"变得"沉默"。

从传播学的角度来看，"沉默"本身也是一种意味深长的传播。② 在基层传播活系统模型中，基本操作单元是系统内唯一的活性单元，能够独立于系统之外。而人作为基本操作单元中最主要的组成单元，其乡土意识的消解使得各基本操作单元之间的社会交往、信息流通出现"孤岛"的状态。具体就是，由于人的"沉默"，各基本操作单元的信息被分割、储存在不同的参与主体或部门手中，成为一个个单独的信息源，信息不能流通，无法形成整体的传播体系，实现信息之间的互联互通、相互分享和整合利用，就像海面上一座座相互孤立、无法沟通的小岛。③ 因此，就会造成基层传播体系的异样运行，如形成"信息茧房"、偏激行为等。尤其是当下这个后疫情时期，"动态清零""静默管理"等，极易产生虚假信息以及谣言，形成舆论事件。

---

　　① 刘乐明、孔祥涛：《城乡社会治理中制度与情感的叠加互动——以Z市公安机关"2＋N"模式为例》，载《中国人民公安大学学报（社会科学版）》2021年第2期。

　　② 蒋旭峰：《抗争与合作：乡村治理中的传播模式》，浙江大学出版社2011年版，第102页。

　　③ 叶明、王岩：《人工智能时代数据孤岛破解法律制度研究》，载《大连理工大学学报（社会科学版）》2019年第5期。

（二）疏离：社交媒体平台占据民众的日常

人是基层治理的主体，也是基层传播系统中不可或缺的基本操作单元。随着信息技术的迭代发展与社交媒体的应用，乡土社会生活已经从线下的"熟人社会"转化为线上的"半熟人社会"。而社交媒体平台指"互联网上基于用户关系的内容生产与交换的平台，包含社交网站、微博、微信、论坛等等"①。中国互联网络信息中心（CNNIC）2022年8月数据显示，我国移动端网民规模达10.47亿，渗透率已高达99.6%。② 社交媒体平台已成为人们日常活动的首要阵地。由于技术的应用与普及，当下人们的日常社会生活已转移到互联网平台上，与传统的基层社会活动相比，"网络中非线性、非单向的信息流成为信息传播的主要方式，社交媒体已经是吸引人们最大注意力的媒体类型，社交媒体也渐渐渗透到人们的日常生活当中"③。面对公共生活的衰落，基层社会的乡土气息、文化氛围渐弱，正如贺雪峰等人所言，衰落的公共生活促使消费主义与享乐主义盛行，公共舆论日趋无力，乡土社会日益灰色化。④ 可见，人们在享受着信息传播技术带来的红利的同时，传播媒介也在改变着人们的生活形态。尤其是传播媒介使人与社会的异化现象日渐严重，具体表现为人与人、人与社会之间的"疏离"。

传播技术是人创造的，是人认识世界、改造世界的工具，但在被人使用的过程中也成为主导和支配人的"工具"。由于人们一味地依赖网络社交媒体，以往的线下社交活动，如座谈会、对弈、闲聊、亲子互动等日常活动不再是人们进行社会交往、信息传播与信息获取的主要活动。人们依靠社交媒体去感知、了解世界，以媒介塑造的环境代替现实环境，长此以往，人们之间的关系便会日益疏远。日本学者中野牧在《现代人的信息行为》中提出

---

① 罗梦莹、夏志杰、翟玥等：《博弈视角下社交媒体不实信息控制研究》，载《情报科学》2017年第9期。

② 中国互联网络信息中心（CNNIC）：《第50次中国互联网络发展状况统计报告》，2022年8月31日。

③ 成升：《暴雨灾害中公众持续使用微博获取灾害信息意愿的影响因素研究》，武汉大学硕士论文，2017年，第2页。

④ 贺雪峰、董磊明、陈柏峰：《乡村治理研究的现状与前瞻》，载《学习与实践》2007年第8期。

"容器人"的概念。他认为，伴随大众传播媒介成长的一代，其内心世界犹如"罐状"的容器，这个容器是孤立的、封闭的，容器人为摆脱孤独的状态也希望与他人接触，但这种接触只是一种容器外壁的碰撞，不能深入对方的内心世界。[①] 这也说明了社交媒体平台把人们分割在各家各户，线下社会中那些参与式的日常活动因为社交平台的广泛普及而进一步消亡，以至于"容器人"之间的交往关系不断疏远。同时，适应了"低头生活"的人们，宁愿把业余时间放在社交媒体上，也不愿参加一些线下的公共活动，这自然就加剧了人们的"原子化"状态和社会交往的"陌生化"。

可以说，在这样的传播环境下，面对面的交往被"屏"式的社交媒体所取代，人与人之间的社交关系渐行渐远，导致操作系统中"党组织"程度瓦解，"社会他组织"程度低，"群众自组织"程度进一步下降，使得基层传播系统出现这种"非正常"的运行状态。究其原因：一是社交媒体平台把人分割在各家各户，占据了人们的空余时间，把人留在了"屏"前，使得人们参与日常活动的积极性降低，基层传播系统中基本操作单元的活性被抑制，无法自主地完成物质、能量与信息的交换；二是基层传播环境的不断变化，如技术的嵌入，复杂性不断增加，而面对复杂、变化的环境，基本操作单元的活性未能正常发挥，直接导致管理系统无法对变化的环境做出合适的反应，只能默认这种"异样"的传播现状；三是被技术"分割"在家里的各基本操作单元缺乏主体间的相互联系，就如马克思对欧洲社会的描述一样，它们是一袋相互之间缺乏有机联系的"马铃薯"[②]，疏离，分散，难以形成整体，难以发挥整体的功能。

（三）博弈：多元需求难以满足的集体行动

在基层传播活系统模型中，作为活的各基本操作单元代表着不同的利益主体，当活系统中的协调子系统失调时，各基本操作单元在处理相互之间的利害关系时，都会受到彼此的制约，如一方的决策或行为会受到其他方的限制，同时又影响着其他方的行为。各基本操作单元为了维护各自的利益或满

① 郭庆光：《传播学教程》，中国人民大学出版社 2011 年版，第 122 页。
② 中共中央马克思恩格斯列宁斯大林著作编译局：《马克思恩格斯文集（第 2 卷）》，人民出版社 2009 年版，第 566—567 页。

足自身的多元化需求，就会出现"博弈"的现象。而基层传播活系统之所以具有活性，是因为各基本操作单元是基层传播的主体，在传播活动中占据主导地位，"日常生活的'实践'就是作为实践主体的人在各种错综复杂的场所中，在各种机制力量、具体欲望、特定环境之中，小心翼翼地探求各方面的微妙平衡"①。所以说，当活系统中的协调子系统发生"异变"，各类物质、能量与信息不能及时互换，活系统的"多样性"就无法得到满足，尤其是实践中的各基本操作单元的多元化需求不能得到有效满足，这时各基本操作单元就会采取一套有效的"反制"措施以达到自身的目的。

一方面，它们会采取"合作性"的行为方式，寻求外部关系的帮助进行博弈，以满足自身的需求。所谓合作就是"通过信息、资源的流动及活动的相互作用，共同实现目标的过程"②，在基层社会中主要表现为"找关系"。中国社会正如费孝通先生所言，是一个"关系社会"，"关系"在中国是一个很重要的资源，很多按规则或流程不能办到的事情通过"找关系"就能办到。在基层社会，各参与主体在博弈的过程中，首先想到的就是"找关系"，看能否通过"关系"在博弈中获得最大的利益或满足自身的一些需求。虽然在中国"有关系好办事""办事找关系"是人们的共识，但"关系"并不是每个人都能用的，只有那些存在血缘、地缘关系，或者拥有一定的社会地位、经济实力的人、组织才能真正找到"关系"。因此，"关系"的来源主要有两种：一种是由血缘、地缘、感情关系形成的天然关系；一种是通过"送人情"，用其自身的影响力，包括身份地位、财力等形成的附属关系。可见，关系是"一种社会资本，是个人在社会组织结构中的社会网络联系，这一网络联系有助于个人或组织达到一定的目标，并像货币资本、人力资源一样可以获得回报"。③

另一方面，它们会采取"对抗性"的行为方式，寻找政策的漏洞进行博弈，以达到自己的目的。"合作性"的行为方式虽然是通过"找关系"来寻

---

① 吴飞：《"空间实践"与诗意的抵抗——解读米歇尔·德塞图的日常生活实践理论》，载《社会学研究》2009年第2期。

② Malone T W, Crowaton K: "The Interdisciplinary Study of Coordination", *ACM Computing Surveys*, 1994 (1), pp.87-119.

③ 燕继荣：《投资社会资本：政治发展的一种新维度》，北京大学出版社2006年版，第75页。

求与其他主体进行沟通的机会和渠道，但沟通渠道毕竟有限且狭窄，沟通交流的过程也并不是很通畅，"极易从忍受和沉默上升到极端的反抗"[①]。传播断裂的状态下，各利益主体在利益受损的情况下必然会采取"对抗性"的行为方式进行回应，主要表现形式为：一，"说闲话"。闲话"是一种人际交往中信息和观点的传播，是一种特殊的人际传播"[②]。一般而言，"闲话"指"日常生活中所有在公共场合和私人场合所发生的闲聊和谈话"[③]。在某种程度上，闲话成为各利益主体或成员公共表达的一种形式，为利益主体的集体行动起着酝酿情绪和积蓄力量的作用。二，网络曝光。所谓网络曝光，主要是指组织或个人借助互联网将一些有利于"己方"而不利于"他方"的信息直接暴露在公众的视野中，以达到预期的目的。随着网络技术的应用与普及，当沟通渠道出现阻碍时，各利益主体为了自身利益得到满足与保障，会通过网络曝光的方式来得到多数人的支持，以形成舆论迫使"他方"做出让步。三，集体上访。通常而言，在博弈的过程中处于劣势的一方，会采用创造集群情境的办法形成声势，以集体的行动扭转不利的局面。[④] 比如，常见的集体上访，即"一种以人数、规模和声势同'他方'进行博弈的方法"[⑤]。集体上访可以达到内部相互支持、相互鼓励的效果，在一定程度上会对"他方"形成一定的影响和压力。

三、"常态"下的基层传播模式

"常态"下的基层传播活系统模型是一个动态平衡的系统，能够主动地适应某一特定环境并独立地存活下来。与传统传播体系不同的是，它有能力

---

①　孙立平：《失衡：断裂社会的运作逻辑》，社会科学文献出版社 2004 年版，第 131 页。

②　冯广圣：《一种特殊的人际传播：闲话传播——基于桂东南 L 村的实地考察》，载《国际新闻界》2012 年第 4 期。

③　王会：《闲话的变迁及其功能异化：一个理解村庄社会性质的维度》，载《中共宁波市委党校学报》2011 年第 1 期。

④　费爱华：《话语交易：乡村社会及其治理中的人际传播》，浙江大学出版社 2013 年版，第 177 页。

⑤　翟学伟：《人情、面子与权力的再生产》，北京大学出版社 2005 年版，第 159 页。

应对复杂环境的变化，并就环境变化引起的刺激做出反应。同时，它能自主地从重复经验中进行学习，通过再生的方式更新自身，以对遇到的刺激做出最理想的反应。因此，基于基层传播活系统模型，可从宏观、中观、微观三个维度来分析基层传播的不同层面所反映的多样化传播模式，以便更好地服务于基层治理。

（一）宏观视角下的基层传播模式

这里的宏观视角是指从基层传播活系统模型的整体结构上所讨论的基层传播模式。结合我国的具体国情、社情，可知基层传播其实是一种国家权力的传播，其主要的传播方式便是组织化传播。这种组织化的传播具有专门的机构、人员等传播所需的各种资源，将需要传播的政策、方针、决议等通过各种方式向下层层传达，形成"会议—文件"和"广播—互播"传播模式。

1. "会议—文件"的传播模式

会议是压力型体制中最常见的组织化传播方式，即"有组织、有领导的商议事情的集会"。这样的集会本身就是一种传播的体现。所有的信息传达都可以浓缩为会议，在会议过程中，决策者和执行者各自执行和完成自己的信息传受任务。同时，与会议相伴随的就是文件。它可能是某次重要会议的成果，也可能是某项政策、制度、决议的实施文本或重要理论的学习文本。因此，当决策者传达完成之后，执行者也可能要为传达学习、讨论贯彻重要的文件而召开会议，并就如何贯彻、落实这些文件内容而交流信息、发表意见。可见，"会议—文件"的传播模式是基层传播中最常见、最重要的方式，并分为两个层次进行信息传达，即系统内的上下级传播和对各社会主体的传播。

系统内的上下级传播是将一系列政策决议通过"会议—文件"的传播模式传达到基层。这种传播方式是非常有效的，原因在于中国采用科层制的行政组织体系，上级对下级有着完全的行政控制权，对于上级在会议上传达的信息，下级是不敢怠慢的。而基层政府对各社会主体进行信息传播与宣传动员时，召开的正式和非正式的会议，如群众大会、民主会议、党员大会、学习培训班、参观学习等，本身除了具有传播的功能还具有动员的功能。马歇尔·麦克卢汉曾提出"媒介即信息"，认为"任何媒介（即人的任何延伸）

对个人和社会的任何影响，都是由于新的尺度产生的；我们的任何一种延伸（或曰任何一种新的技术），都要在我们的事务中引进一种新的尺度"①。虽然麦克卢汉所说的是"物化的媒介"，但如果将基层政府对各社会主体的传播也看作一种"媒介"的话，那么这种传播方式在传递信息的同时，也在贯彻执行"会议—文件"的政策指令。

此外，"会议—文件"的传播模式除了自上而下的信息传达功能之外，还有信息反馈的功能，如请示、报告、汇报等。虽然它们的反馈作用有限，但作为活系统的一部分，其存在为增强系统活性和稳定性仍发挥了重要的作用。从控制论的角度看，反馈是控制系统的一种方法，是根据过去的操作情况来调整未来的行为。反馈有正、反两种类型，正反馈对系统输入的信息有加强的作用，负反馈对系统输入的信息有衰减的作用。因此，系统的稳定性与负反馈有关系，不稳定则与正反馈有关。基层传播活系统模型之所以是稳定的，就在于活系统模型内部存在着能够使各子系统相互作用、相互协调的稳定机制，这种机制就是基层传播活系统中的负反馈机制。

如图 3-6 所示，在基层传播活系统模型中，"会议—文件"传播模式以上一级的传播目标为信息传播的出发点和落脚点。在传播过程中，基层党委与政府是信息的传播者，各社会主体，包括党组织、社会他组织、群众自组织等是信息的接受者。通过"会议—文件"的传播模式，基层党委和政府将上级的传播目标，如政策、方针、决策等，传达给下级与各社会主体，实现上级乃至国家的传播目标，即通过信息传播实现国家治理体系和治理能力现代化、"积极发展基层民主"、"推进协商民主广泛多层制度化发展"。信息接受者通过大会上的表态、与其他社会主体的交流等途径进行反馈。一方面，党和政府通过这些反馈信息，对传播目标进行优化调整，使其能够更好地服务于基层社会的发展；另一方面，会议上对"文件"的学习、讨论以及任务的分解，既是一种信息反馈，也是对"会议—文件"的一种解读，使其能够更好地指导各社会主体实施。

---

① 〔加〕马歇尔·麦克卢汉：《理解媒介——论人的延伸》，何道宽译，商务印书馆 2000 年版，第 33 页。

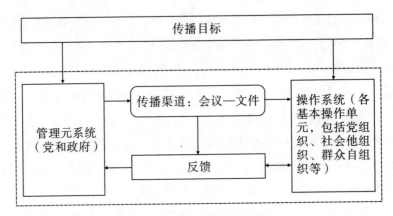

图 3-6　"会议—文件"传播模式

2. "广播—互播"传播模式

"广播"与"互播"的概念是 2003 年 7 月美国学者谢恩·包曼（Shayne Bowman）与克里斯·威里斯（Chris Willis）在《我们即媒体：受众如何塑造未来的新闻与信息》（We media：How audiences are shaping the future of news and information）一文中提出的。他们把传统的大众传媒信息生产方式称为"广播"，将受众自行生产信息的方式称为"互播"。①"广播"的信息传播受到组织的控制，所传播的内容必须经相关责任人的"把关"、审核后才能发布，是一种线性的信息传播方式，故"广播"的信息具有权威性、真实性和传播的有效性。在基层传播过程中，传播者通过广播、电视、报纸等主流大众媒体，向下传达相关政策、方针、措施等，引领与塑造社会情感并以此唤起情感共鸣，完成社会共同目标，形成共同意识。②

随着信息技术的发展与应用，"大众"媒体转向个人化的双向交流，信息不再被"推给"人们，而是人们主动将自己需要的信息"拉出来"，并参与到信息创造的活动中。③ 可见，信息技术的应用赋予了人们左右信息的力量和控制信息使用结果的力量。就像有学者提出的，"现在我们有了一种万

① Bowman S, Willis C: "We Media: How audiences are shaping the future of news and information", https://www.hypergene.net/wemedia/download/we_media.

② 高子博：《媒介矩阵：重大突发性公共事件的社会动员新路径》，载《新媒体研究》2022 年第 13 期。

③ 〔美〕尼古拉·尼葛洛庞帝：《数字化生存》，胡泳、范海燕译，海南出版社 1997 年版，第 4 页。

能媒介，这种媒介囊括了一对一、一对多、多对多等信息传播方式，几乎每个人都可以拥有对全世界发表意见和看法的数字媒体"①。在这样的传播环境下，各社会参与主体以个人或某一组织的身份参与信息传播，并在传播的过程中随时转变角色，即各社会参与主体既是信息的接受者也是信息的传播者。他们相互传播、相互联系、相互作用，形成传者与受者之间的"互播"或交叉传播，以达到传播的效果。所以说，与"会议—文件"传播模式相比，"广播—互播"传播模式的传播范围更广，反馈效果更好。

如图3-7所示，基层的党和政府作为信息的生产者和传播者，将有关的政治信息、经济信息、文化信息、社会信息以及生态环境信息等，通过报纸、广播、电视等大众媒体形成"广播"，传送给基层社会的各个主体或个人，形成各主体间的"互播"。当相关的政策、决议等信息与各社会主体的利益发生矛盾时，他们便会采取网上留言、领导信箱、热线电话等形式向信息的发布者，即基层的党和政府进行反馈。在这个过程中，各社会主体既是信息的接受者，也是信息的传播者，在一定的条件或环境下，其身份会发生转变。此外，各自媒体会结合平台的发展定位、栏目特色、受众喜好对大众媒体传播的内容进行二次创作，如进行政策的解说、深层次的挖掘或形成图片、漫画、视频等。信息在编辑、记者、博主、出版商之间流动和互播的同时，也呈现给各社会主体。同样，各种形式的信息内容在各社会主体的交流与互播中，以"赞、转、评"的形式进行反馈，使自媒体平台能够及时调整传播的策略。但需要注意的是，个别自媒体平台为了获得"曝光率"和吸引"眼球"，会"通过煽动情感、强化偏见、迎合情感的传播手段"②，使传播的信息偏离"源信息"，生产出虚假信息等，扰乱社会秩序。因此，面对这种不良现象，党和政府则会利用行政和技术手段对自媒体进行规范与约束。

---

① 申金霞：《自媒体的信息传播特点探析》，载《今传媒》2012年第9期。
② 李志宏：《突发事件中网络舆论负面态势形成的原因及引导策略——以"万州公交车坠江事件"为例》，载《新闻研究导刊》2018年第23期。

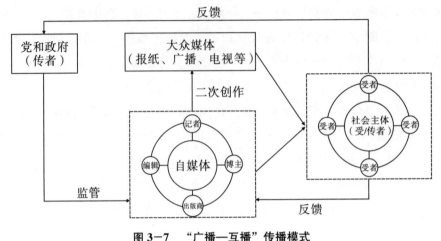

图 3-7　"广播—互播"传播模式

（二）中观视角下的基层传播模式

在基层传播活系统模型中，中观层面主要指在基层传播活系统内部，管理元系统、社会主体、技术等形成的传播模式。结合具体的社会传播现状，中观层面的传播模式有互动式传播模式和嵌入式传播模式两种。

1. 互动式传播模式

传统的信息传播模式，如德弗勒（Defleur）的"互动过程模式"，往往注重的是传播过程，认为传播系统内部与外部的交流仅是传受双方的反馈和"噪音"。然而，不可忽视的是，面对复杂变化的内外部环境，信息接受者对信息传播过程的推动与信息生产者对信息传播过程的拉动，是信息传播的内生动力。信息在"推—拉"的过程中相互影响、共同作用，完成信息的有效传播。因此，"推—拉"的互动式传播模式正是在信息传播过程中，在信息需求者的推动和信息生产者的拉动基础上形成的传播模式。从系统科学的角度出发，"推—拉"的互动式传播模式是信息生产者结合了来自系统内部和外部的物质、能量、信息，利用系统内部的运行机制完成信息的交换，从而形成系统信息的良性互动。

从系统的动力来源来看，基层传播过程中，互动传播是最常见、最普遍的一种传播模式。例如，人与人之间的交往，正是某种社会关系或礼貌，促使人需要上前与其他人打招呼或闲谈，而其他人看到有人给自己打招呼便主动地融入闲谈之中。在这个过程中，人与人之间形成了信息的交流与互动。同时，这也体现出在信息需求者的推力和信息生产者的拉力下，完成了信息的互动传播。从这个角度来看，互动式传播模式由两部分组成，即信息需求者的推动和信息生产者的拉动。美国心理学家希尔加德（E. R. Hilgard）提出的内驱力理论认为，信息需求者的社会活动会被"一种趋向于适应社会信息环境的内驱力"所支配[①]，而这种"内驱力"就是信息传播过程中的推力和拉力，是一种动态、有目的的行为。因此，"推—拉"的互动式传播模式开始于信息需求者对各类信息的需要，通过媒介与传播者的沟通，并使信息传播得以实现。[②]

如图 3-8 所示，基层传播所处的环境是一个复杂多变的环境。在这个环境中，各社会主体对外界信息和内部社会政治、经济、文化等信息的需求与满足的过程，正是"推—拉"的互动式传播模式的体现。一方面，生活在信息环境中的各社会主体，其社会行为都需要在信息的交流、互动中完成。因此，各社会主体对各类信息的需求是推动信息生产与传播的动力。面对愈来愈多的信息需求，信息传播者——如基层党组织和基层政府、媒介组织等——对信息需求能否满足，则是由信息传播者的能力来决定。这种能力与信息传播者对内部信息和外部信息的掌握程度有关。信息传播者通过对各类信息需求的分类了解，结合本地的实际情况与相关的政策法规，在多方论证、实地调查的基础上，形成解决方案以满足各社会主体的信息需求。另一方面，始于满足各类信息需求的解决方案在传播环境的互动中，经过各种因素，如政策、技术、社会状况、人的变化等影响，形成新的信息需求，以拉动信息的互动流通和社会的发展进步。

---

① 李景峰：《信息与传播》，科学出版社 2004 年版，第 319 页。
② 周洪力：《基于推—拉原理的互动信息传播模式研究》，载《现代情报》2011 年第 12 期。

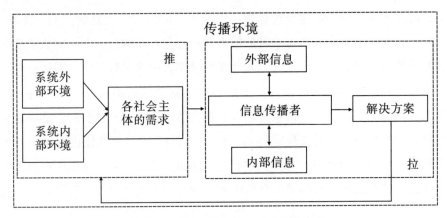

图 3—8 "推—拉"的互动式传播模式

2. 嵌入式传播模式

"嵌入"的概念最早是由美国经济学家、人类学家卡尔·波兰尼（Karl Polanyi）在其著作《大转型：我们时代的政治与经济起源》中提出的[①]，强调了经济与社会关系之间的联系，后被广泛应用于经济分析领域。在这里，将"嵌入"引入基层传播与基层社会的关系中，来解释基层组织如何通过基层传播体系的运作，实现对所辖区域的社会动员和信息交流。嵌入的目的是"控制、规约、协调和发展"[②]，其核心意涵则是"组织运行过程中政治、文化、社会资本等环境因素对组织运行逻辑和发展态势的一种植入性影响"[③]。然而，"任何价值观念和政策意志的植入和扩散都不可能凭空进行，需要一个强而有力的抓手和媒介"[④]。传播作为连接党和政府与基层社会各主体（组织）的桥梁，在运行的过程中营造出一种符合基层社会进行信息传播的环境，以实现对"社会价值观念"和"政策意志"的植入与扩散的目的。

从系统科学的角度看，基层传播是基层治理系统中不可或缺的一部分，是连接党和政府与群众的纽带，在系统资源配置中起着至关重要的作用。政

---

① Karl Polanyi：*The Great Transformation：The Political and Economic Origins of Our Time*. Boston：Beacon Press by arrangement with Rinehart & Company，Inc，1944，p. 155—157.

② 刘伟：《从"嵌入吸纳制"到"服务引领制"：中国共产党基层社会治理的体制转型与路径选择》，载《行政论坛》2017 年第 5 期。

③ 李雪松：《中国基层综合行政执法的改革逻辑：一个"嵌入性"的新议题》，载《学习与实践》2020 年第 10 期。

④ 吴斌才：《从分类控制到嵌入式治理：项目制运作背后的社会组织治理转型》，载《甘肃行政学院学报》2016 年第 3 期。

府、各社会主体、组织都是满足个人信息需求的手段。^① 在基层传播体系中，它们既是信息的生产者、发布者、传播者，又是信息的接受者，并存在着依附、竞争、合作等多种关系。总之，基层传播"处于复杂的社会系统内受到各方力量的牵制"^②。在现实的传播过程中，各社会主体（组织）通过行政力量以及依附、合作等形式，嵌入基层传播体系中，实现资源链接、关系维系和需求满足的目的。这不仅有利于提供多元的公共服务，满足群众日益增长的精神文化需求，还有利于维系基层社会各利益主体之间的多元嵌入关系，进而实现嵌入式传播，以更好地服务于基层治理。

如图 3-9 所示，嵌入式传播是在党和政府的政策导向和驱动下，为了激活各社会主体的积极性和创造性，提高基层治理资源的利用效率，满足群众更多的利益需求，通过嵌入的方式，形成的一个科学化的沟通渠道和交流协作模式。各社会主体，如党组织、社会他组织、群众自组织等作为一种外生性力量嵌入基层社会中，在基层治理和信息传播过程中必然会产生组织间的互动交流，从而形成依附式、竞争式、合作式的嵌入关系。在依附式嵌入式传播的过程中，村（社区）的党组织会在柔性控制的作用下，对基层传播的内容、方向等进行持续性地监督与引导同时，也能够依靠基层传播的内容和产生的效果，完成上级分配的任务。社会他组织作为独立的主体，拥有成熟的信息传播体系，在嵌入基层传播体系的过程中会带有商业目的，因此，在基层传播的过程中，会与传统传播模式形成良性的竞争，如在传播内容、传播形式、传播渠道等多个层面上的竞争，以形成更加高效的传播效果，这就是竞争式嵌入。合作式嵌入是指在基层传播过程中，群众自组织以一种平等、协作的合作关系，嵌入基层传播体系中，并作为基层传播体系中的一部分，共同形成多元、多样的传播格局。由此可见，在实际的基层传播过程中，各社会主体（组织）通过灵活的嵌入方式和协调机制，形成多种不同的传播效果，进而实现基层传播的目的。此外，嵌入式传播模式之所以能够在一定程度上实现信息传播的良好状态，是因为它能够根据环境的变化适时对

---

① 刘帅顺、张汝立：《嵌入式治理：社会组织参与社区治理的一个解释框架》，载《理论月刊》2020 年第 5 期。

② 周学荣：《社会组织参与社会治理的理论思考与提升治理能力的路径研究》，载《湖北大学学报（哲学社会科学版）》2018 年第 6 期。

嵌入式传播模式进行动态地调试与优化。

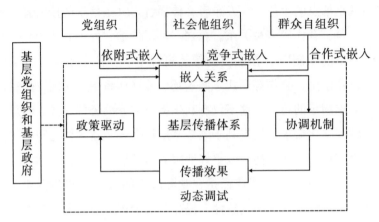

图 3-9　嵌入式传播模式

（三）微观视角下的基层传播模式

微观视角是指在基层传播活系统模型中，对基层传播的各基本操作单元，即各社会主体的传播行为进行分析，以得到符合实际情况的传播模式。各基本操作单元作为基层传播活系统模型中具有活性和能够独立完成传播任务的传播主体，表现出参与体验式的传播模式和社交网络信息传播模式。

1. 参与体验式的传播模式

传统的传播模式，如拉斯韦尔的"5W"模式、申农—韦弗模式等，都是点对面的单向度传播模式，具有显著的科层化特征和物理空间性特点[1]，信息接受者很难找到"物理空间"外相同或相似的信息表达，个体意见更是被"物理空间"内的公共信息掩盖，根本无法体现出个体的意见表达。但随着信息技术的发展和基层社会结构的变化，基层传播的方式也不断从简单变为复杂，从"单向度"传播转变为"双向度"互动，甚至多中心传播。2008年，美国西北大学教授鲍比·卡德（Bobby J. Calder）提出的参与体验理论则对这种变化中如何进行信息交流与沟通进行了阐释。该理论指出信息传播者的工作"不仅仅是想方设法传递信息，还要让受众参与投入，让受众感

---

① 张龙辉、肖克：《智能算法应用下政治传播的变革、潜在风险与效果提升路径》，载《学术探索》2021 年第 10 期。

觉到生活环境息息相关"①，也就是通过信息传播，提升各社会主体的参与度，把传播的信息内容转化成社会表达的共识。

2006 年，美国广告研究基金会提出："参与是通过媒体环境使传播理念加强的途径。"这个定义强调了传播理念和社会表达的一致性是信息传播者需要考虑的关键问题。从近几年中国互联网络信息中心定期发布的《中国互联网络发展状况统计报告》可以看出，随着网民数量的剧增，互联网不仅成为人们获取信息的主要来源，还为网民个体提供了多元的表达渠道。在当下的中国，互联网已成为人们的一种生活方式。因此，从参与体验理论的角度，可以把信息接受者（受众）的参与体验分为参与感、共同体验、特性体验三个部分②。其中，参与感指参与传播过程的体验和感想，倾向于群体参与下的个人感受，如谈论、分享；共同体验指各社会主体参与传播过程的通用体验，强调的是群体的共识，如集体意识；而特性体验是指参与个体因某些特殊事项——如经历、情感、知识、故事等——所形成的体验，更倾向于共同体验中的特殊体验，如个人价值观。这三个部分共同组成一个参与体验的传播模式，通过链接不同受众，形成受众信息接受和传播的过程。

如图 3-10 所示，在复杂多变的信息环境下，受众在获取信息的同时变成"参与众"。所谓的"参与众"就是指即使不在这一特定的媒体平台上表达，也会在其他平台上进行表达的受众。③ 在基层社会中，每个社会主体或个体都拥有传播的过程。在这个过程中，个体会因传播环境的不同而析出两种不同的体验，即共同体验和特性体验。这就使得传播的内容因体验的不同而具有个性和特色，也使得个体在参与传播的过程中，体验出不同的感想。同时，当参与个体在媒体平台分享和谈论这两种不同体验时，又成为信息的传播者。如图 3-10 中横向连接所示，受众从媒体平台获取了信息，并在媒体平台上积极地进行了自己的内容表达，将其展示给其他受众。可见，参与体验式传播模式是一种"面对点，点对面，面对面"的传播关系。

---

①　顾明毅、周忍伟：《网络舆情及社会性网络信息传播模式》，载《新闻与传播研究》2009 年第 5 期。

②　顾明毅、周忍伟：《网络舆情及社会性网络信息传播模式》，载《新闻与传播研究》2009 年第 5 期。

③　顾明毅、周忍伟：《网络舆情及社会性网络信息传播模式》，载《新闻与传播研究》2009 年第 5 期。

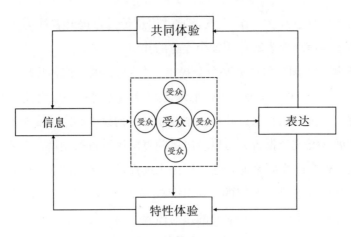

图 3—10　参与体验式传播模式

2. 社交网络信息传播模式

　　早期的信息传播模式针对的是当时由报纸、广播、电视等传统媒体塑造的传播环境，且在不同的社会环境下有所侧重。但是，随着信息技术的迭代发展与普及应用，传统的信息传播模式已不适用于当下的媒介环境。当前，互联网已成为继报纸、广播、电视之后的"第四媒体"①。通过互联网，各社会主体可以及时、适时、实时地进行自由、交互、虚拟的信息传播。北京大学新闻与传播学院教授谢新洲对这种传播现象进行了深入分析，将网络信息传播的基本要素概括为传播者、受众、信息、媒介、噪音等，并构建了网络信息传播的基本模式。② 但是，不得不说的是，这种网络信息传播模式不能很清晰地反映网络传播环境的复杂性，也不能区分网络环境中不同传播主体所传播的信息在不同受众中体现出的不同效果，更不能体现出外部环境如何作用于系统信息的传播过程。因此，可以通过活系统理论模型对网络信息传播进行深入分析，研究社交网络中信息传播的方式。

　　社交网络是以微博、微信、社交网站等网络媒介工具为主导，通过好友关系、好友互动，将人与人、人与团体连接起来，形成的一种社会交往服务

---

　　① "第四媒体"概念渊源：1998 年 5 月，时任联合国秘书长安南在联合国新闻委员会上将互联网称为第四媒体。第四媒体的称谓正式得到使用。

　　② 谢新洲：《网络传播理论与实践》，北京大学出版社 2004 年版，第 100 页。

平台，以提供发布信息、相互交流及传播信息的服务。①②③ 因此，社交网络信息传播模式是基于社交网络进行信息传播的方式。这种信息传播模式依据"六度分割理论"，以真实的社会关系为基础，通过"朋友的朋友"关系，而形成一个巨大的、在线社交网络。从理论上说，社交网络信息传播模式也是网络信息传播模式的一种，但这种传播模式具有"圈子"的特点，"圈子里的人之间可以是熟悉的，也可以是不熟悉的，但这些不熟悉的人之间总会与圈子里的某个或某些人熟悉"④。

如图 3-11 所示，在基层传播活系统模型中，操作系统中的各社会主体作为基本操作单元，能够独立地存活于系统之外，并按照自己的目标自主地与环境进行物质、能量和信息的交换，以适应相关的环境。一方面，各类社会信息经过专业的信息传播机构（组织）或非专业机构的采写、编辑之后，利用报纸、广播、电视、网络等传播媒介传送给各社会主体。然后，各社会主体根据自身的信息需求获取相关信息，在内部进行信息交流和互动的同时，会出于某种原因将自己原创或二次创作的信息内容发送到微信公众号、微博、贴吧、抖音等社交网络平台进行展示。当一些内容在社交网络平台持续发酵，演变为舆情事件时，就会再次引起传统媒体或网络媒体的关注，并将信息反馈给上一级。另一方面，反馈的信息内容会伴随着新的信息内容在传统媒体与网络媒体中传播。传统媒体与网络媒体也会出于商业合作的关系，将信息内容发布在社交网络平台，并通过"朋友的朋友"的"圈子"扩散，达到信息传播的效果。同时，各社会主体也会根据自身的信息需求与满足情况，以"投稿"的形式将一些信息反馈给各类媒体。需要说明的是，这里的各社会主体除了党组织、社会他组织、群众自组织外，还包括一些特殊群体，如网络红人、名人、能人等。

---

① 龙睿、吴旭云：《消费者社交网络嵌入对旅游态度的影响——基于江浙沪部分城市的实证数据》，载《社会科学家》2020 年第 9 期。

② 左园林、龚月姣、陈伟能：《成本受限条件下的社交网络影响最大化方法》，载《计算机科学》2022 年第 4 期。

③ Boyd D M，Ellison N B："Social network sites：Definition，history，and scholarship"，*Journal of Computer-Mediated Communication*，2007，pp.210-230.

④ 姜永志、白晓丽、阿拉坦巴根等：《青少年问题性社交网络使用》，载《心理科学进展》2016 年第 9 期。

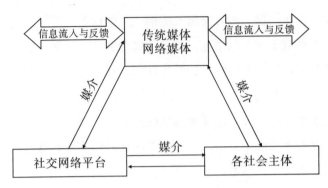

图 3—11　社交网络信息传播模式

第三节　满足必要多样性的社会需求的基层传播路径

基层传播是基层治理工作的重要组成部分，也是推进基层治理能力和治理体系现代化，促进国家治理能力和治理体系现代化的关键因素。引导基层传播，把党和政府的公共服务与人民群众的现实需要结合起来，形成"上情下达，下情上达"的双向沟通渠道和"条块结合"的治理体系，使其能够更好地服务于基层治理，这不仅是基层治理现代化的题中之意，也是党团结带领全国各族人民在新时代背景下有效应对严峻复杂环境和巨大风险挑战，完整、准确、全面贯彻新发展理念，着力推动高质量发展，主动构建新发展格局，扎实、全面、积极保障和改善民生，防范化解重大风险，保持基层社会稳定的现实需要。这是一项复杂的系统工程。

因此，我们通过引入系统科学中的活系统模型，结合中国基层社会的信息传播实际情况，构建了基层传播活系统模型，并对其组成元素、运行现状、传播状况等进行了分析，以找到中国化的基层传播模式，更好地服务于基层治理。中国化的基层传播模式是一套行之有效、良性运转、有序开展的信息传播体系，也是针对乡村、城市之间存在生产力、社会意识、传播现状的差异的具体情况而形成的传播模式，故需要观照系统环境的差异性，增强基层传播活系统中管理元系统之间的相互协同性和激发操作子系统中各基本操作单元的参与性，以满足必要多样性的社会需求。

一、观照系统环境的差异性：基于党组织的视角

党的十九大报告提出："东西南北中，党是领导一切的。"这是对新时代我国社会发展实践经验的总结，也是对当下以及未来社会各行各业发展趋势的新判断和新要求，确保党组织在社会发展，尤其是基层信息传播中发挥宣传引导、信息传播、政商服务、多元协同、组织动员的领导核心作用。然而，面对城乡发展的不平衡、不充分，健康、和谐、有序的社会环境和快捷、通畅、高效的信息传播方式是保证广大人民群众幸福安康和追求美好生活的基础。在系统科学中，"熵"被理解为无序性的度量和不确定性的表征，宏观上表示世界和社会在进化过程中的混乱程度。熵值的增大则表现为在基层传播系统运行中的现实问题和不良情绪的不断增多。基层传播活系统模型作为一个开放的动态平衡传播体系，需要通过接受外界物质、能量、信息的输入来增强管理的有序性和科学性，从而减少"熵"值的增加。① 因此，在基层传播活系统中，面对乡村与城市之间的差异性，需要"因地制宜"地注入负熵，以保证基层传播活系统的活性。也就是说，可以通过党建引领的形式，形成不同的信息传播模式协同推进，将党和政府的最新理论、决策、政策以及公共服务等贯穿到乡村和城市的各个领域、各个角落，以满足广大人民群众的多元化信息需求。

（一）思想领航，搭建党建引领式基层传播

党的十八大以来，以习近平同志为核心的党中央就加强党的领导和党的建设做出多次论述，提出把各领域基层党组织建设成为实现党的领导的坚强战斗堡垒，推进以党建引领基层治理。通过各基层的实践探索和改革创新，逐步形成了具有当地特色的党建引领基层传播的模式，如绍兴市枫桥镇的

---

① 董子铭、李志宏：《系统论视野下全民阅读基层服务体系建设思考》，载《中国出版》2022年第8期。

"枫桥经验"、南京市的"仙林模式"等。但这些成功经验大多都是以城市社区为研究对象，且由于社会状况、意识、生产力等传播因素的不同，并不能直接被应用到乡村地区。不可否认的是，这些成功经验可以为乡村地区探索党建引领的信息传播模式提供可借鉴的经验。因此，将党建元素置于乡村地区的信息传播模式探究时，不能就党建谈党建，而是要以党建工作的实质意义为指导，搭建起党和政府与乡村地区的信息联系，打通各社会主体之间的利益区隔，发挥宣传引导、信息传播、多元协同、组织动员等作用。

乡村地区是一个不规则的"半熟人社会"。在基层传播活系统这一大系统中，相对于操作子系统和管理子系统，系统环境的复杂多样给乡村地区的信息传播带来巨大的挑战和风险。故需要党组织作为一种外生指导性的力量嵌入其中，并成为乡村地区各社会主体或组织的一部分，以指导、引领的形式实现信息的有效传播，进一步实现党和政府公共服务理念与群众认知的辩证统一。党建引领的信息传播模式不仅能够很好地发挥出思想引领、组织整合功能，还能发挥出组织保障功能，在基层传播活系统的整体性、递进性和广泛性等宏观信息传播的基础上，不断提升"治理机制功能的柔韧性、兼容性和适应性，化解基层社会矛盾与纠纷"[①]，促进人民群众参与公共事务的积极性。

如图 3-12 所示，面对乡村地区这个不规则的、复杂多变的传播环境，需要党的正确引导以把握发展方向，以党组织为核心，提升基层治理与信息传播的整体效能。首先，党组织嵌入群众组织中，发挥信息传播的思想引领作用。其中，领导干部深入群众，了解群众的所思、所想、所需，做"思想理论的宣讲者"和"信息的传播者"，发挥出党组织"同心圆"的思想引领功能与密切联系群众"连心桥"的公共服务功能，往往具有相当程度的号召力和影响力。其次，党组织嵌入乡村社会，可以发挥资源整合的作用。一方面，通过党组织对乡村地区的各个社会主体、组织等的整合，发挥组织整合的功能效应，避免出现"各自为政、一盘散沙"的局面。例如，通过村民议事会、党建联席、民众议事平台等，以党建引领多方协同的信息传播模式，

---

① 黄丽萍：《党建引领下的基层协同治理模式及其功能效应》，载《党政研究》2022 年第 5 期。

打破各社会主体、组织之间的信息壁垒，实现跨组织、跨层级、跨群体的合作。另一方面，通过党组织自身的先进性和使命意识，加强对群众主流意识形态和社会主义核心价值观的型塑，发挥价值整合的功能效应。例如，利用新时代文明实践中心，开展各类文明实践活动，强化群众对乡村的情感认知和群众之间的互动交流，化解矛盾，消除冲突，凝聚社会主义核心价值体系共识。最后，党组织嵌入乡村社会，为乡村的信息传播提供了制度保障和"安全阀"。例如，党建的组织网络为各社会主体表达利益诉求、互动交流提供了基础。同时，党建引导的民主协商、联席会议、项目化机制、考评奖惩等制度机制，可以有效吸纳各社会主体的不同意见，实现资源的优化配置，激发乡村地区的各个群体、组织参与公共事务的动力和热情。

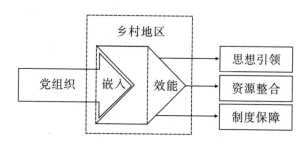

图 3—12 党建引领式基层传播

（二）关联带动，构建"党建＋"式基层传播

马克思和恩格斯提出，"城市本身表明了人口、生产工具、资本、享乐和需求的集中；而在乡村里所看到的却是完全相反的情况：孤立和分散。"[1]改革开放以来，随着城市化进程的持续推进，城市经历了一个数量扩张和规模扩展的过程。在这个过程中，越来越多的人口、资源由乡村流向城市，尽管更好地满足了自身的生产生活需求，但也造成了城市人口剧增、信息过剩、资源浪费、环境污染等不良后果。可见，城市信息传播所面临的是一个任务量不断叠加且复杂度不断提升的环境。对此，不管是政界还是学界都提出了一系列的解决措施。例如，2021 年 4 月中共中央、国务院出台的《关

---

[1] 中共中央马克思恩格斯列宁斯大林著作编译局：《马克思恩格斯全集（第 3 卷）》，人民出版社 1960 年版，第 57 页。

于加强基层治理体系和治理能力现代化建设的意见》中，提出完善党建引领的社会参与制度，"坚持党建带群建，更好履行宣传、凝聚、服务群众职责"①。

党的二十大报告提出，"全面建设社会主义现代化国家，是一项伟大而艰巨的事业"。只有坚持党的全面领导，"知难而进、迎难而上"，才能经得起"风高浪急""惊涛骇浪"的重大考验，全面适应不断叠加和升级的传播环境。而城市化作为现代化的一个基本表现形式，在城市社会生产生活中的地位也就显得尤为重要。在此背景下，城市成为不同要素资源与社会活动高度聚集的空间，其中，各群体、组织、机构之间联系日益紧密，交往也日渐频繁，各社会主体的信息需求也呈现出多元、多样的态势。因此，面对这一复杂多样的传播环境，以往的党建引领传播模式已不再适用于当下城市的传播现状，而"党建+"的传播模式，更符合当下城市社会"多元共享"的传播格局。

如图3-13所示，在基层传播系统中，当下城市社会所面临的是一个各社会主体相互关联、相互交融、相互影响的传播环境。各社会主体之间相互借力，完成物质、能量与信息的交换。城市地区的信息传播作为基层治理的重要组成部分，必须要在党的全面领导下进行，以"党建+"的形式创新传播模式。"党建+"的传播模式就是将"党组织"这一类结构功能完整的组织融入社会他组织、社区自组织中，以实现信息生产的多元化，为群众提供更多、更宽、更广的信息内容和信息获取渠道。反观以往的城市信息传播模式，都是通过搭建传播平台、培训传播人才、购买第三方服务、引用传播技术等方式，想方设法去完善和补充传播系统的结构功能、公共文化设施、人力资源等。但不能否认的是，盲目地改造或引入会造成资源扎堆浪费、发展不可持续，且不符合多数物质经济水平一般的城市社区实际情况，也很难要求人力、资源、技术等各方面有限的城市社区实现理想的信息传播效果。因此，借助社会科学的"嵌入"理论，可在城市地区的信息传播过程中延续我党"结对帮扶""先进带后进"的光荣传统，采取强系统嵌入并带动弱系统

---

① 新华社：《中共中央国务院关于加强基层治理体系和治理能力现代化建设的意见》，http://www.gov.cn/zhengce/2021-07/11/content_5624201.htm。

的策略，以推动信息的有效传播。例如，可以建立党组织、社会他组织、社区自组织参与城市社区公共服务的激励机制，纳入评优考核指标，倡导党组织、社会他组织、社区自组织之间的相互合作，通过服务项目或开展活动的形式，嵌入周边分散的城市社区之中，发挥组织的"鲶鱼效应"，以更好地服务于城市社会的治理。

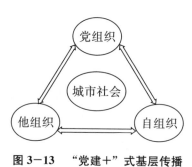

图 3—13 "党建＋"式基层传播

二、增强管理子系统的协同性：基于他组织的视角

系统科学理论认为，他组织是需要接收来自外部系统环境的资源、约束、干预、引导，任何系统都存在着他组织。在基层传播活系统模型中，管理元系统是通过接收来自系统内部与系统外部的信息，对传播系统的整体运行进行调控，以应对复杂传播环境带来的挑战和解决危害系统生存的问题。而相对于传播系统而言，这些来自系统内部和外部的信息都可以看作"他组织"在基层传播过程中发挥的积极作用。换句话说，就是各社会他组织积极参与公共事务，经过对公共事务的讨论、交流，为党和政府提供意见、建议或解决方案，以解决社会冲突和群体矛盾，形成党和政府与社会他组织之间协同、共建、共享的传播新模式。从近些年关于基层传播的研究成果来看，无论是国外传播经验案例的介绍，还是国内城乡二元传播模式的探索，抑或是媒介融合的传播方式，学者们普遍把基层传播看成一种"他组织"，一种将满足各社会主体利益或信息需求的工具。一方面，他们主张提高社会他组织传播的能力，在信息生产、呈现形式、传播体裁等方面提供高质量、多元化的信息内容；另一方面，又主张利于各类技术手段，拓宽社会他组织信息

传播的渠道，加强财政支持资金投入。诚然，基于社会他组织的基层传播管理系统之间的协同是十分必要的，但现实中的基层传播作为一个复杂的系统，如何实现各社会主体间的协调优化，形成传播合力，是当下基层传播需要进一步深入探讨的核心命题。

（一）合并"两个中心"，形成"一导多元"式传播

21世纪以来，随着信息技术的快速发展，信息已"无处不在、无所不及、无人不用"，媒介生态、传播格局、传播方式等都发生了深刻的变化。以习近平同志为核心的党中央能够深刻把握时代发展趋势，高屋建瓴地提出建设县级融媒体中心和新时代文明实践中心两大基层治理实践平台，通过资源整合、内容融合、队伍结合、机制和合的工作思路，推动习近平新时代中国特色社会主义思想深入人心、落地生根，以实现宣传群众、教育群众、关心群众、服务群众的"最后一公里"。从试点实践到全面铺开的建设历程来看，县级融媒体中心与新时代文明实践中心在"摸着石头过河"的过程中，能够立足基层社会的具体现状，结合自身特色，总结出具有中国特色的实践经验，取得了辉煌的成就。但就其建设的具体情况来看，由于城乡之间存在着巨大的差异，不管在基础设施建设上还是组织领导上，乡村地区远不及城市，故发挥的作用也不及城市，导致部分乡村地区的县级融媒体中心与新时代文明实践中心形同虚设甚至被"静默搁置"。因此，为了进一步增强信息传播系统之间的协同性，提高乡村地区的信息传播能力，发挥"两个中心"宣传、教育、服务的作用，可将"两个中心"进行合并，以形成"一导多元"的信息传播方式，即一个信息传播的主导主体，多种信息传播形式，从而打造多角度、多渠道、多形式的立体化信息传播阵地。

如图3-14所示，相比于城市地区，乡村地区在组织信息内容生产与信息传播渠道方面都存在着人力、物力、财力和技术等方面的不足，且随着城市化进程的推进，乡村地区人口流失严重，特别是青年人群。从第六次与第七次全国人口普查数据来看，乡村地区15～35岁的青年人口占总人口的比

重，从第六次全国人口普查时的 29.60％，下降到第七次全国人口普查时的 21.40％。[①] 因此，面对这一困境，只有把乡村地区的县级融媒体中心和新时代文明实践中心进行合并，加强信息传播的主导主体，在组织领导、人力支撑、内容生产、传播渠道等方面实现资源通融、内容兼融、宣传互融、利益共融的新局面，才有利于乡村地区的信息传播。一方面，"两个中心"的目标任务都是通过整合现有的公共服务资源，形成具有强影响力、高覆盖率的服务阵地。县级融媒体中心是整合县域内的报刊、广播电视、新闻网站、新型媒体，形成具有主流舆论阵地、综合服务平台、信息传递枢纽等多功能的信息传播平台[②]；新时代文明实践中心则"整合现有基层公共服务阵地资源，打造理论宣讲平台、教育服务平台、文化服务平台、科技与科普服务平台、健身体育服务平台，统筹使用，协同运行"[③]。另一方面，"两个中心"建设的意义要求都是以习近平新时代中国特色社会主义思想为指导，通过打造一批具有强大影响力和竞争力的基层治理实践平台，提高基层治理的能力与水平，以更好地凝聚群众、引导群众、服务群众。

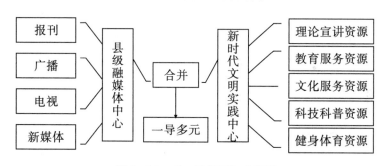

图 3—14　"一导多元"式传播

① 张翼：《中国青年人口的新特征——基于"第七次全国人口普查数据"的分析》，载《青年探索》2022 年第 5 期。

② 湖南省人民政府：《名词解释：县级融媒体中心》，http://www. hunan. gov. cn/xxgk/bgjd/201901/t20190125＿5266555. html。

③ 天津文明网：《关于建设新时代文明实践中心试点工作的指导意见》，http://wenming. enorth. com. cn/system/2019/12/09/037845392. shtml。

（二）联通"网上网下"，形成双向互动式传播

从马克思和恩格斯的精神交往理论来看，社会状况、意识、生产力三个因素中任何一个发生变动，整体表现都会迥然不同。[①] 基层传播活动作为一种精神交往活动，其传播的环境、内容、形式和效果，不仅取决于该地区的生产力水平，也取决于该地区的各种历史和现实的社会状况。同时，由于城市和乡村存在着经济、文化、社会、生态环境等方面的差异，尤其是随着信息传播技术的发展，城乡之间的信息传播服务设施、信息传播活动认知、使用和满意程度都存在较大差异。相比较于乡村，"城市不仅是政治、经济、文化等的中心，也是各类信息对外传播的中心，而农村地区更多地是作为信息接受者的角色而存在"[②]。因此，从城市信息传播的角度来看，城市作为一个信息传播系统，它的本质就是通过传播，促进各社会主体之间的沟通、协同，以实现群体或个体的利益诉求。而城市中的各社会主体又是城市的基本单元，在信息传播系统的延伸中，与城市的边界逐渐模糊。原因在于，信息传播技术的发展，人的数字化、媒介化进一步丰富了城市信息传播的渠道和方式，即网络空间成为另一个城市空间。现实的城市空间与网络虚拟的城市空间相互交错，形成"网上网下"复杂的信息传播网络，给信息的监管带来巨大的挑战。面对这样的监管困境，只有联通"网上网下"，形成双向互动的信息传播方式，建立"信息共享"的传播局面，从而引起群众线上线下的热烈讨论，使之联合成为"热点话题"，才能使信息迅速扩散并产生广泛的影响。

如图 3-15 所示，城市作为人口、经济、政治、文化、技术等资源高度聚集的空间，信息的流动与传播关系到城市社会的正常运转与稳定。随着城市现代化和传播媒介的多元化发展，人们和各种媒介的接合方式更多地取决于其日常生活的习惯和各种实践。[③] 它们要么是现实城市中的一些公共场

---

① 陈力丹：《精神交往论：马克思恩格斯的传播观》，中国人民大学出版社 2016 年版，第 9 页。

② 卢春天、朱晓文：《城乡地理空间距离对农村青年参与公共事务的影响——媒介和社会网络的多重中介效应研究》，载《新闻与传播研究》2016 年第 1 期。

③ 〔英〕詹姆斯·库兰、〔美〕米切尔·古尔维奇：《大众媒介与社会》，杨击译，华夏出版社 2006 年版，第 347 页。

所，如广场、公园、商场、活动室等，或是一些私人空间，如家等；要么是虚拟网络空间中的一些网络媒体，如电子报刊、网络广播、网络电视等，抑或是一些社交媒体，如微信、微博、贴吧、抖音等。这些传播媒介同时兼具大众传播、组织传播、人际传播和自我传播的特性，通过参与公共信息的生产流程，重构了城市信息传播的格局，以网上网下双向互动的方式对传播的信息形成补充。从日常情境来看，城市中的一些热点事务或群体活动在人们的参与下，进入现实城市空间和虚拟网络空间中，并通过各种媒介将信息呈现给其他人或其他受众。当其他人接收到这些信息之后，则会出现两种表达方式：一种是与他人产生共鸣，通过线下闲谈或线上"转赞评"的方式，在现实空间与网络空间持续讨论，让这些信息发酵，最后形成热点话题或产生集体行动，引起更多人的关注；一种是与他人具有不同的看法、见解，结合自己的知识积累与经验，在自己的家里与家人、熟人分享或发布在社交媒体上供他人讨论。在某种条件的作用下，这种个性表达也会成为热点话题或引起集体行动。在当下这个社会媒介化、媒介社会化的传播环境下，现实与虚拟的边界逐渐模糊，网上网下双向传播的方式已成为常态。

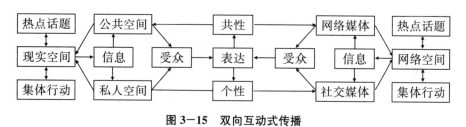

图 3—15　双向互动式传播

三、激发操作子系统的参与性：基于自组织的视角

基层传播面向的是广大的群众，贴近的是群众生产生活的全貌。在基层社会中，信息作为组织动员、多元协调、凝聚力量、教育引导以及服务大众的纽带，在推进基层治理体系和治理能力现代化的过程中，具有不可替代的作用，而基层传播活系统模型的构建，正是基层治理现代化的重要表现。从系统科学的角度来看，基层传播体系之所以是一个活的系统，是因为它除了

管理元系统与相对应的环境外，还有一个能够自主学习、主动适应环境变化并就环境引起的刺激做出反应的操作子系统，它是系统存在的基础和发展的内生动力。基层传播活系统中的操作子系统的内驱力即是群众多元化的信息需求，它唤醒了该系统从局部传播环境向复杂多变的传播环境不断发展的动态平衡。因此，以群众多元化和需求多样性为着力点，激发操作子系统中各个单元的能动性和参与性，是持续保持基层传播体系活力的必行之路。但鉴于乡村和城市之间的差异和目前城乡的具体社会现状，在乡村地区要广泛开展各种形式的活动，在思维方式和活动组织上激发群众参与活动的积极性，形成一个内化认同的过程；在城市社区要培育和孵化各类自组织，在组织目标和具体任务上鼓励群众自发、自觉、主动地进行传播，形成"去中心化"的"多点突破"。

（一）策划组织各类活动，形成"参与式"传播

党的十九大报告提出："农业农村农民问题是关系国计民生的根本性问题，必须始终把解决好'三农'问题作为全党工作重中之重"[①]。"三农"问题的解决，根本在于提高群众在农业生产、农村建设过程中的参与度，激发群众在农业农村发展进程中的主动性和创新性，使其在各类实践活动中探索出适合本土发展的治理模式，以确保农业"产业兴旺"，农村"生态宜居、乡风文明、治理有效"，农民"生活富裕"。在这一探索过程中，"参与式"传播在乡村治理的模式、方法建构中发挥着极其重要的作用。"参与式"传播模式，最主要的是参与。如奈尔与怀特所说，"参与式传播模式就是一种'草根'接收者和'信息'来源之间，以发展传播者为中介的双向的、动态的互动"[②]，从而激发"草根"群体在信息传播过程中的主观能动性和参与效能。从这一点来看，以往经典的自上而下的传播模式已无法适应当下乡村精英流失、社会结构分化的现状。因此，"参与式"传播模式刚好可以弥补

---

① 习近平：《决胜全面建成小康社会夺取新时代中国特色社会主义伟大胜利——在中国共产党第十九次全国代表大会上的报告》，人民出版社 2017 年版，第 32 页。

② Kalbfleisch Pamela J：*Communication Yearbook* 27，Lawrence Erlbaum Associates 2003，p. 92.

以往乡村传播的局限，发挥其参与和赋权的优势特点。① 在乡村信息传播的过程中，群众可以通过策划组织各类实践活动，吸引更多的群众最大限度地参与乡村地区的公共事务讨论，以"身临其境"的活动体验，满足自身的信息需求。赋权并不是行政意义上上级向下级的授权，而是一种参与的过程，是将事务的解决权授予或转移到群众的手中②，通过群众的积极参与，激发群众自身的潜能，开拓出群众共建共享的治理格局，形成"聚力共赢"的效果。

如图 3—16 所示，H 表示各类实践活动；A—N 表示不同的活动参与者；d1—dn 表示参与活动的跟随者；E 表示活动开展、信息流动的传播环境。在"参与式"传播模式中，最主要的是根据群众的现实需求，策划组织各类实践活动（H），如科技科普活动、理论宣讲活动、教育文化活动、健身体育活动、便民服务活动等，以"群众喜闻乐见、便于参加的形式和方法开展工作，组织活动请群众一起设计，部署任务请群众一起参与，表彰先进请群众一起评议"③。这既是"以人民为中心"的体现，也是乡村地区进行信息传播的起点与终点。活动的参与者（A—N）在参与活动的同时，既满足了自身的实际需求又取得了获得感。通过人际交往的形式，如与他人闲聊或转发分享活动相关信息给他人，动员其他的人跟随并参与活动，体现出活动参与者和跟随者既是信息传播的主体也是信息接收的主体。同时，各活动参与者和各跟随者，在参与各类活动的过程中，相互之间也会形成交流与互动。这充分体现了"参与式"传播中"参与"与"赋权"的特征。群众在参与活动时所表现出的互动性与能动性，让党和政府的政策方针、思想理论、资讯信息得到及时且充分的交流互动，从而"形成'信息汇通＋全民参与'的乡村传播体系，增强村民参与乡村治理的主人翁意识，完成其在参与式乡村传播体系中的自主呈现与身份转换"④。

---

① 张莉：《乡村治理创新实践中的参与式传播运用探析》，载《编辑之友》2020 年第 12 期。

② 陈树强：《增权：社会工作理论与实践的新视角》，载《社会学研究》2003 年第 5 期。

③ 中共中央文献研究室：《习近平关于社会主义政治建设论述摘编》，中央文献出版社 2017 年版，第 200 页。

④ 张莉：《乡村治理创新实践中的参与式传播运用探析》，载《编辑之友》2020 年第 12 期。

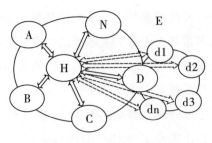

图 3-16　　"参与式"传播

（二）培育孵化各类组织，形成"关键节点"式传播

城市社会与乡村社会在组织结构、关系结构、人口构成等方面存在着巨大的差异。乡村社会是建立在血缘、地缘、情感和自然意志之上的富有人情味和认同感的传统社会生活共同体，蕴含着基于共同的历史、传统、信仰、风俗及信任而形成的一种亲密无间、相互信任、守望相助的人际关系。[①] 这种人际关系简单，社会治理相对容易，即便发生矛盾，也会有家长似的"领导"出面做工作或邻居劝解，人情味浓厚。[②] 在乡村内部"每个孩子都是在人家眼中看着长大的，在孩子眼里周围的人也是从小就看惯的"[③]。而城市社会除了部分少数的"原始人口"之外，其余大多数都是从乡村地区流入的"流动人口"。所以，无论是在心理上还是生活习惯、文化氛围，抑或是情感上，他们对城市社会都缺乏一种认同感和归属感。这就导致邻里之间的关系形成"熟悉的陌生人"，特别是商业楼宇内的邻里关系，更容易形成"互不相关的邻里"和"陌生人世界"[④]，造成人际关系的原子化、社会结构的离散化和社会关系网络的解构。故在城市社区采用"参与式"的传播模式并不能取得很好的效果。"社会资本"作为社会组织的特性，包括了经济资本、人力资本等多种因素，在城市社区中可体现为居民结构特征、信任度、社会

---

① 〔德〕斐迪南·滕尼斯：《共同体与社会——纯粹社会学的基本概念》，林荣远译，商务印书馆 1999 年版，第 52—94 页。

② 杨鹃飞：《民族互嵌型社区建设的特征及定位》，载《新疆师范大学学报（哲学社会科学版）》2015 年第 4 期。

③ 费孝通：《乡土中国》，生活·读书·新知三联书店 1985 年版，第 5 页。

④ 刘乐明、孔祥涛：《城乡社会治理中制度与情感的叠加互动——以 Z 市公安机关"2+N"模式为例》，载《中国人民公安大学学报（社会科学版）》2021 年第 2 期。

规范和社会网络关系等人文环境。[①] 这些特性能够促进合作行为和提高社会效能，是城市社区发挥信息传播模式整体效能的关键。一个拥有高社会资本的社区或组织，往往更能激发群众参与公共事务的讨论和生活共同体的意识。因此，通过培育孵化城市社区各类自组织，如以兴趣爱好、优势特长、志愿服务等为主要类型的社区自组织，并挖掘城市社区的骨干人才，形成以组织或个人为"信息源"的"关键节点"的传播模式，不仅有利于增强城市社会组织与组织之间、组织与群众之间的彼此信任，促进群众对城市社会的认同感和归属感，还有利于激发群众的主人翁意识，积极主动地参与到城市的各项建设中，从而实现"中国式现代化"的宏伟目标。

如图 3-17 所示，城市社区作为城市社会治理的"神经末梢"，是城市的基本细胞。面对体小量多的城市社区，单靠基层党组织或组织几次活动来增进群众对城市社区的认同感和归属感是不现实的。"社会的常态是有人积极有人消极，大多数人不吭声，保持沉默，跟着走，随大流"[②]，真正将群众组织起来，不是要去动员所有人，而是要抓住"关键群体"，即动员群众中这些积极分子，靠积极分子的社会影响力、个人魅力来组成各类自组织，吸引其他人积极参与，从而实现对其他人的"二次动员"和信息的向外扩散。同样，虽然群众对城市社区并没有很深的归属感，但对基于兴趣爱好或其他需求而形成的社区组织，大多数人并不排斥，反而会积极地融入其中，实现信息的间接传播。这样"一传十，十传百"，就能将群众组织起来，缓解生活中的矛盾。所以说，城市社区在进行信息传播时，要抓住"关键节点"，即把重点放在挖掘、动员、激励社区自组织上来。而"关键节点"式传播，正是通过"关键人物"的有效传播，形成多个局部的"中心"传播，使群众在参与信息传播的同时，还能在熟悉和非熟悉的组织群体中实现与他人的即时互动，也满足了群众对社会交往的需要。

---

① 董子铭、李志宏：《系统论视野下全民阅读基层服务体系建设思考》，载《中国出版》2022年第 8 期。

② 王德福：《治城：中国城市及社区治理微探》，广西师范大学出版社 2021 年版，第 23 页。

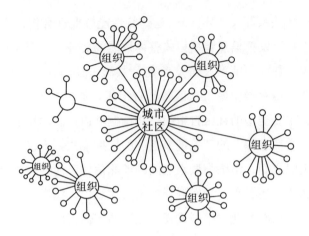

图 3-17   "关键节点"式传播

下篇
实践与案例

第四章　社区论理中基层党组织传播力提升

　　党的基层组织，主要是指在企业、农村、机关、学校、科研院所、街道社区、社会组织、人民解放军连队和其他基层单位成立的党组织，包括基层党委、党总支、党支部等，是党在社会基层的战斗堡垒，是党的全部工作和战斗力的基础。中国共产党在百年伟大历程中，始终保持着旺盛生机与活力，基层党组织也在不断发展壮大。据中国共产党 2022 年党内统计数据①，截至 2021 年 12 月 31 日，全国共有基层党组织 493.6 万个，党员 9671.2 万名。基层党组织由新中国成立时的 19.5 万个增至 493.6 万个，增长约 25 倍。全国 9034 个城市街道、29649 个乡镇、114065 个社区（居委会）、491129 个行政村已建立党组织，覆盖率均超过 99.9%。全国共有机关基层党组织 74.5 万个，事业单位基层党组织 94.9 万个，企业基层党组织 153.2 万个，社会组织基层党组织 17.1 万个，基本实现应建尽建。基层党组织作为党密切联系群众的桥梁和纽带，承担着上传下达、凝聚人心的重要任务，亟须传播力的提升。

　　从传播学的学科视野来看，基层党组织传播力是指基层党组织在开展党的宣传教育、组织动员、服务群众等方面所具有的传播能力和影响力。基层党组织是中国共产党的基本组织形式，是党在社区和基层组织中开展工作的重要阵地。通过提升基层党组织的传播力，可以更好地宣传党的路线、方针

---

　　① 中共中央组织部：《中国共产党党内统计公报》，2022 年 6 月 29 日。

和政策，动员和组织广大群众积极参与党的建设和发展，推动中国特色社会主义事业的发展。

基层党组织作为社区治理和服务居民的关键引领者，其传播力的强弱极大地影响着基层党组织发挥服务和引领作用的效果。基层党组织作为连接党和人民的一线纽带、密切和促进党群关系的重要桥梁，对巩固中国共产党的领导地位有着重要作用。伴随着互联网技术的不断发展，为满足后疫情时期保护人民生命财产安全的严峻要求，提高基层党组织的领导能力和管理水平刻不容缓。其中，提升基层党组织的传播力是建设和谐社区、助力实现基层社会治理体系现代化的重要途径。

第一节　基层党组织传播力的概念解析与提升困境

基层党组织是中国共产党的神经末梢，同时也是基层治理的抓手。基层党组织长期服务于社区治理，与居民群众有着最密切的接触。党与基层群众之间良好的信息沟通是实现中国共产党基层治理的重要方式。从传播学的角度来看，中国人民大学郭庆光教授曾言，"传播是组织的一个基本属性"，组织内外的传播本身就是组织顺利运作的机制。组织与传播可以视为社会交往中的结构与机制，两者缺一不可、相互联系。① 因此，我们有必要先厘清基层党组织在社区治理中的地位与功能，明晰基层党组织传播力的理论意义与实践内涵，为后续研究提供语境。

一、地位与功能：基层党组织总领社区治理的当代意义

基层党组织在城市社区治理中处于领导核心地位，具有政治领导功能、

---

① 张爱艾：《中国共产党引领基层治理提升组织力的创新路径探索》，载《西南民族大学学报（人文社会科学版）》2021 年第 9 期。

利益协调功能、社会整合功能、文化导向功能与服务保障功能。中国共产党是新时代基层治理的领导核心，对基层治理发挥引领作用。社区党建是基层党建的重心，是执政党建设在城市基层社会的延续与拓展，同时也是基层党组织整体活力的新生长点。

新形势下加强基层党组织工作，对社区治理有重大意义。基层党组织分布在社会的基层，是党在基层的触手，是连接党和人民的桥梁。在实际生活中，我们要发挥好基层党组织的桥梁作用和战斗堡垒作用。因此，只有加强基层党组织的建设，从严落实党的领导，才能在实际生活中加强党组织和人民群众的联系，提升基层党组织的传播力与影响力，从而利于党建工作顺利开展，提高社会的团结力、凝聚力和战斗力。

（一）基层党组织在社区治理中的核心地位

在马克思列宁主义的革命理论中，"组织"既是名词，指党的整体或党的一部分；也是动词，指组织并动员起来。结合《中国共产党章程》来看，党的基层组织，主要是指在企业、农村、机关、学校、科研院所、街道社区、社会组织、人民解放军连队和其他基层单位成立的党组织，包括基层党委、党总支、党支部等，是党在社会基层组织中的战斗堡垒，是党的全部工作和战斗力的基础。

基层党组织作为党组织在各个地区的细小分支，是党的全部工作和战斗力的基石。基层党组织作为党组织当中落实政策与方针的组织，在现实生活中发挥着极其重要的作用。一方面，基层党组织是社区治理的领导核心。社区治理主体虽然多元，包括了政府、自组织、企业等，但在目前的社区治理当中，基层组织仍然通过中央或地方下发的一些政策法规去合理合法地引领其他的主体参与到社区治理当中。对一个国家而言，领导核心至关重要。中国共产党作为中国特色社会主义事业的领导核心，是党和国家的根本所在、命脉所在，是全国各族人民利益所系、命运所系，如果说基层党组织在社区治理当中不再起到引领作用，那么社区治理的多方力量便会逐渐解体，呈现出一种力量涣散的状态。另一方面，社区治理是基层党组织提高执政能力的检验场。随着我国的城市化进程不断加快，越来越多的社区不断地出现，这对基层管理方法和体制机制提出了新的要求。基层党组织需要在社区这个前沿阵地上，发挥党的先进性和优越性，起到组织领导和战斗堡垒的作用，不断适应社区的发展，并在工作中探索出更加适合社区治理的工作方式。

中国特色社会主义的政治制度和本质特征从根本上决定了基层党组织是城市社区治理活动的领导核心，是完善和提高基层社会治理体系和治理能力的主体力量。就政策话语来看，《中共中央国务院关于加强基层治理体系和治理能力现代化建设的意见》提出了一系列关于加强党建引领的任务和目标："坚持党对基层治理的全面领导，把党的领导贯穿基层治理全过程、各方面""党建引领基层治理机制全面完善""创新党组织设置和活动方式，不断扩大党的组织覆盖和工作覆盖"。在基层治理实践中，地方政府不断创新党建引领的实践载体，城市基层社会治理场域中的"社区党建""区域化党建"等传统党建引领制度，"楼宇党建"等新型社会空间党建模式，"微自治"的院落自治、楼栋自治创新，私营企业党建，等等。这就充分表明，基层党组织是基层社会治理的领导核心，社区党建对社区治理起引领作用。

曹海军等人认为进入新时代，推动社区治理共同体的制度建设，必须坚持和完善党对社区治理工作的全面领导，发挥党组织的政治引领、组织引领、能力引领、机制引领作用。[1] 涂晓芳等人则认为社区治理共同体由政府组织、市场组织和社会组织构成，形成了以党委为核心的"一核多元"式治理结构，共同服务于社区居民，体现为国家仍然处于"元治理"状态的治理特点。[2] 可见，基层党组织在社区治理中处于领导核心的地位。

（二）基层党组织运作的结构与机制

党的十八大以来，全国累计选派 25.5 万个驻村工作队、300 多万名第一书记和驻村干部，助力打赢脱贫攻坚战；组织动员 330.6 万个基层党组织、3914.4 万名党员干部投身新冠肺炎疫情防控。[3] 基层党组织的旗帜在抗

---

① 曹海军、刘少博：《新时代"党建+城市社区治理创新"：趋势、形态与动力》，载《社会科学》2020 年第 3 期。

② 涂晓芳、刘昱彤：《嵌入式协同：基层党建与社区治理的联动——以 S 社区为例》，载《北京航空航天大学学报（社会科学版）》2021 年第 6 期。

③ 新华社：《党员 9514.8 万名 基层党组织 486.4 万个》，http//：www.gov.cn/xinwen/2021-06/30/content_htm。

震救灾、防汛抗洪、维稳治安、应对突发公共事件等重大斗争主阵地和基层一线更加熠熠生辉。

李永胜等人认为在城市社区治理体系中，社区党组织是元治理，处于核心地位，也决定了它在社区治理中的功能与作用，即政治上的领导功能、利益上的协调功能、社会生活的整合功能、文化思想的导向功能以及服务群众的保障功能。① 这就意味着，基层党的建设不仅扮演着社区治理的领导角色和核心角色，而且承担着正确引领和科学推动社区治理现代化的使命。下文将以成都市 S 社区为例，分析基层党组织的职能现状以及基层党组织是如何履行这些职能的。

1. 清晰的层级结构与分工

在成都市的社区治理中，基层党组织是一个完善的、成熟的组织，具有完整的组织结构和管理体系。如图 4-1 所示，以成都市 S 社区为例，其基层党组织的结构便十分完善。首先，党委第一书记是社区基层党组织的最主要负责人，其主要工作是主持社区党委工作，起统筹安排的作用。其次，S社区党委书记是 S 社区基层党组织的负责人，主要工作是主持社区全面工作和社区党委工作，分管社区品牌建设和国际化社区建设工作。与此同时，他还担任居委会主任的职务，与社区居民有着密切联系。然后，三个社区党委副书记，其中一个主管综治维稳、流动人口等相关工作；一个负责纪委工作、指导安全、环保、统计，分管疫情防控、网格管理和财务等工作；另一个负责党建工作指导、指导业委会成立等，分管党建引领社区治理、协助社区全面工作。最后，四名党委委员作为基层党组织的主要成员，协助完成社区治理工作。他们中的一个负责妇联、工会和档案管理，分管文化、卫生、教育和公共服务等工作；一个负责劳动保障、民政残联、退伍军人、前台接待和答疑；一个负责后勤保障、监委会会议记录、群众之家等；另一个负责文化体育、网络理政、农村工作、文化绩效平台和人才资源两库建设。

---

① 李永胜、张玉容：《基层党建在城市社区治理中的作用、问题及创新研究》，载《西北大学学报（哲学社会科学版）》2020 年第 5 期。

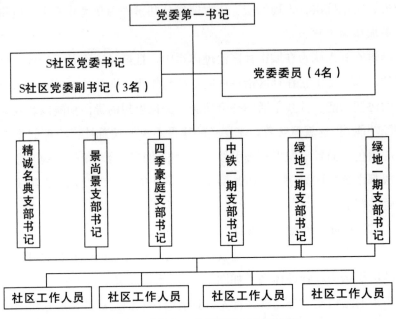

图4-1　成都市S社区基层党组织结构

在社区治理中，基层党组织是社区治理的核心，起统筹协调的作用，而其他组织则在基层党组织的带领下发挥各自的作用。在成都市S社区中，居委委员协助基层党组织完成社区治理的工作。S社区有5名居委委员，他们的工作紧紧联系着社区居民。作为基层党组织和社区居民的枢纽，居委委员发挥着不可替代的作用。居委委员的工作繁杂，包括微信公众号平台运行、宣传工作、志愿者工作、新时代文明实践点建设、家长学校等。

社区基层党组织的组织人员数量少，在上万人的社区中，基层党组织以及社区工作人员却不到二十人，因此社区治理的工作需要合理分工。社区工作人员有四名，他们与社区居委密切联系，执行基层党组织的政策和措施。他们其中的一个负责党建、人大、政协和协助社区品牌宣传工作；一个负责财务、社区保障资金、公益基金等；一个负责安全、环保、统计和社区影像资料制作；另一个负责计生、卫生、疫情防控、基础信息平台和前台接待等。党委委员、居委委员和社区工作者在工作的过程中不仅在工作内容上有所区别，并且划分了不同的片区，由几个工作者负责一个片区，这样提高了工作效率，使得社区的工作更加精细化。

2. 高效的网格化管理机制

在社区治理中，基层党组织采取的传播体制机制反映了基层党组织传播能力的强弱。在长久以来的社区治理中，每个社区都形成了独特的基层党组织传播机制，经历时间的打磨，已经相对成熟。随着城市治理新情况的出现，社区基层党组织也在不断创新传播机制和传播方法。线下的传播中，基层党组织领导下的社区建立了网格管理制度来提升党组织的传播力。当今社区治理中，往往面临管理者寥寥无几、社区居民数量多且构成复杂的局面，采取网格管理制度是社区治理的创新之举。

网格管理制度最初是驻区的社区民警为方便工作而设置的，公安分局根据社区内的人员情况、治安情况等因素，将社区分为几个分区，状似网格。网格内设置有网格管理员、网格警员、网格司法员等。网格管理员需承担网格内的社会服务和社会管理等事务。

在成都市S社区中，疫情防控网络有四个层级，包含七个主体，分别是区级部门街道干部、社区干部、社区民警、居民小组长、党员干部和居民骨干、房东、租户。一级网络是基层党组织的委员，在整个网格管理制度中起统筹安排的作用；二级网络是将各院落划区管理；三级网络是以楼栋为单位的、由各个居民小组长负责的区域；四级网络是社区居民。区级部门街道干部负责统筹社区工作，牵头落实各级政策措施，动员协调各类力量参与社区治理工作，并指导各级网络开展相关工作。社区干部划定二级网络管理院落，负责落实各项政策措施，定期检查下级政策实施情况。社区民警负责收集、掌握和上报各类社区情报信息，进行法制和安全宣传教育，发动辖区内的单位和群众开展安全防范工作。居民小组长是第三级网络的关键，以楼栋为单位划定，负责与居民对接，了解民情，并向上级网络汇报。党员干部及居民骨干等成立临时小组，配合居民小组长完成每日巡查，深入了解民情。房东作为三级网络和租户之间的衔接点，主动向楼栋网格长反映异常情况，租户按照上级政策实行自我管理和监督。

在互联网时代，线上的媒介传播方式也在不断发展演进。成都社区主要采取的方式是借助微信、抖音、微博等平台，实现与社区居民在线上的联系与沟通。在S社区中，每个社区有专属微信群，群内成员包括了社区的每户居民、物业管理者以及每一级的网格长和楼长等。微信群由于其方便快捷、自由发言、联系及时等优点逐渐被很多社区所接受，但是在使用的过程中也出现了一些问题亟待解决，比如，互联网用户匿名性特点与圈层构造使得微信群成为一些有心之人造谣生事的场所，给社区工作人员的工作造成了很多阻力，无形中损害了社区基层党组织的形象。在利用微信群构成社区线上联系网络的过程中，为了克服现有微信群的缺点，社区工作者计划借助企业微信的方式，以达到分级管理和精确应对的目的。在各种网络媒体中，亲民效果最好的社交平台是抖音，它深受社区年轻群众青睐。在抖音中，社区的官方媒体严肃、严谨的刻板形象得以转变，更加亲民、接地气的新形象更容易被社区居民所接受，社区居民也更乐于和这样的官方账号进行互动。

二、基层党组织传播力的理论意义与实践内涵

社区治理的过程也是传播的过程，包含各种形式的传播活动。社区工作人员向民众发布信息是群体传播，邻里间相互交流是人际传播，社区工作人员之间的交流是组织传播。总之，传播活动贯穿社区治理活动的始终，传播效果也影响着基层社区治理的效果。在党建引领的社区治理中，基层党组织的传播力是影响社区治理的关键因素。基层党组织关于社区治理的方案、措施能否准确、全面地下达给社区居民，基层党组织的任务能否精准、快速地实现和推进等，这些都是基层党组织传播力水平的体现。然而，当前的学界探讨与工作实践，并未对基层党组织传播力进行清晰界定。为此，我们不妨追本溯源，借助传播力的概念流变来探析基层党组织传播力的理论意义与实践内涵。

（一）传播力的两个维度：传播能力与传播效力

2016年2月19日，习近平总书记在党的新闻舆论工作座谈会上指出，党的新闻舆论工作是党的一项重要工作，是治国理政、定国安邦的大事，要适应国内外形势发展，从党的工作全局出发把握定位，坚持党的领导，坚持正确政治方向，坚持以人民为中心的工作导向，尊重新闻传播规律，创新方

法手段，切实提高党的新闻舆论传播力、引导力、影响力、公信力。[①] 自此，传媒领域关于传播力的研究成为学界、业界的焦点，但当前对这一概念的界定尚未统一，出现多元的概念解释观点。

我国最早提出传播力概念的学者是清华大学刘建明教授。他认为传播力即媒介传播力的简称，传播力包括媒体规模、人员素质、传播的信息量、传播速度、覆盖率和社会效果等[②]，其中传播的效果是传播力的主要表征。在2006年，中国传媒大学郭明全教授则提出"传播力就是竞争力"[③] 的观点，认为社会机构、组织、团体乃至于个人都可以成为传播主体。相较而言，前者以大众媒介为主体，其传播力强调的是社会公器传播的功能；后者则以社会组织为对象，侧重传播带来的经济效益与品牌形象塑造作用。此外，学界对于传播力的概念也有着"能力说""效力说""权力说""动力说""作用力说"和"综合说"等多种定义视野。

放眼学界、业界，不难发现对于传播力的争论实质大多集中在两点：一为"传播的能力"，即着眼于传播的硬件和到达范围；二为"传播的效力"，即媒体的传播力不仅取决于传播的广度，也取决于传播的精度，效果则是衡量媒体传播力的重要标准。对此，北京大学程曼丽指出，传播力，实质就是实现有效传播的能力。[④] 传播力有两个层次的内涵，一个是传播的能力，一个是传播的效力。应当从"能力"和"效力"相统一的角度来界定和使用传播力这一概念，通过对传播主体以及传播手段作用于传播客体所产生的影响进行综合地分析获得对传播力的衡量。简言之，传播力就是传播主体充分利用各种手段，实现有效传播的能力，有效的传播则是指对精准的受众群体，快速实现主题的意图。

（二）基层党组织传播力：信息触达、组织凝聚和教育涵化

鉴于当前学界尚未对"基层党组织传播力"这一概念进行界定，我们便

---

① 杜尚泽：《坚持正确方向创新方法手段　提高新闻舆论传播力引导力》，载《人民日报》2016年2月20日。

② 刘建明：《当代新闻学原理》，清华大学出版社2003年版，第37页。

③ 郭明全：《传播力——企业传媒攻略》，南京大学出版社2006年版，序言第1页。

④ 程曼丽：《北大新闻与传播评论（第三辑）》，北京大学出版社2008年版。

以学界探讨中"传播力"概念较为主流的传播能力与传播效力两个维度为视角，结合对基层党组织实践工作的考察，将基层党组织传播力定义为：基层党组织在宣传党的路线、方针、政策和理论等方面，发挥的传播作用和影响力。在传播学的学科视野中，基层党组织传播力应当包括信息触达、组织凝聚和教育涵化三个方面。

信息触达检验了基层党组织的传播能力，即基层党组织应当及时传递党的决策部署、政策措施等信息，以及组织内部各种通知、指示等。具体来说，基层党组织可以向基层群众宣传和解释党的政策和主张，通过组织各种形式的宣传活动，如宣传展览、宣传演出等，借助多元化的媒介平台，结合社区居民特性精准传播，向基层群众传递党的工作和方针，提高群众的政治觉悟和参与度。

> 从 2015 年开始吧，我们建了微信公众号，然后就通过这些群啊、微信推文呀，去与居民进行线上的一些沟通。线下的话，我们也用传统的方式，如张贴海报。因为我们服务的居民在郫都区应该算比较多的，有五万多居民，所以我们的工作人员基本上长期保持在 12 个人左右，共同面对这么大的群体。我们其实还是想了一些办法，一对一是完全不现实的，就通过线下和线上结合的模式，和居民保持沟通，想要跟居民保持那种黏性。我们只能抓重点，因为不能面面俱到。（访谈对象 B4）

在新冠肺炎疫情期间的基层治理中，基于包括大数据在内的多方数字平台与"智慧城市"方针引领所建构生成的基层党组织管理体制机制创新——网格化管理机制在信息传递流程中效果显著，发挥了极其关键的作用。每一天都有海量信息汇总到基层党组织，同时每天最新的防疫相关政策与要求也都能及时准确地通知到社区中的每个人。基层党组织通过线上通知和线下走访等多种手段尽可能保障了广大人民群众的知情权，包括信息化能力有限的高龄独居老人等弱势群体。由此我们可以说，当前我国基层党组织在信息触达环节所展现的强大传播能力是经得起实践检验的。

组织凝聚与教育涵化则统一对应了基层党组织的传播效力。"组织凝聚"要求基层党组织通过有效的组织和活动，提高党员和群众的凝聚力，推进党的工作。在日常的生活中，基层党组织往往通过举办各类体育文化活动、赛事等吸引号召党员群众的互动参与，实现基层党组织与党员、群众间的互通互联，例如，以街道或社区为单位组织篮球比赛，或是在节假日组织社区集市……这些活动无疑可以强化基层党员、群众对社区的归属感与对基层党组织的认同感。

> 我们有网格。网格长是我们的两委成员，会跟我们或是社工一起下到院落当中去。我们有坐定办公的特色，就是隔一段时间会到小区院落当中去摆摊设点，就是当面去收集居民的一些需求或者反映的一些问题。（访谈对象 B4）

> 比如说，我们都喜欢唱歌跳舞，也喜欢周边旅游，还有好耍的活动。元宵节，这里会煮汤圆，大家都喜欢参加，好耍嘛，大家一起吃就开心嘛，老年人都喜欢，就会很愿意交心，就有大家庭的感觉，气氛不一样。（访谈对象 B5）

以 H 社区为例，作为一个新成立不久的社区，在基层党组织建设尚未完成的情况下，该社区的党建宣传工作由社区的工作人员兼职，采用传统线下的宣传栏展示，以及社区居民口口相传等方式，效率低下，结果不可控。不仅年轻人疲于上下班无心阅览，较为空闲的群众也对宣传栏的内容兴趣不大，更不用说主动进行人际间的传播。社区里的群众对社区活动和社区政策的参与度很低，归属感不强，社区凝聚力比较弱。为了提高社区居民对社区的认同感，H 社区党组织的工作人员通过 IP 打造的思路，开发了社区专属品牌 logo 以及相关文创产品，通过将形象标志场景化布置、向居民分发形象周边、举办社区专属文创活动等方式，营造出社区专属文化氛围，受到了大家的喜爱与认同。社区居民群众同基层党组织齐心协力，紧紧团结在一起，密切了党群关系，提升了基层党组织的组织凝聚力。

"教育涵化"则要求基层党组织加强党的意识形态教育，引导党员和群众树立正确的世界观、人生观和价值观。党员和居民群众身边的这类活动类型多元、形式多样：从党课的学习到党员的招新，从横幅标语中的社会主义价值观宣传到以爱国爱党为主题的电影放映、晚会表演等活动，再到深入学校的思想政治教育工作……在这一点上，基层党组织党建工作的充分开展，包括对基层群众与党员的吸收、考核、教育乃至于服务等工作本身，便既承载着组织凝聚的功用，又是基层党组织传播力中教育涵化方面的实践表征。

因此，党建活动与相关工作在基层党组织的传播实践过程中就显得异常重要。而对于如何做好党建工作，不同社区各有解法，如培育良好的基层党组织品牌就是当前基层党组织进行的一类较为成功的尝试。党建品牌是指将品牌建设与管理的原理、方法运用到党建工作当中，通过系统整合之后形成党组织的工作机制、规范和特色。基层党组织品牌不仅体现着基层党组织全体工作者的状态、风貌，更能够反应组织的特色。此外，基层党组织的党建品牌不仅能够提升基层党组织的组织形象和服务能力，还可以引领党员和群众树立正确的思想观念，带来长远的社会影响力。

三、基层党组织传播力提升的现实困境

提升基层党组织传播力是党建工作的重要任务之一，需要在各方面加强建设和管理，注重创新、专业化、规范化和互动性，不断提高党组织在宣传工作中的能力和水平，为实现党的事业提供坚强的思想保证。基层党组织传播力的提升，涉及两个方面：一是传播主体与载体传播能力的增强，提升信息质量，丰富内容增量；二是对组织内外传播效力的提升，包括受众对传递信息的知悉、对蕴含价值的认同、主动参与的行为反馈等。

在现实实践中，基层党组织却常常遭遇运行环境中难以预料的舆情危机、基层党员干部能力素养不足、党群间宣传话语对接错位、居民群众主观抵触、媒介技术与方法落后等困境，这不仅损害了基层党组织形象，还严重阻碍了基层党组织传播力的应用与提升。为此，我们将通过对基层党组织传播工作中异态危机应对与常态工作成效两种状态的考察，以期揭露当前基层党组织传播力提升困境所在。

（一）异态危机应对：新媒体环境下的舆情危机引导难题

互联网技术的不断发展与应用普及，在带来巨大便利的同时，也带来了巨大的舆情风险。党的十八大以来，政府在意识形态风险防控和社会主义核心价值观的宣传与引导方面，始终尽职尽责履行"把关人"义务。但网络舆

情不等同于公众意见，它是网民在网络平台上对于某一热点问题，表达自己的意愿和维护自己切身利益的一种虚拟交往和对现实的抗争。在现实生活中，政府、基层党组织应对网络上发酵的热点往往是滞后的，不能在第一时间澄清真相、安抚群众，甚至采取回避、遮掩的手段。这些操作非但大多不能缓解事态的危机，反而会弄巧成拙，引爆更为严峻的次生舆情。在阻碍党和政府的治理工作的同时，极大程度损耗基层党组织的影响力、公信力与信誉度。可以说，新媒体环境下舆情危机的存在，为我们揭示了基层党组织传播力提升难以规避的部分现实困境。

1. 技术治理之殇：多元思潮下的舆情危机难以应对

媒介技术的演进催化了舆情危机的异变。进入 21 世纪以来，新媒体技术的飞跃式发展为人们的日常生活提供了难以计数的便利：海量信息的接入让人们开阔眼界，感受到多元文化的"百花齐放"；即时高效的社交软件使得"人人都有麦克风"；传播速率的迭代提升让"地球村"的愿景照进现实……数字化生存方式让人们置身于互联网信息繁杂、渠道多元的高选择媒介环境（high-choice media environment）[①]，再叠加如今越发"具身"和"在场"的智媒技术，让人体感官能够在数字虚拟空间中进行着多种层面的还原。但除了种种益处外，人们在现实生活情景中"不理性"的根源——对思维惯性的依赖，认知偏差的存在，群体压力、社会规范和舆论影响等——也会在数字媒介环境中一一对应呈现。普罗大众会犯错的"社会人"属性并没有被颠覆，反而是传统线下生成的各类突发舆情危机得以凭借移动社交媒体平台蔓延到线上，并利用互联网的匿名性特点与信息传递高效便捷的特性，扩大了舆情自身的影响范围，加速了线上线下两个舆论场间舆情的复杂化演进。

影响舆情危机生成的主体多、来源广，通过新媒体技术及其环境相互交织、关系复杂。当前我国线上线下相互交织的舆论场上负面舆情宏观层面多来自以西方为首的帝国资本主义势力在意识形态领域持续地侵入与渗透，抑或是国内各阶层间日渐凸显的利益诉求争论；而微观层面则源于基层治理中

---

① 高选择媒体环境，由美国政治学家马库斯·普莱尔（Markus Prior）提出，指不同种类的媒介平台和媒体组织并存，不同类型和呈现形态的媒体内容共生等因素共同造就的复杂媒介生态。

的多元主体利益纠纷。前者大多在公共化程度较高的社交平台，如微博、抖音上存在，而后者则多见于具备一定隐蔽特性的"强关系"社交媒体群落如微信、QQ之中。

> 舆情风险好多都是在网上（显现）。特别是像我们后面这个小区应该是郫都区比较大的，居住了六千多户，一万八千多人，刚好这个小区业主与物业的矛盾就比较多。居民平时上班下班也比较忙，也没有时间会聚在一起，但是很多就是键盘侠，有什么事儿吧，就在那个群上各种"怼"，针对政府、物业、业委会，甚至还扬言要上访……他们被那个群连接在一起，那个群一般不是咱们社区的群，是他们的业主群，自己那些小区建的，也是物业建的，业主自然而然就都在那个群里面了。（访谈对象B6）

因此，面对这样的舆情风险，宏观层面交由党和政府推动落实法律法规、联动平台展开清朗规治；微观层面则需要基层党组织发挥相应的引领作用，关键时刻能够站出来引导正确言论，净化网络风气。但不容忽视的现实是，大多数情况下舆情危机的诸多来源与主体并非单一存在，而是随着舆情演变、扩张、升级的过程彼此交织又相互对抗的。客观而言，这也导致在面对舆情危机这一"洪水猛兽"时，不具备调度联动各职能部门能力且缺乏跨学科专业人才的基层党组织难以招架。

2. 人员素养不足：舆情应对者的态度消极、能力与经验有限

在针对舆情治理的业界报告与学界研究中，我们看到"建立有效舆情预警与应对机制"这一点建议被反复提及，但事实上当前的突发舆情与此类舆情危机此起彼伏的趋势并未得到有效遏制，反倒是"彼之蜜糖，我之砒霜"的案例屡见不鲜。究其原因，现有的那些通过事后复盘得出来的舆情应对机制与方案固然很有价值，但这份价值的成效发挥更多还是建立在使用者自身素养能力较强的基础上。面对突发舆情，吸取以往案例成功应对经验并做好有机转化才是化险为夷的关键，模板教条式的复刻往往后果难以预料。这使我们看到，在舆情危机应对下暴露出的另一个基层党组织传播力提升困境——基层党组织人员的素质不足。这种不足有且不限于体现在基层党组织干部与成员们因循守旧的观念错误、媒介素养缺乏、新媒体运用能力较弱、

舆情应对的经验欠缺、舆论引导力弱等。

在对社区的实地考察中，我们发现虽然社区发展阶段与能力各异，但不同社区的线上传播渠道均有一定程度的布局与发展。然而，通过对不少社区线上媒介发布的信息内容、周期与效果等相关情况调研后发现，"重线下，轻线上"的工作思维普遍存在于基层党组织的干部、成员的认知之中。不少基层党组织相关工作人员对于新媒体板块的线上工作"浮于表面"，呈现出对线上开展传播工作的抵触情绪与回避心态。探寻原因，基层党组织工作人员一句"多做多错"的所谓"处世哲学"为我们提供了思路。

> 你们想嘛，我们就这么几个人，每天却有忙不完的事情……而且以前就听人说过，有个社区天天都自己在搞网上的宣传工作，啥子抖音、公众号哦……弄得只有那么好了，结果不晓得是照片拍错了，还是名字给别人写错了，就被网上的人逮住到处乱说……然后，那个社区负责人被通报批评……我们也不是不做，说实话那些微信推送啊也没有几个人看，每个月有那么几篇，到时候检查拿得出东西就可以了……说到底还是我们社区资源有限，要不然像那些社区直接外包给社会组织就省事多了。（访谈对象 B4）

心理学认为，人们都具有安于现状、疲于改变的思维倾向，被称作"现状偏差"。我们所熟悉的"墨守成规""安土重迁"等成语背后所蕴含的是同样的心理机制。从传播学来看，这种习惯于当前局面（如工作模式）而下意识抗拒改变的现象则被学者们视作"路径依赖"。但不论是"现状偏差"还是"路径依赖"，不管是思维惰性还是行为固化，在基层党组织的实际运作中都是因循守旧的体现。诚然，基层事务繁忙细碎，不少基层党组织干部和工作人员身兼数职，但是无论是社区独立运作、与社会组织合作运营还是直接将线上新媒体工作"外包"给社会机构管理，都不能忘却基层党组织服务群众的初心与使命。"多做多错"不仅不是基层党组织应有的工作之道，反而是基层党组织干部因畏惧舆情危机挑战而"一刀切"的懒政做派。就像将头埋进沙堆的鸵鸟，仿佛只要不去运营和发展基层党组织线上的传播工作，社区治理就不会出现舆情危机。

工作心态上对新媒体工作的抵触，自然就伴随着新媒体领域中实践行为上的回避，进而影响到媒介素养的提升。在当前瞬息万变的舆论生态环境中，新媒体的技能无疑显得非常重要，无论是舆情的监测预警还是研判引导，都离不开媒介素养的加持。基层工作偏向事务性、执行性，处置突发事件时基层干部往往在事件第一现场，更容易直面媒体采访。在过往引爆话题热度的舆情危机里，既有信息发布者在新闻发布会上的低头沉默或各级官员的照本宣科，又有作为媒介受访者的基层负责人面对一线采访时的"语出惊人"或唯唯诺诺，这些都在警醒着当前的舆情应对工作者，应当注重新媒介素养的提升。事件是动态发展的，每一个事件处置的现场，都是一次潜在的媒介沟通。因此，公共关系领域非常著名的准则"全员公关"的理念便适合借用到媒介素养的培育提升工作中来，即需要加强基层党组织干部、成员乃至社区工作者的媒介应对、沟通等能力与舆情应对的相关常识教育。

在复杂的舆情危机应对中，基层党组织传播力提升的困境体现在了领导干部与工作人员观念上的固化与新媒体素养的不足。也正因为如此，基层党组织面对舆情危机缺乏迎难而上的决心和科学应对的方法，直观的后果便是应对舆情经验不足，舆论引导力有限。

（二）常态工作成效：数字化治理生态下的话语对接难题

技术的发展协调治理工作的实践，催生出了党和政府包括"智慧城市"在内的数字化治理生态方略，提升了基层治理能力的同时亦招致了新的挑战。在当前的基层党组织传播力践行过程中，阻碍党组织传播力提升的显著困境之一，毫无疑问当归属于基层党组织向基层党员、群众开展工作时的"话语不对接"——忽视群众主观能动性的落后受众观念，宣传形式单调、内容枯燥难以吸引群众兴趣同时不能有效回应与满足群众需求，宣传渠道狭隘不利于信息的准确抵达与受众的有效覆盖。

首先，当前基层党组织单向传播观念忽视群众主观能动性，同社会现实不对接。态度决定行为，错误的传播观念自然不利于基层党组织传播工作的开展。从"魔弹论"到"强大效果论"再到"有限效果论"，直至如今对受众的多元理解，传播学中关于"受众"的研究向来是学界争鸣之处。南京大学胡翼青认为，在大众传媒出现以后，受众所处的媒介技术环境经历了去社群化、再社群化和网络社群化的过程，于是，我们起码可以在思想史上看到三种类型的受众，即作为接受者的受众、作为生产者的受众和作为"传受混合体"的受众。[①] 马克思主义也早已阐明，人民群众具有相当的主观能动性。

但目前实地调研的多数社区中的党组织传播仍为由上到下的单向宣传，缺少居民反馈发声的渠道。以成都市 X 社区为例，绝大多数传播活动都是由社区发起，社区传播的议程多由社区设置，大多数都是对社区组织活动的宣传报道。居民作为社区中重要的成员之一缺席了社区传播的议程设置，一些来自社区值得被听见的事迹、案例、声音难以进入议程，居民参与的原创内容极少。Q 社区的微信群也以单向传播为主，工作人员认为居民在微信群反映问题是"不礼貌的"，居民问题是私人问题，不适合在网络空间公开解决。

从社区治理角度来讲，这可以避免引起舆情，降低工作风险，但也限制了居民的表达，影响社区治理的民主化。这反映出社区治理中工作人员的思维仍然停留在传统的"上传下达"层面。当社区居民找到基层党组织进行问题的反馈、反映得不到回应和解决时，久而久之就会对基层党组织产生不好的评价，影响基层党组织的形象建设与传播力提升。

其次，当前基层党组织传播内容枯燥、形式单调，同群众需求的回应与满足不对接。如何激发社区居民的活动参与热情，是社区基层治理的一个大问题。智媒时代，对于用户的争夺策略已经从传统的产品优化与宣传拓展到消费者注意力的抢占，形成"注意力经济"。在日常行为实践中，人们每天都在接受集中注意力的考验，这使得见多识广的消费者感官日渐麻木，大脑和眼睛越发难以应对纷繁花哨的各色信息，对能吸引"注意焦点"的内容阈值飙升。基层党组织在活动组织宣传、信息推送等线下线上信息传播过程中的模板化内容，相较于移动互联网上诱惑力十足的各色丰富内容显得枯燥乏味，加上活动形式单一，因此难以吸引基层居民群众的兴趣。

鉴于基层党组织的固有性质与功能，其传播内容需要引领社区舆论、开展意识形态教育等，日常传播内容中存在相当体量的政治相关话题，一定程

[①] 胡翼青：《超越作为实体的受众与作为话语的受众——论基于技术视角的受众观的兴起》，载《南京师大学报（社会科学版）》2018 年第 5 期。

度上会遭遇群众的下意识回避，但这并不是无法解决的问题。症结的根源其实在于党群之间关于供需的沟通话语不对接。基层党组织宣传工作没有将居民群众多元且发展的不同需求及时纳入工作设计考量之中，换言之如今的基层党组织传播"悬浮化"，不够"接地气"。"最困难的不是活动的内容不好、人手不够、资金不足，而是当我们筹划好活动正式举办时，没有群众的响应与参与。"一位街道办工作人员的困惑正回应了这一点。

再次，当前基层党组织传播渠道狭隘，同充分密切党群关系的职能要求不对接。中国互联网络信息中心（CNNIC）第 50 次《中国互联网络发展状况统计报告》显示，截至 2022 年 6 月，我国网民规模达 10.51 亿，手机网民规模达 10.47 亿。指尖信息获取的方式正在被越来越多的人所接受和习惯。前文已然提及，在面对新媒体传播矩阵的构建上，不少社区都表现懈怠。在基层党组织干部、成员的抵触情绪中，名义上需要各个基层党组织建立完善的社区宣传渠道，实际上运行频繁的仍旧以线下工作、活动为主。但线下再多的物料——展架、横幅、宣传册等——往往效用有限，在基层党组织工作相关的办公室、活动室，总能发现堆积的物料尘埃遍布。

实际工作调研中，社区线上渠道搭建问题频出。部分社区的报道、推文等线上传播内容散落在不同的公众号、网站，并未形成集中、系统的传播渠道，增大了社区居民寻找信息的难度，不利于社区居民获得完整的信息。以 X 社区为例，其报道、推文等线上传播内容散落在其官方网站以及多个事业单位、非营利组织、民办非企业单位等公众号上，并未拥有社区自己系统、集中的线上宣传渠道。社区居民难以在某一公众号或某一网站找到 X 社区发出的所有报道或推文。此外，X 社区的社区活动预告除微信群以外，并没有设置其他的线上发布渠道，未加入微信群的居民难以通过线上渠道知晓活动情况，加入微信群的居民也存在错过活动通知消息的可能性。

部分社区创新性打造了线上传播渠道，但存在入口不合理现象，也是导致传播内容抵达率低的原因之一。以 X 社区为例，其创新性地打造了自己的官方网站，但这一网站在搜索引擎中无法直接搜索到结果，哪怕更换相关关键词，依然不能在搜索引擎直接搜到该网站。由于 X 社区并未搭建自己的微信公众号，通过询问社区工作人员，才能找到其网站位于肖家河街道公众号"成都高新肖家河"中"肖+服务"栏目中的"其他"分栏处。网站入口位置较为隐蔽，增大了社区居民尤其是老年群体从线上寻求信息的难度，也导致网站上传播的内容普遍浏览量不高。

线上传播渠道的狭隘，不仅不利于信息的准确抵达与受众的有效覆盖，还与基层党组织应当充分密切党群关系的职能要求不对接。治理传播工作与基层群众脱节，那么基层党组织便难以了解掌握基层群众的心态与诉求，难以回应其期待与需要，违背基层党组织建立与奋斗的初心使命。

第二节　基层党组织传播力提升的创新路径

一、异态下基层党组织的危机传播与舆情应对

密切关注居民意见情绪和当地热点，及时发现社区和村庄中的问题并尽快妥善解决，是基层党组织在突发事件危机处置和舆情风险常态化管理中的重要工作。通常危机应对要求涉事机构在突发事件发生后，第一时间发声回应，第一时间处理问题，做突发事件的"第一定义者"。随着社交媒体的深度"自助"，网络舆情蔓延越加迅速，应对法则从"黄金四小时"转变为"白金两小时"，甚至还有"钻石一小时"的说法。这缘于网络舆论热点形成一般会经历"个别自媒体事件爆料—现场目击者事件直播—事件大规模扩散蔓延—深度挖掘舆论倒逼"四个阶段。在这样的过程中，前两个阶段是介入和应对的最佳时机，而且越早越好，趁着网络关键意见领袖还没有注意到该事件，网民们还没有大规模介入事件演进之中时，及时地进行信息发布和危机处置，从而把握事件的走向，引导网民对事件的界定和理解。

（一）基层治安网格化精准管控需要技术支撑更需要横向联动

"网格化"是对基层社会治理精细化、信息化、协同化的一个操作性概

括。在城市社区治理实践中的网格化主要是对以信息化为基础、智能化为支撑的居民需求和诉求把握的精细化和精准回应的部门协同化；在乡村治理实践中主要是科技支撑下公共安全的可掌控——以作为治理单元的网格为基础，整合治理资源、完善网格数据、构建响应机制。在此基础上，通过系统优化、职能拓展、能力再造，实现上下贯通、左右互通、内外融通，从而做到要素全覆盖、信息全采集、隐患全排查、宣传全到人，打造城乡统筹、线上线下融合、人防物防技防结合、打防管控一体的社会安全保障格局；同时，以源头治理为理念引领，在基层建立依法表达诉求、及时就地解决矛盾问题的机制，推动群众广泛参与，切实将矛盾纠纷解决在基层、解决在萌芽状态。

信息传递和共享的及时准确、事件应对和处置部门协同也都是网格治理的必然要义。这也就是说，技术设施设备再好再完备，也必须要人和相应的机制去运行。一方面，网格治理越是依赖信息化和智能化的技术支撑，就越是依赖掌握了相应技术的人和遵循该技术的运行机制，这就如同利用大数据需有谙熟大数据思维的工作队伍。而调研发现，很多地方的工作人员只会"守"视频监控，熟悉视频监控及其资料利用的技术人员即便在治安防控重点地区也少之又少，形成队伍和相应的机制也就更不现实。另一方面，网格治理的运行效果在应对和处置层面取决于职能部门的有效配合。即便是把网格治理窄化为基于视频监控和人工巡查的隐患排查和问题处置，也都有相应的责任单位。如果责任单位不止一个，就涉及单位之间的有效配合；如果责任单位只有一个，那也涉及履职履能是否及时有效。调研过程中，部分乡镇和街道办的综治部门工作人员说："我们的协调能力实在有限，但凡有比我们级别高的部门，很多时候也都是反映了就反映了。不理我们，我们也没有办法。"可以说，正是部门配合不力、横向联动不畅，影响了网格治理的效能发挥。

（二）危机事件处置亟须舆情研判的多维度综合分析

在舆情处置的经验法则中，很多应对策略往往都是"事后诸葛亮"，这会造成经验主义和矫枉过正。自媒体时代，面临突然而至的危机事件和伴随而来的舆论拷问，从事舆情工作的干部第一反应往往分为两种：大多数焦虑型的干部常会出现紧张和惊恐，并依据惯性思维试图对媒体报道进行压制和掩盖，抑或进行网络水军跟帖引导等。然而，面对舆情危机，这样的操作往往承受着空前的舆论压力，加班加点打硬仗，却难以取得令人满意的效果，甚至以失败告终。极少数淡定型的干部对舆情完全没有回应，要么自说自话，要么认为身正不怕影子歪，谣言误解都能够不正自清。事实上时间不能证明一切，却能够毁灭一切。对于涉事主体来说，遇到危机不应对，就意味着直接"缴械投降"。

上述两种应对状态都说明当前大部分宣传干部与危机事件只能算是"既熟悉又陌生"的关系。虽然对于舆情应对的各种操作手法已经非常娴熟，但对危机本身的认识还不够深入，难以看清危机事件的真实面目。这就导致了经验主义大行其道。但事实证明，过度依赖经验主义难以真正成功地应对危机。那么，突破这种被动局面就需要跨越一个现实问题：如何衔接"看得到"与"做得到"，因为从突发事件发生之后出现大量碎片化舆情信息，到制定与实施应对策略，这是一个由客观现实到主观思考的过程，中间是没有直接关联和衔接的，两个环节之间常会出现明显断裂。所以在现实层面，往往经验主义占据了主导地位，最终就会导致依据以往的经验进行被动应对。

在这样的现实背景之下，早在 2016 年 8 月，国务院办公厅印发的《关于在政务公开工作中进一步做好政务舆情回应的通知》中明确提出要建立健全政务舆情的监测、研判、回应机制，这突出了舆情"研判"的重要衔接作用，为危机应对实践指明了方向。有效的研判分析是撬动改变危机应对现状的支点。借助危机研判将舆情素材与应对策略进行有效衔接，最终使事件向着好的方向有实质性的转变。经过大量舆情危机的对比和分析，我们认为从"定性""定级""线上""线下"这四个维度进行综合把握，才是舆情研判需要具备的整体性思维，仅仅关注线上舆情是没有办法系统规避风险的。在舆情监测公司提供的舆情报告中，基本分为三部分内容：①舆情事件的简要概述；②与主题相关的信息分类，以可视化图表展现舆情发展态势；③重点舆情分析，包括主流或重要新闻媒体的评论、自媒体意见领袖、重点网民的观点和倾向性分析，进而对事件进行总结评论。

新媒体环境下，大数据为我们提供了工具性的捷径，但也形成了复杂而冗余的数据，呈现出非结构化的特征，反而增加了舆情分析的难度。① 这样的舆情报告丝毫不能为舆情研判提供重要的舆情线索和节点，相关监管和决策部门也就无法基于此对舆情事件做出定性、定级，更无法对舆情走势做出预判。这就需要负责宣传和舆情工作的党员干部从整体到细节地深入关注和全面把控，根据事件本身的主次矛盾和相关舆情的敏感点及走势，进行综合判断，迅速采取线上舆情处置和线下安置的相关措施。

首先，定性指的是抓住矛盾的根源，找到主要矛盾和次要矛盾。然而，危机事件的矛盾并不容易被直观发现，并且复杂多变，同一事件的矛盾在不同阶段都存在差别，并且容易扩散和转移。如果遇到"矛盾聚合"和"新闻搭车"，就需要研判分析其中最主要的矛盾是什么，进而抓住重点迅速解决主要矛盾，才能平息其他舆情。

其次，定级是测量和分析话题的敏感性。同一起突发事件，不同媒体的话题切入角度不同，事件呈现出的敏感程度就不同。当社会话题被贴上官员的标签，就会变成吏治舆情，被误解为"官员行为不当"或"官民冲突"而迅速发酵，在舆情处置时需要考虑的维度就必然要增加，并且需处理好定级与定性的辩证关系，最终决定由哪个层级哪个责任主体来发声回应。此时的舆情研判不是单纯依凭事件的定性就能完成，还需要根据敏感程度来定级。

其三，线下工作是了解相关群体的利益诉求，针对事件中的利益受损群体和利益攸关方的诉求，尽快妥善解决，这是最有助于快速平息舆情的路径。与组织线上水军相比，线下工作显然更加重要，组织水军反而会提升事件的热度，尤其是民族地区的新闻事件。

其四，线上工作就是通常意义上的舆论关注度和关注点，这一指标可以通过技术手段直观测量，但需要和线下工作及时互通，线下危机处置完毕，仍要关注线上舆情，尤其是实时评论动态，收集线上质疑的主要方面，回应人民关切。总之，不能仅仅"头痛医头、脚痛医脚"，要在舆情处置中综合辩证运用定性、定级、线上、线下四个方面来识别危机，从整体上分析把握危机事件。

---

① 刘小三：《"自媒体"环境下西藏地区的舆情呈现及其应对》，载《西藏民族大学学报（哲学社会科学版）》2017年第1期。

（三）基层党组织需建立联动意识，避免因责任主体单一回应引发次生舆情

在学界总结出来的大量舆情应对策略和原则中，"速报事实，慎报原因"的确是必须要遵循的重要法则。然而，社会所要求的"即时反应、迅速回应"，让人力资源有限的基层工作人员很难在极短的时间内做出科学、全面、妥善的决断。不武断、不冲动、不拖延、不乱说往往是需要极高的新闻发言人素养和技巧的。那么，"线下迅速处理，线上谨慎研判"就成为危机事件舆情回应的前提条件。此处的迅速反应行动并不完全等于迅速回应发声。我们采访的一位基层宣传工作负责人曾谈道：

如果发声，谁来发声，如何发声？如果回应，需要回应哪些问题？有没有确凿的证据和实锤自证清白？有没有有力的措施来妥善解决社会隐患和接下来的一系列问题？之前的所作所为有没有政策依据或合理解释？如果都没有，那你第一时间能回应出个啥？不引发次生舆情才怪。

还有陷入"塔西佗陷阱"的一些舆情，政府压根没错，或者不是你部门的问题，你回应即使说得清楚明白，但有人信吗？效果会好吗？会不会有理说不清，越描越黑？

社会问题就让关注社会民生的新闻媒体来发声，政府直接干预发声反而会引发第二轮质疑或次生舆情。但这不意味着基层党组织和宣传部门不作为，舆情来临，要动但不要乱动。怎么动？及时关注，实时跟进，深入研判，而不一定要立即发声，如果发声，发声层级也要与舆论事件的级别相匹配。

诚然，该工作人员对基层的舆情应对工作秉持着保守谨慎型的思路。我们可以通过近期发生的基层党员干部应对舆情和群体性事件的正反两个案例，来分析一下基层党组织面向公众发声和舆情应对应有的观念和行动。

1. "刘红英书记事件"的警示

我们将 2022 年 11 月社区书记刘红英遭网暴事件作为反面案例，并非指责刘书记作为党员干部在基层工作中的失职或失误，恰恰相反的是，我们看到越来越多在基层工作一线踏实勤恳负责的干部面对公众和网民进行信息表

达时，反而更容易引发舆情。其中，"认劳不认怨"和"缺乏舆情应对经验"是两大核心问题。河南郑州社区书记刘红英，因为在一次疫情防控新闻发布会上，分享了她在抗疫工作过程中，错过女儿18岁成人礼，但女儿却非常懂事发视频安慰妈妈的故事，而引发了网友的质疑和反感。这一声泪俱下的分享不但没有赢得掌声，反而被批评为"其脱离群众，小资情调，与千千万万老百姓为了生计绞尽脑汁的关注点不在同一轨道，不关注老百姓的冷暖安危，又卖惨搏同情"。通过这一事件，我们认为，基层党员干部在面向公众表达和发声回应时应注意以下原则：

首先，新闻发布会的内容要紧密切合发布会的主题。这一次新闻发布会的召开背景是郑州因为疫情"一刀切"、层层加码而被点名批评。然而，新闻发布会上安排刘红英书记发言的原因是其社会工作成绩有亮点。通过刘红英书记所在社区的工作成绩展示（连续三年没有疫情，出现首例阳性后迅速控制住没有蔓延），以显示郑州的基层抗疫工作还是卓有成效的。然而，在这样背景下召开的新闻发布会，其组织规划和内容安排者正确的态度应该是主动承担责任虚心整改，而不是让一位基层干部出来表功诉苦。这种基于表功诉苦的心态，也缘于日常宣传传播渠道建设的不足。工作过程中遇到的委屈、受到的误解等都在内部积累，并未在常态下得到有效的引导和释放。当危机来临时，便想借机释放所有委屈和误解，所以抓紧时间自我表彰，却往往适得其反。这种情况下，往往越说越错、越描越黑。

其次，媒介环境的边界越混淆，领导干部在表达和传递信息的时候就越要清晰，越要划清这个界限，明确自己的角色和定位。基层工作，虽然在线下是针对某一个社区，是有区域的，但是在线上，发声是面对所有网民和公众的，代表了整个基层政府的普遍形象。所以，线上线下要统筹，形成合力。新媒介是无孔不入的，互联网模糊了私人生活和公共领域的边界，但恰恰这个边界越模糊，公务人员在面对公众的时候，界限越要清晰。刘红英书记面对的这个群体是她工作当中的核心利益群体，就坚决不能与她的私人生活相混淆。老百姓需要情绪发泄的出口，如果一定要用自己的故事作为表达内容，那么一定要寻求与公众情感的最大公约数。

再次，危机传播管理的目标是平息舆情，并非不切实际地扭转对立意见。这种情况下不发声比发牢骚更可行、更有效。然而，刘红英书记心直口快，在事件发生后，又立刻在社区对此进行了理直气壮的回应。她在线下用大喇叭跟社区居民喊话的视频又被网友传上了社交媒体。回应的大致内容是，她不怕什么，也没时间去看这些负面的信息，重点还是社区工作。而且，她没做错什么，此前的发言稿已审核过，不是随口乱说的。这种被网友称为"硬刚"的态度再次引发舆情。

2. "肥西县委陈伟书记"的启示

2022年9月一段安徽省合肥市肥西县委书记陈伟在一线处置公共事件、直面群众问题的视频在网上迅速传播，引发网友点赞，称其为"接地气的好书记"。事件背景是合肥市"瑞泽园·一里洋房"小区有两千多户人，由于小区特殊的地理位置（处于合肥市肥西县和经开区交界处）以及历史遗留问题（土地是肥西的，房产证是经开区的），一些社会事务管理上存在权责不明晰的情况。由于小区物业公司不作为，小区环境脏乱差，居民对此颇为不满。陈伟书记的讲话视频具体内容如下：

> 我是肥西的县委书记，我叫陈伟。收到通知比较迟，所以我刚刚才赶到，如果大家觉得我对处理这个事情具有权威性，请大家耐心听我说一下。因为刚才在来的路上，相关的诉求我也简单地了解了一下。第一，物业的事情，明天就启动物业的更换程序。如果中间有管理的空档期，由我们县属平台公司国有物业公司过来接管，请各位放心。第二，酒店的违建问题。今天我们会连夜启动违建的认定程序，如果有违建，如果侵犯了小区的公共利益，明天就拆迁。当然前提是我们依法鉴定、依法拆违。第三，小区到物业外面平台停车的问题，如果侵犯了小区业主的公共利益，不允许私自停车，我们会在周围竖立禁止机动车停放的隔离或者是阻拦球。第四，小区管理权限的问题。因为这涉及跨区的业务协调，请大家给我一定的时间和空间好不好？我相信大家可以理解，我会专门牵头研究解决这个问题。如果大家相信我，我会尽快地按照刚才我讲的解决路径，把问题一、二、三、四都妥善地予以解决和处理，请大家放心，政府为人民服务！

在时长约7分钟的视频中，陈伟拿着喇叭在现场讲话，为群众处理问题。面对群众和手机摄像头，全程语气平和、思路清晰，通俗易懂地介绍政策，实事求是地为群众解决问题，现场掌声不断，避免了一场群体性事件。从这一舆情应对的正面案例中我们发现，舆情危机妥善应对和解决的关键在于两方面：

一方面，第一时间回应人民关切。陈书记的回应中没有官话套话和推脱的说辞，而是对小区居民的诉求一一做了回应。比如，物业的问题，理论上属于经开区管辖，但是他当天表态并没有说不归县委管，而是说将牵头联系，没有任何推诿的意思。他将所有问题和矛盾焦点的解决方案直截了当地摆在居民群众面前，切实印证了他最后一句的总结"政府为人民服务"。

另一方面，一把手的魄力和担当还需要更高水平的统筹能力和各部门的积极联动配合。矛盾问题的线下迅速处理才是真正解决问题的关键。老百姓的认可更重要的是缘于书记讲话当天，社区工作人员就通知要入户进行登记，启动物业更换程序。同一天，肥西县城管局就对涉嫌违建的酒店下达《责令改正违法行为通知书》，要求在 9 月 15 日之前停止违法行为。当记者与当地官员联系沟通时，当地干部表示感谢大家对肥西的关心和关注，回应道："我们正在着力处理书记在视频当中承诺的事项，也会很快地把办理结果以适当的形式对外公布。个人建议不要过多关注书记的视频，而是关注后续事情的处理。相关事项正在逐步推进，包括后续需要完成的一些事项。跟群众沟通，业主委员会成立，等等，我们都已启动。但是启动和最后形成一个实质性的结论性意见，中间还有一段过程。书记的承诺，我们肯定会在科学合理、依法合规的情况下，做到让群众满意。"

面对必须第一时间由政府来公布的信息，也不代表只要及时谨慎如实发布就可以完成任务，还必须在信息发布后实时关注民众的反应和舆情的走势。正所谓"舆情不在文章在评论"，新闻发布后，需要重点关注跟帖中偏负面的网友评论和获赞量处于前列的网友评论，然后收集问题的主要方面，分析研判其内容指向和价值诉求，进而有的放矢地策略性地回应网民关切。并且这种回应需要发动多方参与。在宣传工作中各部门保持联动形成合力是四川省甘孜州道孚县非常重视的。道孚县还建立了对外宣传报告和记者采访接待制度：凡涉及全局性的对外新闻宣传和县外媒体记者采访接待服务工作，原则上由县委宣传部归口负责并协调安排，有关乡镇、部门、单位予以配合。各乡镇、各部门、各单位应与新闻媒体保持工作联系，增强自主开展新闻宣传的意识和能力。自行联系县外媒体采访的，应事前2天报告县委宣传部，接受采访的乡镇、部门、单位的主要领导或分管领导负责接待，并做好记者采访期间的服务工作，县委宣传部予以配合。

二、常态下提升基层党组织传播力的多维路径

相较于充满不确定性的突发舆情危机应对，基层党组织解决常态工作中阻碍传播力提升的现实问题显得更为迫切。不论是涉及传播观念、内容的话语不对接，还是渠道狭隘、形式单一的信息传递矩阵与双向沟通的交往症结，问题并非独立存在而是相互交织影响的。

中国的社区党建不仅是党组织的建设工作，也是党链接社会的过程，其中"组织链接""资源链接"和"服务链接"是主要的三种机制。这为我们提升基层党组织传播力展现了新的视角与可能。为了更贴合当前不同社区治理的阶段、模式以及问题不同的社会现实，针对基层党组织传播力提升，在依据这三种机制的前提下，我们可以参考优秀社区案例，结合弊端困境建构出三条社区基层党组织传播路径：宣传动员式传播、资源协调式传播和文化服务式传播。当然，三条路径的分野也并不绝对，无论是单独参考还是复合运用，最终的行为还是应当基于各自社区对自我情况的充分调研与掌握的前提来开展。

（一）话语对接：基层党组织的宣传动员式传播

宣传动员式传播是指基层党组织在社区治理主体缺位情况下的组织动员式传播，体现为身先士卒带头引领。在日常化社区工作实践中，这种宣传动员可以通过两类工作开展。

一方面是将"人"当作传播力运作节点，以信息的层级流动实现高说服力、高覆盖率触达。中国共产党向来有着"党员发挥先锋模范作用"的传统，在一些治理主体缺位的情况下，基层党组织往往以意识感召与组织约束，促使党员发挥"带头作用"。在传播学中，对于关键意见领袖的相关研究也十分丰富，重要启示之一是在大众传播中人们往往对于认可的关键意见领袖所传递的信息信任程度高。同时，我们称基层社区中常见的关键意见领

袖为"积极骨干",其中又以基层党员居多。因此,基层党组织不妨通过对党员带头作用的强调,发掘与培育社区积极骨干,并依靠这些在居民群众中具备一定权威的传播"信使"开展人际传播——在信息传递的同时借助"信任效应"①增强信息的可信度,让基层党组织宣传入脑更入心。

另一方面则是结合各自社区实际居民属性,对党的意识形态教育以及党的方针、政策与决议这类主流宣传内容的传播形式、样态进行一定程度的"媒介化"改造。要讲好中国故事,更要讲好党和人民的故事。政治信息回避的行为已然是当前政治传播研究领域中不可忽视的现实问题,对于传统政治信息的传播方式不少群众也存在一定程度的抵触与刻板印象。这不仅不利于基层党组织在物质层面的信息传播,也不利于意识层面的教育涵化。直白的横幅口号和显眼的宣传海报对年长的居民群众可能有用,但对习惯于在移动互联网上工作、娱乐与生活的中青年群体则成效不明显。

因而,基层党组织宣传话语要对接群众就需要"落地化"改造。改造重点主要有两个:一是传播活动与形式要契合居民日常信息接收习惯;二是传播内容(尤其是主流宣传内容)要具备地理接近性与心理接近性解读。前者可以理解为"媒介化"改造,即将当前的基层党组织传播工作的信息发布传递放置于本地社区居民常用的媒介平台,简化人们获取信息的"阻力",如在年轻人多的社区大力发展线上信息宣传渠道,在以老年群体为主的社区则多多开展线下宣传,等等。同时,结合不同媒介平台生态适当创新内容呈现形式,而不是千篇一律地"原文转载"。而后者则需要基层党组织工作人员在信息发布时能够换位思考,多走一步。例如,将以往政策发布内容加上对于本社区居民具体产生的影响,或是在意识形态教育内容中选取本地案例,等等。基层党组织宣传多一步思考,居民群众理解就能少一分困惑,以实现对基层党组织传播工作的提效增能。

(二)信息整合:基层党组织的资源协调式传播

资源协调式传播是指基层党组织通过搭建平台,了解居民需求,将外部

---

① 信任效应指一种观点能否被信任并加以接受,与信息源的可信度密切相关,可信度高就会产生信任的强效应,可信度低就会产生信任的弱效应。

资源链接到社区，从而形成协同共享、联系密切的党群关系。基层治理的引领核心是基层党组织，但并不意味着基层党组织就是唯一发挥效用的组织。习近平总书记在党的十九大报告中指出，中国特色社会主义进入新时代，我国社会主要矛盾已经转化为人民日益增长的美好生活需要和不平衡不充分的发展之间的矛盾。放之于社区治理中，就是要求基层党组织积极调动各方资源，以满足居民群众的美好生活需要为目的，通过资源的优化配置促进协调发展。

在系统论的视野下，引入外来能量予以调节是对减少无序信息、降低独立系统"熵增"行之有效的一种方法。结合社区治理，不难发现当前基层党组织的传播工作，除了直面基层党员和群众，还能够向外链接社会组织、社工组织等构成基层治理重要体系的多元主体，即以基层党组织为媒介，搭建群众、党组织与他组织三方共享的信息资源平台。实现基层党组织传播矩阵与传播平台优化，有利于让资源协调达到效用最大化。

具体到日常实践中，基层党组织首先应当充分了解社区居民群众的真实、迫切需求，搭建受众信息反馈与需求收集平台；其次应当按图索骥，依据需求寻找提供对应服务的社会组织与机构，搭建社会组织与社工组织功能、服务的信息整合平台；最后应当畅通不同场域的双向沟通，以自身为媒介，搭建可以链接他组织资源与居民群众需求的资源协调平台。三大平台协作共生，匹配需求后高效筛选，得出最佳"他组织"选项引入社区治理，回应与满足居民群众期待，在这期间基层党组织承担把关角色，在多元双向的沟通过程里展现自身传播力与影响力。

（三）交往互动：基层党组织的文化服务式传播

文化服务式传播是指基层党组织对社区党群服务中心进行亲民化改造，将公共服务阵地链接到居民家门口，强化党组织面向群众的服务功能。"从群众中来，到群众中去"，党的群众路线要求基层党组织坚持人民至上的原则，大力提升服务人民的能力。为此，基层党组织应当在传播工作中着力打造基层党组织亲民、便民、利民、为民的好形象，更好地密切党群关系，提升基层党组织传播力。这要求基层党组织对从党员个体到组织形象，再到社区党群服务中心等空间场景都进行亲民化改造。譬如，通过规范化建设基层治理队伍，体现工作人员的专业素养；搭建综合服务网络，促进任务高效化运作；打造集健身房、音乐舞蹈室、书房、四点半课堂等多功能空间于一体的党群服务中心，提升场景使用效率与群众服务质量等。亲和力强、工作效率高等党组织形象的成功塑造，为社区居民提供链接到家的地理接近性与心理接近性，让群众遇见问题时不仅能找党，更愿意主动找党。

文化服务式传播除了形象的塑造，更是传播观念的转变。基层党组织推动公共文化服务高质量发展，应精准识别群众基本公共文化服务需求，根据社会经济发展水平动态调整文化服务标准，不断满足人民群众多样化、多层次、多方面的精神文化需求，切实提升群众对公共文化服务的知晓度、参与度和满意度。实质上这就需要基层党组织转变传播观念，正视群众的主体性地位与能动性需求。将近到家门口的社区场景到与移动互联网的远程沟通链接，在互动交往的双向沟通中实现自身与居民群众的协调共生、共治共享，基层党组织才能进一步针对不同类型特点的居民群精准传播，有的放矢地提升信息传达准度与效度，提供不同类型的文化服务产品。同时，基层党组织要不忘考虑群众中不便反馈需求的"沉默大多数"与不具备反馈能力的"弱势边缘群体"，增添需求反馈多元渠道，降低信息收集门槛，保障需求调研真实可信的同时增加对弱势群体的人文关怀。

文化服务不只需要积极回应群众主观需求，也要考虑其实际需要与党组织肩负的历史使命。互联网时代，信息洪流裹挟着人们的信息接触与选择，呈现出普遍的信息过载局面。为了应对外在难以计数的多元选择下的信息压力，人们主观上倾向于顺从内心喜好只关注感兴趣的内容，但是在平台算法推荐机制的客观影响合力下，这也造成了人们获取信息的渠道越发"窄化"，最终形成了"信息茧房"。而"信息茧房"结合所属社群的"回音壁"现象后，人们对于事件的认知往往会在不知不觉中被他人观点所建构。因此，基层党组织在文化服务传播过程中不能从不考虑居民需求的极端走向一味满足各类需求的另一个极端。根据社会规范与专家学者的建议，基层党组织可以选取多元化的文化信息服务，扩展文化样态与信息维度，开阔群众眼界，切实做到"发展为了人民"。

第五章　西部地区社工服务与城镇文明实践

2022 年 10 月 16 日，党的二十大报告指出："经过十八大以来在理论和实践上的创新突破，我们党成功推进和拓展了中国式现代化。"中国式现代化，是中国共产党领导的社会主义现代化，既有各国现代化的共同特征，更有基于自己国情的中国特色。全面建设社会主义现代化强国，既包括了东中部地区，也包括了西部地区。中共中央早在 2000 年就已发出西部大开发的号召，提出经过几代人的努力，到 21 世纪中叶全国基本实现现代化时，从根本上改变西部地区相对落后的面貌，努力建成一个山川秀美、经济繁荣、社会进步、民族团结、人民富裕的新西部。但如何建设新西部、需要哪些力量介入西部建设，很多学者提出把社会工作运用到西部大开发中，认为西部社会工作直接服务于西部具有良好的作用和效果。①

第一节　西部社工参与基层治理的实践探索

党的十八届三中全会明确提出，创新社会治理体制，提高社会治理水平，改进社会治理方式的重大战略任务。从"社会管理"到"社会治理"，

---

① 刘悦：《社会工作在西部地区的发展与研究》，载《学理论》2013 年第 19 期。

这不仅表明了党和政府在执政理念上的转变，还说明了从传统的、维稳取向的社会管理向社会治理转变的合理性。如何实现治理社会，成为我国社会建设、政府体制机制创新的重要课题。而提到基层社会治理，习近平总书记曾说："要加强和创新基层社会治理，使每个社会细胞都健康活跃，将矛盾纠纷化解在基层，将和谐稳定创建在基层。"基层社会治理，即面向镇街、村居（社区）及相关党政机关、企事业单位、社会团体和广大居民群众对共同生活进行的民主、公正、规范、有序的合作治理。基层社会治理，更强调民主参与、公平公正、协商包容等内涵，其中心任务就是通过优化社区治理主体之间的责任关系，培育社区居民的自主性、责任性和参与性，自觉投入到对公共生活的合作管理中来，将政府的公助、各治理主体的互助和居民的自助有机统一起来，以实现社区公共利益最大化的"善治"目标，促进社区和谐与发展。[①]

基层社会治理是社会治理的重心，而社区又是基层社会治理的核心。在改革开放前，我国社会组织的方式和社会管理的运行逻辑是"单位制"和"自上而下的社会管理"。"单位制"在城乡有不同的表现形式，城市的"单位制"由各级党政机关和企事业单位构成，同时还有一部分没有正式单位的城市居民通过街道和居民委员会（街居制）被组织起来；农村居民则通过"三级所有、队为基础"的人民公社被组织起来。这种社会成员的组织和管理模式十分有效有序，但限制了社会流动，制约了社会活力。改革开放以来，越来越多的人从"单位人"变成"社会人"，加之人员随着城镇化转型发展快速流动，"社会人"最终落脚到社区，成为"社区人"。[②] 在此背景下，社区居民对于城市公共配套、便民服务、社会治安等有关生产生活生态的多元需求会被反馈到社区，使社区成为联通政府和人民群众的桥梁，成为基层社会治理的主要载体，同时也考验着面对需求和资源不对等、城市治理不精细、新市民融入带来的矛盾隐患等诸多问题时，社区的应急响应能力和治理的效能。近年来，全国各地积极探索社区治理新模式、新方法，并取得重要进展。但在此过程中也暴露出诸多短板和弱项，特别是社区成员之间缺

---

① 李娟：《社区社会工作参与基层社会治理创新的探索研究》，2nd International Conference on Humanities Education and Social Sciences，2019 年。

② 龚维斌：《加强和创新基层社会治理》，载《光明日报》2020 年 9 月 18 日。

少交往交流、缺少社区共同体意识，对社区事务和活动参与不足，对社区的认同感、归属感不强，社会力量动员不足，直接影响基层社会治理的进程和成效，使具有强烈社会性和自治性属性的社区治理有名无实，服务居民群众的"最后一公里"难以通畅。

一、西部地区社会工作的发展历程

2006 年 10 月，中国共产党十六届六中全会做出《中共中央关于构建社会主义和谐社会若干重大问题的决定》，指出要"建设宏大的社会工作人才队伍。造就一支结构合理、素质优良的社会工作人才队伍，是构建社会主义和谐社会的迫切需要"。受此影响，2007 年起，伴随着社会工作专业教育事业的发展，具有专业社会工作服务资质的西部本土社会工作服务机构如雨后春笋加速成立。2008 年四川发生汶川特大地震。一大批社会工作者赶赴灾区，进行灾后的救援、辅导工作，帮助灾区群众缓解精神压力、修复社会功能、重建社会支持网络。此后，社会工作得到了井喷式的发展。因此，2008 年被誉为"社会工作元年"。自此，西部地区特别是四川，又掀起一阵注册成立社会工作服务机构的热潮。

2010-2012 年，是中国社会工作政策、理论、实务全面跨越式发展的两年。社会工作政策体系加快建立、组织网络逐步健全，社会工作服务不断深化、社工服务机构快速发展、专业人才队伍逐渐壮大。十八部委联合发布《关于加强社会工作专业人才队伍建设的意见》，中共中央、国务院印发《国家中长期人才发展规划纲要（2010-2020 年）》，十九部委发布《社会工作专业人才队伍建设中长期规划（2011-2020 年）》，世界社工大会在中国香港举行，社会工作国际论坛在深圳召开，首届中国社工年会召开等重大政策和事件的合力推动，不仅奠定了我国社会工作发展的制度基础，也为中国西部地区社会工作发展营造了有利的发展环境，开启了西部地区社会工作深入、全面发展的新阶段。

到 2016 年，经过 10 年的发展，西部地区社会工作无论是在制度建设和队伍培养上，还是在平台拓展和专业实践上，都取得了飞跃式提升，在提高社会服务水平、创新社会治理、推进社会和谐等方面发挥了积极作用。例如，四川省制定了残疾人社会工作服务和老年社会工作服务基本要求，成都市出台了社会工作专业人才薪酬待遇保障政策，重庆出台了社会工作岗位设置与管理政策，同时，中央组织部、民政部、财政部等有关部门连续三年选派专业社工到西部地区开展专业服务，通过计划项目的落地实施，积极支持受援地区和单位建构社会工作政策制度，策划社会工作服务项目，链接社会工作服务资源，培训本土社会工作服务队伍，加强同工督导和交流，带动了西部地区社会工作发展。另外，在资金保障方面，西部地区初步建立了以政府购买服务为主的社会工作投入保障机制。国家设立社会工作专业人才服务"三区"计划专项资金，民政部积极争取联合国儿童基金会、亚洲银行、香港李嘉诚基金会等合作项目资金 3000 多万元，重点支持中西部地区社会工作发展。[1] 云南、重庆、宁夏等地将社会工作服务纳入政府购买服务目录。成都通过福彩公益金支持社会工作专业人才队伍建设和社会工作服务项目，开展公益招投标、公益创投等撬动社会资金参与支持社会工作发展。

随着社会工作在西部地区的逐渐深入，社会工作在参与基层治理中发挥的作用也逐渐凸显。通过社会工作专业人才引导，挖掘社区中的热心人士，孵化社区群众自组织，支持居民骨干参与社区公共事务，增强社区自治功能。农村地区紧随其后，调动乡贤、返乡大学生参与新农村建设，强化民主协商议事机制，进一步推动农村地区社会资本的积累和转变。经过近十六年的努力，社会工作专业服务已逐步从中心城市拓展到边远乡村，从经济发达地区拓展到欠发达地区，从社会福利、防灾减灾、社会救助等传统领域逐步拓展到司法矫正、医疗卫生、新农村建设、基层社会治理等新领域。以四川成都为例，2017 年 9 月 2 日召开的成都市城乡社区发展治理大会，标志着城乡社区治理从"一核多元、合作共治"向"一核多元、共治共享"转变，也预示着社会工作将在基层治理领域发挥更显著的协同和支持作用。

---

[1] 民政部社会工作司：《十年回顾：社会工作的跨越发展》，载《中国民政》2016 年第 23 期。

二、成都城乡社区治理的机制演进

2017 年 9 月，成都市城乡社区发展治理大会召开，设立市委城乡社区发展治理委员会，就此拉开城乡社区发展治理的大幕。通过深入学习贯彻习近平总书记来川视察精神和有关创新社会治理的重要论述，认真贯彻落实党中央、四川省委省政府的决策要求，秉持古蜀文明蕴含的"善治"传统和革命建设时期的"红色基因"，面对推动城市转型的时代之问、满足群众需求的民生之问、破解治理难题的变革之问、实现长期执政的责任之问，积极聚焦改革破题、党建引领、配套保障、发展治理，探索出一条超大城市基层社会治理难题的"成都模式"，其实践探索经验具有参考性和借鉴性。

聚焦改革破题，构建党委统揽夯实基础的工作体制。加强党对基层治理的全面领导，成立市委城乡社区发展治理工作领导小组，在市县两级党委序列设立城乡社区发展治理委员会，履行顶层设计、统筹协调、整合资源、重点突破、督导落实职能。建立"保障＋激励"双轨并行的社区专项资金，让社区有资源有能力为居民服务。

聚焦党建引领，创新共建共享的治理机制。坚持"一核三治、共建共治共享"，构建以党组织为核心、政府领导、社会协同、以法治为保障的新型基层治理机制。创新找党员、建组织、优机制、抓服务、植文化居民小区党建"五步工作法"，充分发挥社区党组织动员作用。

聚焦配套保障，形成系统完备、支撑有力的政策体系。编制市县两级城乡社区发展治理规划，划分城镇社区、乡村社区、产业社区三大类型，构建社区服务、文化、生态、空间、产业、共治、智慧"七大场景"。出台"城乡社区发展治理 30 条"纲领文件，从制度层面提高党建引领城乡社区发展治理的规范化科学化水平。

聚焦发展治理，推动科学发展和有效治理相得益彰。实施老旧城区改造、背街小巷整治等"五大行动"和"三年计划"，构建三级社区服务载体，建设更新社区党群服务中心、新时代文明实践站，灵活利用社区公共空间，引导居民成立自治委员会，进行"民事、民议、民决"，激发社区自治内生动力，制定社区服务清单和社区发展清单，吸引社会组织、社会企业、社区企业等主体承接服务，开发"天府市民云"APP，集成各类市民服务 192 项，服务市民超 1 亿人次。①

通过探索实践，成都市党建引领城乡发展治理机制日趋成熟，市民获得感、认同感、归属感明显增强，"城市有变化、居民有感受、社会有认同"的治理目标得到中央和省委的肯定。党组织领导的城乡社区发展治理并不是突然产生的，而是经过了长久的孕育，并一直贯穿融合于成都基层社会治理机制的改革实践中。也就是说，成都城乡社区发展治理的脉络与城乡基层社会治理的发展脉络是相联系的，二者无法割裂。回顾成都基层治理机制改革实践，大致经历了从实践创新到制度创新的过程，共划分为四个阶段。

第一阶段：探索新型城乡基层治理（2003 年至 2007 年）。走在政治体制改革前沿的成都市在加强基层民主政治建设实践中，开拓出了一整套基层民主政治建设的制度体系和实效机制，而主要的做法就是开展以民主选举为主的基层治理创新实践。全面推行的公推直选，增强了基层民主选举的实效性，所有社区干部由居民公推直选产生。该制度还延伸到了居民小组长、居民代表的选举中，充分体现了广大居民的意愿。

第二阶段：基层治理的法治化保障（2008 年至 2012 年）。在肯定积极进展的同时，不可忽视的矛盾和问题——如农村党组织和村民自治组织的冲突、村民自治和乡政管理的冲突、社区自治与民众主体意识的缺失、基层政改的法律法规不健全等——也制约着成都市基层民主政治建设向纵深发展。2007 年国务院批准成都市设立全国统筹城乡综合配套改革试验区。2008 年成都加快了村（居）民议事会制度的探索，针对全国普遍存在的自治难、召集难、参与难、监督难等问题，以还权赋能、村（居）民自治为基本原则，以创设村（居）民议事会为突破口，以加强和改进基层党组织领导方式为关键，搭建了群众经常性参与基层治理事务的平台。在实践的过程中，成都在城市社区先后印发《成都市城市社区居民议事会组织规则（试行）》《成都市城市社区居民议事会议事导则（试行）》《成都市城市社区居民委员会工作导则（试行）》《加强和完善城市社区党组织对社区居民议事会领导的试行办

---

① 《成都城乡社区发展治理探索与实践》，载《民生周刊》2020 年第 1 期。

法》等一系列重要文件，不少乡镇也根据实际制定了许多规章制度，使得基层工作有法可依、有章可循。

第三阶段：基层治理机制发展完善（2012 年至 2017 年）。2012 年出台的《城乡社区治理机制建设实施纲要》，2016 年出台的《关于深化完善城市社区治理机制的意见》，标志着成都城市社区治理的制度化。经过多轮调整改革，成都城乡社区发展治理格局深刻重构，形成了以"一核多元、合作共治"基层治理机制为基础，以"政府主导、多元供给"的社区服务机制，"居民主体、三社联动"的社区参与机制，"大联动、微治理"平安社区推进机制为支撑的制度体系。①

第四阶段：基层治理机制深化提升（2018 年至今）。党的十九大明确提出要加强社区治理体系建设。成都始终将社区发展治理视为城市发展改革的"一号课题"，构建城乡发展治理新机制。成都在全国率先设立市县两级的城乡社区发展治理委员会，由常委、组织部部长兼任主要负责人，梳理条块关系，统筹理念政令，明晰权责内容，建立了包括 42 个市级职能部门参加的协同联动会议制度和统筹调度规范，启动了全国首个市级层面系统编制的"路线图"——《成都市城乡社区发展治理总体规划（2018－2035 年）》。与此同时，成都夯实党在城乡社区的底层基础，强化城市跃升发展的底部支撑，被中组部纳入"全国城市基层党建示范引领行动"示范城市。

第二节　社工机构参与基层治理的传播模式

一、基于双向传播的"政社"关系转变

社工机构参与基层治理离不开与政府相关的制度环境，包括现行的政策

---

① 赵和岗：《成都市城市社区党组织领导城市社区治理研究》，西南交通大学硕士论文，2019 年。

环境、资源供给和服务需要等方面。例如，政策制定的一般程序、政策文本内容的相关规定、政府和部门之间的协调机制、规范性和文化认知性要素、相关的活动和各种人力财力、政府需要专业社工机构提供什么样的专业服务内容等。在当下的基层治理实践中，专业社工机构与党组织和政府的关系正在经历由分隔到互洽、从单向到双向的转变。

以往的基层治理体系中，党组织与政府担负起绝大部分基层事务，实现自上而下的单向管理，而专业社工机构未能够接入和下沉到基层，因而"政社"关系呈现出二者职能和服务范围的分隔状态。专业社工机构与党组织和政府的互动仍停留在政策规定对专业社工机构发展的单向影响层面。

当专业社工机构有效嵌入基层治理体系之后，便打破了党组织与政府同专业社工机构相互分隔的状态，由单向管理向共治共享转变，将党组织和政府的治理需求与社工机构服务相对接，实现了二者的接洽和互融，推动基层治理的实际效能踏上新的台阶。由此，"政社"关系也从以往的单向影响转化双向互动：党组织和政府厘清自身职能范围，罗列需求清单；专业社工机构打磨专业化服务流程机制，同需求匹配，提供高效服务。这一"提出需求－提供服务"的过程凸显了社工机构在基层治理中的主体性，完整了双向传播中平等对话的意涵，最终也实现了党组织和政府同专业社工机构在基层治理中职能落实与社会服务的双重价值。

具体到社区治理当中，基层党组织是社区治理的领导核心，这是保证社区治理正确方向的根本。社工机构作为在党建引领下成长发展起来的新社会组织，可在基层党组织服务居民的过程中起到党群连接融合的桥梁、纽带和黏合剂的作用，更利于加强党群间的正向沟通，避免和缓解服务过程中的矛盾，以应对城乡二元结构中出现的新情况新问题。从下文中成都市郫都区郫筒街道书院社区的案例可以发现，社工参与的"党建＋服务"模式，可以凝聚共建共治共享的强大合力，既提升基层党组织的活跃度，也赋能基层党组织夯实党建基础。

（一）作为桥梁：为基层党组织的现实困难提供解决渠道

专业社工机构的桥梁作用主要集中在基层党组织服务群众这一过程的起步阶段，目的是实现基层党群关系从无到有的阶段性转变，为基层党组织解决现实问题提供了成熟高效的渠道。

成都市郫都区郫筒街道书院社区历经行政区划调整，产生了党组织变动和并入，面临着急需解决的四大现实问题：一是新转入的党员参与党建事务和活动的积极性不高、对党组织的归属感不强；二是社区原有的党建活动，局限于传统的"三会一课"党员参与形式，不利于党员主观能动性的发挥，一定程度上也阻碍了居民骨干的参与，使居民骨干参与治理的渠道和机会相对受限；三是原部分共建单位作用发挥不明显，未深入社区回应民需、为民服务，联盟共同体流于形式；四是党建引领的核心作用还未得到充分发挥，居民部分需求未得到及时回应和满足，还需进一步加深各院落（小区）支部与居民之间的融合，使各支部发挥抓手作用，做好基层党委的侦察员和宣传兵。

面对现实的困难，书院社区联合成都市郫都区优力课社会工作服务中心，量身定做了"双找凝新·一强聚力"党建项目。项目的目标和书院社区的需求相契合：做好党建夯实基础，通过党组织的力量，带动辖区众多企事业单位、商家、学校，形成合力，助推社区发展。

（二）作为纽带：强化基层党组织对群众的核心引领和带动作用

专业社工机构的纽带作用主要集中于基层党组织服务群众这一过程的起效阶段，目的是发挥基层党组织对基层群众的牵引带头作用，即通过社工服务的具体化流程落地实施，加大"牵引系数"，从而强化基层党组织对群众的核心引领和带动作用。在书院社区的党建项目中，社工参与的"党建+服务"模式，从理念、组织和行动者三方面入手，以服务为魂、以党建为媒、以党员为核，打出了先锋的鲜明旗帜，强化和展现了基层党组织扎实的引领力和带动力。

1. 以服务为魂，实现了党建理念创新

党的建设，是一项永远服务人民的事业。书院社区的党建项目勇于拓宽党建思路，以"党建+服务"的思路整体引领、联动，使党员始终践行在服务中进行党建的理念，积极参与社区服务和治理事务。与此同时，该项目还明确了"先锋书院·红心向党"的整体目标。先锋，可理解为无论是基层党

组织，还是书院社区的每一位党员，都要力争优秀、勇立潮头，成为先锋表率，做时代的瞭望者、人民的守护者；向党，则表示一颗红心永向党，表达了以党建为媒、服务为魂的多元主体参与社区治理的使命和目标，从而形成党建事业共同体。这个共同体，最终落脚点即为回应群众所需所盼，解好新时代基层治理和服务难题，以"先行示范"的使命意识，努力创新和实践探索党建引领下基层治理新格局。

2. 以党建为媒，夯实了党建共建基础

一年项目周期内，书院社区党委与辖区内外 15 个两新党组织、成都工业学院 8 个院系党组织、16 个学生党支部、2 个社会组织支部结对共建，联动爱唯稚蒙幼儿园、瑞禾英语、瑞安口腔、利民汇生活超市和一心堂药房等在地商企深入共建共治，共开展共建项目 1 个、合作活动 10 余场、互访互学 5 次，夯实了"一院落一支部"基层党建和"共建共治共享"的两新党建基础。

3. 以党员为核，巩固了党建人才队伍

项目以志愿服务为依托，通过践行党员"三问三亮三带头"机制，切实履行党员责任，发挥先锋模范作用。新冠肺炎疫情期间，充分动员党员加入社区疫情防控志愿者队伍，协助开展入户登记、门岗检查等工作，为群众拉起一道稳固的生命防线；成立"书院安全卫士志愿者服务队伍""廉政宣传使者志愿队""先锋书院书画志愿队伍""先锋书院研学团"等 6 支志愿服务队伍。党员骨干在"社区微更新 Talk Show""邻里节""消防安全进小区""安全小卫士""廉韵沁鹃城"等公共事务和志愿服务活动中，积极献言献策，推进社区"微更新"建设，带头策划执行小区活动。党员骨干与志愿者们始终践行在服务中进行党建的理念，真正做到了全时服务、尽心服务，夯实了书院社区党组织的人才基础。

（三）作为黏合剂：促进基层党组织内部团结和党群密切联结

专业社工机构的黏合剂作用主要集中于基层党组织服务群众这一过程的成果阶段，其目的是促进基层党组织与基层群众之间群体关系的联结与互动，依托社工服务的具体活动开展，催化和加速群体关系的变动，拉进群体内部和群体之间的生理和心理距离，从而促进基层党组织内部团结和党群密切联结。

1. 破冰：实现基层党组织内部的认知、认可和认同

书院社区的组织变动和并入为其基层党组织引进了新转入党员，组织内部的群体构成发生变化，而专业社工机构以破冰为核心，指引新转入党员通过活动产生融入感、归属感和认同感，实现其对基层党组织内部的认知、认可和认同。

首先，要提升新转入党员的融入感，就需要以活动为载体，加强他们对新社区和新基层党委的认知。社工通过与海骏达一、二院落党支部和龙湖二期院落党支部、书记的多次沟通联系，初步掌握了新进支部和党员情况，策划鹤鸣山团建活动，以破冰游戏、协力合作、登山挑战、攀爬速降等体验环节，促进了书院党委班子与新进支部党员们的联系，并使其了解了社工的服务，吸引年轻党员关注社区，融入社区工作。

其次，要让新转入党员产生归属感，就需要丰富组织生活形式，激发其主动性。书院社区党委联合优力课社工，先后开展了"蚕桑研学""社治研学""劳作研学"等系列研学活动，将新时代党员教育与社区治理紧密结合，充分调动了年轻党员参与的积极性，丰富了组织生活的形式，拓宽了组织生活的外延，以"团建"带"党建"的方式进一步增强了书院党组织的凝聚力和向心力，进而提升了新转入党员对基层党组织的认可度。

最后，要让新转入党员产生认同感，就需要在提升主动性的基础上激发他们的自发性，鼓励他们自发在思想和行动上向基层党组织靠拢。在思想学习方面，书院社区党委创新党课模式，以线上线下结合的方式，开办先锋书院党课，拓宽了党员参与学习的路径，党课内容也不仅仅局限于党史、文件、条例的学习，而是结合党建引领社区发展治理的时代背景，以党员和居民感兴趣的内容和话题为切入点，如任义松抗疫故事会、儿童性教育课程、民法典解析、一中老师聊端午等，均是从党员需求出发，结合时事开展，推进了"两学一做"学习教育常态化、制度化。在行动方面，优力课社工成功挖掘到社区核心党员和骨干成员 29 名，组建了一支"先锋书院研学团"，研学团成员积极参与研学活动，朝着"先锋书院·红心向党"的目标更进一步，最终实现对基层党组织的高度认同和积极贡献。

2. 下沉：实现基层党组织与基层群众的联系、联结和联动

在项目执行中，优力课社工以服务居民群众为出发点，以"下沉"为最终落脚点，让基层的党员通过社区平台"三问三亮"，参与到社区服务中，逐步推进基层党组织与基层群众从联系到联结再到联动的关系深化。

首先，项目始终围绕居民需求，运用"党建＋服务"的工作思路设计应民所需的服务活动，吸引基层群众参与活动，为基层党组织和基层群众初步搭建联系。通过"党员带头·志愿结合"，党员深入参与特色街区便民服务活动的策划、执行、志愿服务等各环节。在开展的 7 次活动中，共 1000 余名居民、100 余名党员参与。

其次，项目活动以小区为依托，在空间上和活动中实现基层党组织和基层群众的双重联结。优力课社工将活动向小区倾斜，使党建阵地资源共促共享，以期通过服务下沉，在助力小区支部的同时，又能实现服务精准化、覆盖广泛化，使各小区支部发挥抓手作用，提升联系群众、为民服务的意识和能力。在龙湖小区"邻里节"活动中，老党员主动牵头策划开展此次活动，协助搜集居民意见，联系表演队伍。类似的活动不但展现了居民丰富多彩的文化生活，更锻炼了书院社区党员的综合能力，进而促使社区党员将这种能力投入为基层群众服务中，实现党员与群众的密切联结。

最后，项目通过前置活动的铺陈，激发基层群众的主动性和主体意识，化被动为主动，实现对党建活动的全程参与，与基层党组织双向联动。比如，围绕廉政文化和睦邻友好两大主题的"睦邻话初心，廉韵沁鹏城"主题游园活动，在前期就得到社区书画爱好者的积极响应和大力支持。他们无偿提供字画，把爱国爱党的理想信念和崇廉拒腐的廉政理念生动、形象地展示出来，描绘了居民积极参与互动共建、凝聚社区邻里温情的党群亲密联动画卷。

二、基于两级传播的"市社"关系黏合

专业社工机构所处的市场环境关涉其开展社区治理行动的稳定与效率。市场环境通过资源优化配置、产品营销、供需关系，对社工机构形成一种行

动指导、规范制约和相对稳定的利益分配格局，并通过与社工机构的交织互动，形塑社工组织的行动逻辑。具体说来，一方面，专业社工机构作为市场的一部分，其正常运行发展需要遵循内在的市场逻辑，通过提供服务指向其经济价值的实现；另一方面，专业社工机构身处市场环境之中，对各种市场资源的触达具有较高的接近性，通过引流和整合社会资源指向其社会价值的实现。

此处所提及的两级传播是对拉扎斯菲尔德两级传播模型的映照，社工机构作为市场和基层群众之间的一级，在资源与服务向基层的流动中发挥作用。一方面，社会资源经由社工组织的触达、筛选、整合最终到达基层治理的实践当中；另一方面，社会服务经由社工机构的优化、细化、流程化最终到达基层治理的实践中。此外，在后者的发展进程当中，能够出现真正意义上的两级传播，社工组织能够在社区当中挖掘和培养骨干人员和积极分子，以培育发展居民自组织作为意见领袖和行动队伍代替社工的职能，实现社区内部的有序运转。

（一）社会资源的倡导者：触达整合社会资源

基层治理要求社区与时代发展和社会变化接轨，需要社工机构作为社会资源的倡导者从市场走向社区，站在市场角度为社区触达各类周边可供建设和使用的资源，进而作为市场和社区的交流通路，实现社会资源同居民需求的有效对接。

1. 多元融入：吸纳国际人才，转化在地资源

在全球化时代，基层社区的人口结构和文化样态已发生变化，越来越多的国际化社区涌现。在社区这个相对较小的地域范围内存在跨越性较强的文化差异，如果处理不当可能会造成文化冲突。因此，如何处理多元文化之间的关系，如何让不同国籍的人员融入本土生活成为社区治理的现实命题。对社区治理来说，这既是挑战也是机遇，专业的社工机构能够立足于国际化社区的特性，引导基层组织转变治理理念和工作模式，吸纳国际人才，转化在地资源，打造多元文化生活圈。

（1）吸纳国际人才，融入社区生活

以郫都区郫筒街道的双柏社区为例，通过引入专业社工机构，持续进行

服务手法和治理理念的更新，建成接纳多元文化的"温情双柏"社区。据初步统计，社区内常住外籍人士 210 余人，以来自京东方、华为、富士康等企业的韩国、美国、新加坡和欧洲国家的外籍人士为主，人口结构呈现多国籍化，社区文化呈多元化。

因此，社工机构同社区组织以"国际社区·家在双柏"为主题，整合社区涉外服务资源，成立双柏社区国际友邻服务中心，积极为辖区国际友人提供温馨、精准的个性化服务。例如，举办国际友邻文化节，推动国际友人更好融入社区；开展对外汉语学习，深度服务电子信息产业人才；举办"双柏看世界·世界看双柏"国际友好家庭夏令营，向 18 个国家的 36 名大学生志愿者深度展示开放、品质、包容、创新的成都国际化社区精神、温馨体贴的社区服务和社区居民的"巴适"生活，让很多外籍大学生志愿者向往成为"蓉漂"；积极倡导双向服务，通过志愿者认证、名誉委员聘任等多种途径，搭建辖区各国籍居民参与社区治理的良好平台，营造"包容、开放、接纳"的国际化生活社区。

此外，桐梓林社区也吸纳了外籍人士参与社区公共事务，并且举办了中外邻里议事会、中外俱乐部、各类培训和文化交流、慈善义卖活动等丰富多彩的活动，促进了外籍人士在本土的融入。在桐梓林社区党群服务中心内，有两位"洋"助理：一位叫约翰，来自美国；一位叫陈嘉敬，来自马来西亚。他们在接待好外国居民、处理好日常事情的同时，还会主动向社区的其他境外人员宣传中国的法律法规，帮助他们尽快适应在成都的生活。社区党群服务中心作为重要平台，不仅赋予了外籍人士自主提事、按需议事、民主评事、跟踪监事的议事权力，还聘请他们担任社区主任助理，建立信息互通机制，满足了外籍人士参与社区公共事务的需求，培养了外籍人士对社区的归属感。

（2）转化在地资源，丰富生活体验

基层治理不仅要与国际接轨，同样要立足本土的地缘特征和社会关系，最大化利用在地资源，让资源与需求高效对接，丰富社区居民的生活体验。例如，成都市郫都区郫筒街道双柏社区通过创新社区合伙人服务机制，找到了与合作单位互利共赢的切入点，实现了社区精细化、多元化服务目的，在基层党组织的统筹领导下，实现"一核多元、共建共享"的协同治理效果；

天台社区通过发挥社会工作专业优势，就地整合商圈资源，以"商圈＋社企"助推社区经济发展，取得了治理与发展双效俱佳的成绩。

根据双柏社区的人员构成和生活需求，社工机构和社区组织吸引 30 余家驻区企事业单位、商家参与辖区共建。双柏社区根据成都市郫都区党群服务中心"三化"建设的指导意见，按照空间标准化、服务规范化、运行常态化的要求，对双柏社区党群服务中心、双小柏共享厨房进行升级改造；积极寻求小区闲置公共空间，以参与式的理念与居民共同打造"党群微中心"，实现具有双柏社区特色的"一芯两翼 N 中心"的党群服务格局；同时，利用公园和综合写字楼闲置空间，结合已有的邻聚 e 站定位，分别打造具有时尚、现代、自主参与元素的创智 e 站和党群 e 站共 5 个"细胞式"布局公共空间，采用"社会企业（社区合伙人）＋公益"的模式，实现空间的精准服务定位与持续运营，以及社区 15 分钟 2 公里便捷生活服务全覆盖，营造便捷生活社区。

2. 生态共建：党建共联、商圈共融、居民共享

国内市场的蓬勃发展催生和回应了居民多层次多样化的生活需求，具体到社区治理就要求社区组织同社工机构调动各方主体的活力，在市场聚集整合多样化的资源，共同建设社区生态，让各方主体都能共享发展成果。

以成都市郫都区郫筒街道天台社区为例，它作为典型的商圈型社区，其辖区内商业资源丰富，各类商家机构云集，极具城市热力与活力。社区现有常住人口 1.2 万余人，外来人口较多，以"新郫都人"群体为主，物业院落 6 个，写字楼 8 栋，大型商业综合体 1 个，商户楼宇企业近 700 家，所属行业业态丰富多样。在基层党组织、企业商家、社区居民和社工机构的共同努力下，逐步建成了一个党建共联、商圈共融、居民共享的商圈社区良好生态。

（1）党建共联，实现社区党建和商圈党建同频共振

天台社区是创建于 2020 年初的"少年社区"，书记、副书记都非常年轻，充满朝气与活力。社区党组织成立后，干部们就很快分散开来，进小区，进商区，体察民情商情，汇总信息，研究制定在党建引领大原则下因地制宜的工作思路和措施。

天台社区以党建共联为工作指导，创新商圈党建模式，实现社区党建和

商圈党建同频共振。2020 年 6 月，天台社区创建商圈党建联盟。通过商家主动联系与社区筛选，首批吸纳 13 家联盟成员。成员进入联盟后，联盟又以承诺书的方式，形成商家行公益、社区行方便的"契约"。遵循规则、参照制度，使得商圈党建联盟能较好地进行规范化运行。"商圈党建联盟"项目运行前期，天台社区选择了蜀都万达商圈党支部、乐山市商业银行郫都支行党支部和商家代表橘乐堂打造了首批商家共建点，成立了"天台会客厅"。"联盟共建点""户外劳动者暖心站""便民服务站"，"天台会客厅"的这些功能为商圈服务拓展出了更多元、更丰富的场景，让社区服务更贴心地走进商圈，让商家可提供的公益服务有内容、有温度。

（2）商圈共融，实现党建助商、党建聚商、党建兴商

社区依托商圈市场，开设了天台市集。市集通过"社治综治，双线融合"的方式和空间的固定性，将不规范的游商散商变为规范商户，改善了城市管理秩序的同时，为有灵活就业需求的残疾人、就业困难人群提供公益市集摊位。截至 2022 年 5 月社区通过市集服务，已持续造血十万余元，反哺社区发展与社区公益，实现党建助商、党建聚商、党建兴商的目标，助推社区发展。此后，在组织构架下，在社工的持续赋能和资源联动下，社区积极为企业商家搭建平台，以丰富多元的活动为载体，为商圈党建联盟商家成员提供企业形象宣传、品牌打造等服务。天台社区及社工通过联合开展社企共建活动和品牌系列活动，最大程度带动企业商家积极性，并不断满足社区居民的文化和生活需要。

（3）居民共享，提供优质服务和共享空间

天台社区发现有许多商家都主动想与社区开展服务青少年儿童的公益活动，这同时也是拉近居民与商圈关系，引入针对性服务的机会。于是，天台社区针对这一情况设置了小小系列活动，与联盟商家合作开展针对天台社区青少年儿童的专项服务，目前已开展"小小银行家""小小安全卫士""小小画家"等活动。

现今，天台社区与商圈党建联盟成员企业已共同打造了商圈党建联盟党群服务 e 站、天台市集、运动角、美空间等多个居民服务共享新空间、新载体，联合开展了"舞动简城"总决赛、"'筒'一个梦"少儿星汇演等活动100 余次，不断为社区居民提供优质服务，丰富居民生活。联盟为企业打开

了品牌宣传和推广的窗口，群众又享受到了有益于个人和家庭成长的服务，三方共益的基础点，正是联盟党建生态圈构建的核心点。

（二）社区居民的赋能者：培育发展居民自组织

基层治理要求社区改善活力激发方式，需要社工作为居民的赋能者走进社区，去挖掘热心骨干，积累社会资本，激发社区居民的活力，形成社区的内生力量。骨干的培育成为早期社会工作者参与社区发展治理的重要手法，等居民成为治理的主角，形式由服务变成居民组织化，社工便逐渐退出，转向更大场域中的资源调动和整合，以助推居民自组织的治理能力和成效深化。

1. 从无到有：引导建立居民自组织

在社区治理和服务提供过程中，社区活力的激发首先是基于社区内部活力的发掘和运用。社工机构走进社区治理，在为居民赋能之前首先要挖掘居民自身已有的能力和活力，引导社区内的热心骨干和积极分子建立居民自组织，为社区服务贡献力量。

（1）挖掘居民自身活力，借用意见领袖的力量

在社区公共活动开展中，"居民骨干"发挥着"意见领袖"的作用。实际上，居民骨干的参与是调动居民参与积极性的重要力量。在活动范围相对小、人员关系相对紧密的社区，人际传播比大众传播的作用更显著。由居民骨干发动社区居民参与活动的措施不仅效果好，而且能够节省工作人员的时间和精力，提高活动开展效率。而居民骨干的形成与社区人口结构关系密切，往往是常住人口比重较大、流动性相对较小的社区具有形成居民骨干的基础。居民骨干作为"意见领袖"，其信息传播所辐射的区域还可以超越本社区的地理范围，由其他人际传播的方式为更多市民提供信息。

因而，要借用社区内居民骨干的动员能力，形成围绕在社区基层组织和居民骨干周围的两大居民圈子，来缓解社区基层组织人力资源匮乏的现实问题，这也是通过"二次动员"来汇集社区基层人力资源的长效机制。例如，天台社区结合重阳节、华宇睦邻节开展志愿服务活动让社区党员服务居民，开展团建活动加深天台社区党员之间的联系。通过协同不同主体加入行动，使多主体行动以党建价值、党建工作为中心展开，在潜移默化中传达党建工

作的重要意义，扩大治理效能，发挥集群优势，这是结构性嵌入的作用指引，为下一步自主性发挥服务功能奠定基础。

（2）引导居民建设自组织，扩充行动队伍

一方面，以现有的自组织吸纳居民骨干，主要是对志愿队伍的扩充。例如，蜀源社区坚持"精神奖励为主，物质奖励为辅"的原则，通过"社区＋社工"的头脑风暴，共同确定并逐步完善志愿者积分奖励机制。积分奖励机制的实施，促进和加强了现有志愿者的激励和统一管理，使志愿者形成了良性的长效互动，也进一步激发了群众的自治活力。越来越多的居民参与到社区公共事务中，形成了一支强有力的"在路上"志愿服务队，助推形成"蜀源爱卫日""把爱送进社区"等品牌志愿服务项目。此外，在双柏社区还涌现出了八旬老人陈爷爷、詹姆斯叔叔、"90 后"立夏姐姐、致力于中日文化交流的青木克裕先生等网红志愿者，展现了居民参与社区公共事务的热情，也扩充了基层治理的自发行动队伍。

另一方面，深度挖掘居民骨干的能力和居民需求，引导居民建设自组织。例如，蜀源社区通过挖掘并联动社区的骨干成员，推出"靖善乡邻"互助系列活动，调动社会资源，从生活互助、志愿互助和情感互助这三个方面设计开展系列化、常态化的邻里互助服务活动。利用社会资本与居民的特长和优势逐步形成自组织型队伍，并且对困难群体形成稳定长效的服务方案，助力社区着眼于居民内部生活服务秩序的构建。

2. 从有到优：培育提升自组织治理能力

在引导居民建立和扩大自组织的基础上，社工机构要进一步承担居民赋能者的角色和责任，以自身的服务经验、成熟的流程和专业的技能为依托，培养居民自组织的持续学习机制，进而提升居民自组织的能力。

（1）培育能力：社工机构指导居民自组织持续学习

例如，郫都区蜀源社区尤其注重对志愿者的培育和能力提升，依托社工服务项目，不定期组织开展志愿者讲座、实训课程，邀请专业人士对志愿者进行政策法律、服务心理、互助意识等方面的培训。庆云社区同样注重培育青年骨干力量，带领青年深度参与社会治理。例如，在特色街区打造过程中，招募城市青年合伙人，收集少先队员"金点子"；发动 100 余名共青团员加入青年突击队，坚守在每一个疫情防控点，参与疫情防控、调和邻里矛盾、摆放共享单车、文明祭祀宣传等志愿服务；发起品牌项目"指尖上的爱"，由志愿者老师指导青年志愿者编制爱心围巾、毛毯、摆件等 300 余件，给辖区老人以及困难群众送去冬日温暖。庆云社区共策划开展青少年志愿服务 110 多场，覆盖近 5000 人次。

（2）培育环境：社区资金资助居民自组织发展

双柏社区同社工机构以"魅力双柏·温情社区"为主题，整合社区企业商家资源，建立居民可自我管理、自我使用、自我筹资的推动社区发展的社区 e 基金，有针对性地资助社区居民自组织成长，实现社区组织"活动项目化、项目组织化、组织公益化"。例如，创设"可食地景""美好生活实验室"等居民广泛参与的公共项目和议题，开展"居民剧场""分享菜·传递爱"等各类公益活动，吸引了一大批社区居民成为参与者、组织者和服务者；依托双柏社区良好的在地资源与公众动力，以"魅力双柏"为基础，开发社区文创产品与衍生产品；推动居民参与进行"印象·双柏"手绘明信片设计开发，社区 LOGO 与吉祥物设计与开发，进行社区之歌、社区宣传 MV 拍摄与制作；创新主题文化活动策划，开展社区公益节、社区邻里节等品牌活动，推动社区发展成为具有情感联结、地域认同、文化凝聚的生活共同体。

此外，郫都区德源街道馨美社区组织辖区基层自治组织申请微公益创投，通过自主申请、提交、答辩、社区终审的形式对提案项目给予资金支持。社会工作者在执行项目的过程中开展活动带领技巧、资源筹措、机构组织内部管理、财务管理、项目评估等培训。这一活动引导自治组织由自娱自乐型往关注社区事务型方向转换。针对社区自治组织发展情况，通过开展中小型活动及相关联席会，对项目前期阶段组织的发展进行总结，提想法，汇建议，在开放包容且正式的沟通平台上，在为社区居民服务的过程中，了解自己或所在组织的定位与发展路径，逐步完善。

三、基于精准传播的"双社"关系营造

社会环境对专业社工机构参与社区治理的过程起着重要作用。其中的家

庭和社会自组织是社区社会福利供给的主要对象。专业社工机构与社区中的家庭、社会自组织的良性互动是提高社区公共服务能力的重要途径。这种良性互动主要指通过各自掌握的社会资本、服务资源进行互通有无和协调互助。

对社区治理来说，社工机构与社区之间的关系需要更加精准细化，社区是社会的细胞，家庭是社区的单元，而社工机构与社区之间的关系更多地细化为社工与社区各个单元之间的关系。换句话说，社工除了要做好党群的联络者、居民的赋能者、社会资源的倡导者之外，在面对服务社会群体的特殊情境中，应当转向社区中的更小单元和重点群体，发挥专业助人者的角色，精准围绕重点人群，打通为民服务"最后一米"，而这个"最后一米"的最佳载体就是社工站（室）。

2021年4月20日，民政部办公厅印发《关于加快乡镇（街道）社工站建设的通知》，指出要将乡镇（街道）社工站建设纳入民政重点工作，建设条件好的地方，争取2021年年中前启动建设，2023年年底前完成建设任务；要强化资源整合，联动民政部门服务力量、政府部门、基层服务力量、社会多元力量共同开展服务。以成都市郫都区优力课社工开展的两个社工站（室）服务为例，可以看到社工站（室）在摸清社区服务对象底数、聚焦服务对象需求、推动基层治理服务不断精准化精细化方面，起到了重要的推动作用，而社工作为专业助人者在里面的作用发挥，通过案例便能窥见一斑。

（一）"最后一米"的起点：关照物质生存需要和社会心理需要

在社区治理实践中，社工作为专业助人者，其核心要义是对人的关怀，助人的出发点和为民服务"最后一米"的起点相同，都是挖掘和关照社区中重点人群的需求。这些需求大致分为物质生存需求和社会心理需求两类。

1. 尊重谋生手段，催生职业价值感

郫都区德源街道馨美社区社工室发现了"纸皮婆婆"冷奶奶的物质生活困难。冷奶奶已是耄耋之年，独居，户口不在本地，无社保，女儿女婿在外地经营理发店常年无法回家，女婿身体又有残疾，收入微薄。因此，冷奶奶养成了长期捡拾纸皮、矿泉水瓶的习惯，希望能为女儿减轻一点负担。馨支持社工室在全面掌握了解到"纸皮婆婆"的情况后，立刻着手为她建立了个

人档案，并根据其需求设计了与之对应的居家养老服务，如适老化改造、生活照料、居家医疗、心理支持等。针对"纸皮婆婆"捡纸皮贴补家用的做法，社工室采取尊重和接纳的态度，与婆婆共同约定，在固定且符合规范的小区楼栋范围内捡拾纸皮，且专门归置了一个小空间，让"纸皮婆婆"捡拾的纸皮有地方摆放而不会占用公共空间影响小区整体环境。除此之外，社工小周还常常发动身边的同事和居民共同搜集，联动社区以此为切入点连续在小区开展垃圾分类志愿宣传服务，帮到"纸皮婆婆"的同时又使小区居民学习实践了垃圾分类，共同维护了楼栋环境。

在为"纸皮婆婆"提供相应服务缓解物质生活压力的同时，社工的尊重和接纳也催生了"纸皮婆婆"的职业价值感，使她完成了身份认知的转变，从"给社区添麻烦"到"给社区做贡献"，获得了心理上的踏实。

2. 走出消极情绪，寻找生活意义

馨美社区的馨支持社工室作为以心理服务为特色的社工室，对服务对象的心理需求更为关注。老年人由于缺乏关心，社交减少，容易产生孤独、寂寞的情绪，导致个人认知偏差，如对邻居的不满、对社区的不信任与不支持等。老年丧偶也会让老年人瞬间失去精神依靠，忧思忧虑，丧失生活意志，不愿意走出家门，精神恍惚，甚至引发消防安全事故等，严重危害生命安全。因此，社工室以"社工师＋心理咨询师"双师助力、"社区＋社工＋社会"三社互动为手段，"社工＋服务联盟＋菜单式服务"为运营机制，帮助在社会关系和心理情绪上面临困境的老年人疏解消极情绪，寻找生活意义，融入现代社会。

在走访的过程中，馨支持社工室发现一位独居老人由于老伴过世未及时接受哀伤辅导，无法走出哀伤事件。阿姨自述从老伴去世后开始睹物思人，看到老伴的遗物会忍不住流眼泪，此情况已经持续了近三个月。社工积极开展接案和评估工作，并链接优力课社工机构具有双师执业资格的咨询师为其做一对一心理辅导。经过半个月的时间，老人终于走出哀伤困境，开始尝试参与社交活动。馨支持社工室又迅速推出"生命印记"活动。"有些老人家上了年纪，觉得自己身残体弱，对社会没有贡献，所以产生消极厌世想法；有的老人家失去家人挚友，悲伤情绪无法排解，容易积压形成心理疾病。我们推出这个活动，一定程度上是一种辅助治疗。许多老人家喜欢讲故事，社工就通过引导和倾听，让老人家回顾生命历程，寻找生活意义，从而产生愉悦的情绪。"据社工介绍，目前已有 6 位老人参与其中，效果颇佳。此外，社工室还组织了老人智能手机小组。70 岁的李阿姨有 2 个儿子，但都长期在外工作，难免孤单寂寞。她在智能手机小组学会用微信之后，积极与社工分享收获："你看，我加了家里的群，现在孩子们说什么我都能听见。这是我孙孙上学的照片，我从儿子发的朋友圈看到的。"李阿姨的精神状态得到极大改善。

（二）"最后一米"的长度：理顺区域社会工作服务全链条

在掌握和发现社区重点人群的需求后，社工作为专业助人者要走完为民服务的"最后一米"，就必须着眼于合理有序地为社区重点人群提供具有专业性和针对性的服务，其背后的核心工作就是理顺从社区社工站（室）到社区群众这一整个社工服务链条。

1. 构建以镇街为主导、站室点三级联动的社会工作服务体系

从 2021 年 9 月开始，郫筒街道社工站建立并逐渐完善"镇（街道）—村（社区）—小区（院落）"三级联动机制，从信息互通、资源共享、服务联动、宣传共建、专业支撑着手推动，22 个村（社区）已全部完成社工室建设要求，实现了"有阵地、有社工、有服务"。郫筒街道社工站通过搭建"三级体系"，以社会工作服务体系建设强化社工站枢纽作用，让资源和信息在这张织密的社工服务网络中流动。三级体系，即"1 个社工站＋22 村（社区）社工室＋N 个网格社工服务点"，通过社工到院落采集信息、站（室）社工同辈督导、联席例会、线上征集等工作方式，打通三级信息互通渠道。经过整体谋划、横纵结合，社工站已建立并完善了反映村（社区）社工室运营情况、郫筒街道社区合伙人情况、社区社会组织情况、在地社工机构服务情况、村（社区）特殊群体情况等的台账，制作并展示出民生服务地图，形成了"1 情况多需求 N 项数据"台账管理体系。

2. 打造多元社会主体参与、五社联动的区域化社会服务新格局

五社联动，即最大限度调动辖区内其他社会资源，发挥社区合伙人、社区志愿者、自组织骨干的力量，通过面访、资源倾斜、整合宣传等方式，使其成为社工站服务触角延伸的侦察员和骨干兵。郫筒街道通过深化"五社联

动"机制，形成社区社工室主导，社会组织协同，社工专业支撑，社区合伙人、社区志愿者多元参与的服务格局。除此之外，社工站也积极联动外部资源，协力各村（社区）做好疫情防控工作、老年人少年儿童关爱工作；开通心理健康热线，实施心理干预及疏导；动员企业、群团组织、社会组织等公益合作伙伴为困难群众募集医疗及生活物资，联动养老服务机构、卫生服务中心和部分志愿者提供专业志愿服务，实现多元参与。

3. 夯实组织骨架，形成学研产践一体化赋能链条

镇街级社工站运营的核心还是服务。服务的质量直接影响着群众所见所感，影响着公园城市建设的民生底色。郫筒街道社工站提质增效的策略是夯实组织骨架，培育服务抓手，以联创学院为依托，为 22 个村（社区）社工室提供老年志愿服务组织孵化和社工室运营人才的定制化成长服务。从孵化到培养的过程中，社工站从发展需求调研、培养体系制订、师资库建设和品牌传播四方面给予课程支撑和资源支持，并导入公益创投大赛，重点支持未获得专项资金支持的社工室和志愿服务组织、社区合伙人申报"一老一小"服务项目，形成了学研产践一体化赋能链条。通过夯实组织骨架，郫筒街道形成了 22 个老年志愿服务小队，备案的社区社会组织 337 支，其中老年志愿服务队伍 40 余支，如为人乐道的"十八匠"匠人服务小队、姑婆姑老爷调解服务小队，开展了"筒一堂课""筒一首歌"等老年公益课堂、公益服务 3000 多场。志愿者精神与文化在整个街道弘扬，三级联动社会工作服务体系的构建释放出层级"势能"，社会工作带动老年志愿服务的成效逐渐显现。

（三）"最后一米"的精度：联动社区网格落实服务到达效果

社区治理的精准不仅在于精准把握重点人群需求和细化社区工作服务链条各环节，更在于社工作为专业助人者所提供的服务是否满足群众需求，满足的层次和转化率有多高，即服务到达效果。

针对社区服务的进一步下沉和到达，2022 年以来，成都市推行"微网实格"基层治理新模式，社会工作的作用不断得以发挥。郫筒街道社工站结合工作要求，主动搭建平台，整合各村（社区）社工室，建立"社工站＋社工室＋网格社工服务点"联动模式，让信息和服务经由社工下沉到网格，同

时挖掘群众力量为网格输送骨干。

站网联动的流程主要经由三个阶段。首先,建立协同工作机制,打通信息通道,让驻室社工加入微网格长企业微信工具,及时了解居民动态,回应特殊群体诉求;充分发挥网格员的信息探头作用,精准投送群体需要的政策讯息,借助微网格长的属地优势,动态搜集突发事件困境人群信息并做好跟踪管理,建立特殊人群的分级台账。其次,延伸社工服务触角,提高服务精度。借助网格优势,社工和志愿者能够深入服务对象。经过近 1 年的持续深耕,社工站调动辖区爱心企业近 60 家,运用志愿者 1000 人次,完成进网格服务 200 多场,服务居民 5000 余人次。最后,发挥社工专业优势,培育治理骨干。在挖掘、培育网格储备力量这一方面,社工站(室)能反哺社区网格。例如,书院社区社工室持续进行动员招募,围绕需求搜集、信息筛查、隐患排查、特殊群体服务开展微网格长能力提升培训;双柏社区社工室制作微网格长职能操作手册,指导微网格长与社工室做好职能配合。

总之,社工入网"微网实格",是基于网格具备熟悉居民情况的先天优势,社工又能够针对社区情况、资源和居民需求制订不同方案并提供精细化服务。在新模式中,社工站是一个统筹者、支持者,让辖区的"五社"资源结合得更加紧密。通过信息联通、事件联商、问题联治、服务联抓,让民政部门和社治部门的服务载体和人员能够在基层实现互融互通,让社工主动"入网"实现资源联动、服务联动,促进了基层民政工作与社区治理工作双线融合,达到了"1+1>2"的效果。

在具体实践中,站网联动模式所指向的服务到达效果即助推实现"全龄友好,各有所乐"的社区建设。郫筒街道社工站以空间友好、服务友好、政策友好为服务导向,联动老年服务团队常态开展社区工作服务,现已落地声乐、钢琴、烘焙等课程,服务辖区老人达 2000 余人次。同时,依托"微网实格"体系,各村(社区)社工室正在逐步改变社区活动的传统形式,将一些公益性的、志愿性的专业服务和特色服务,开展到网格中去,推动民政服务"人到格中去,事到格中办"。

第六章　民族地区宣传工作与乡村治理

　　民族地区的宣传工作是党和国家民族工作不可或缺的组成部分，也与民族地区的乡村治理工作休戚与共。尤其是在中国特色社会主义进入新时代的背景下，必须充分认识到做好民族地区宣传思想工作对维护意识形态安全、全面深化改革和助力美好生活的重要性，提振民族地区的宣传工作效能本身就是为民族地区的社会发展和现代化水平的提升助力。而民族地区的乡村治理最终指向同样是实现民族地区乡村的现代化，因而这两者是同频共振、并行不悖的。由此，民族地区的宣传工作可以作为民族地区乡村治理的一个重要抓手，成为乡村治理格局中一个灵活的视角，寻求民族地区现代化的实现之道。

　　本章以宣传工作为切口，从融媒体体制机制的搭建、主流舆论场辐射力出发，梳理了民族地区宣传工作的建设成果以及现实困境，并由此提出了宣传工作的定位与范式转换，将宣传工作嵌入乡村治理的整体格局当中。从以媒介"破界"到治理，转换为治理"融合"媒介，在思想文化建设、社会安全治理以及经济高质量发展三个方面精准赋能，切实为民族地区乡村治理的现代化注入生机活力。

第一节 民族地区宣传工作的建设成果
——融媒体体制机制构建完整

信息化时代的到来和媒介不断的迭代都为民族地区的宣传工作提出了向现代化转型的挑战。以往的传统媒体如报纸、广播、电视等因民族地区地广人稀、交通战线长、发行运输难，其内容类型少，现在已经难以与受众多样化、多层次、高标准的信息接受需求相匹配。在媒体融合的时代大潮中，民族地区宣传工作向建设融媒体、四全媒体、媒体矩阵等方向转变成为必然，也迎来了新的机遇。

在政策引领、政府鼓励、技术升级和宣传队伍的不断努力之下，近年来民族地区宣传工作也取得了一系列成果，集中表现在搭建出趋向完备的融媒体体制机制，完善了常态下的州级全媒体矩阵和县级融媒体中心的机构建设，同时也摸索出突发事件信息传播的应对机制，整体上呈现出稳中向好的建设态势。

一、由少到全：民族地区全媒体矩阵建设现状

习近平总书记在人民日报创刊 70 周年之际发去贺信，希望人民日报忠实履行党的新闻舆论工作职责使命，不断提升传播力、引导力、影响力、公信力，构建全媒体传播格局。① 2019 年，习近平总书记在十九届中央政治局第十二次集体学习时的讲话对此作出了进一步的指示和要求："信息化为我们带来了难得的机遇。我们要运用信息革命成果，加快构建融为一体、合而为一的全媒体传播格局。"②

---

① 人民网：《习近平致人民日报创刊 70 周年的贺信》，http://media.people.com.cn/n1/2018/0615/c40606-30062161.html。

② 习近平：《加快推动媒体融合发展 构建全媒体传播格局》，载《求是》2019 年第 6 期。

　　我国新闻传播学界对于媒介融合的研究也由来已久，其中对全媒体的定义分为两类：一类是营运理念说，另一类是传播形态说。[①] 中国人民大学新闻学院教授彭兰认为"全媒体"化即传媒发展的一种整体模式或是策略。全媒体是一个基于各类新媒体技术和传播平台建构的庞大的报道体系。[②] 从总体上看，全媒体不再是单落点、单形态、单平台的，而是在多平台进行多形态、多落点的传播。南京政治学院军事新闻传播系的周洋认为，全媒体是媒体走向融合后"跨媒介"的产物，具体来说，是指综合运用各种表现形式，如文、图、声、光、电，来全方位、立体地展示传播内容，同时通过文字、声像、网络、通信等传播手段来传输的一种新的传播形态。[③]

　　在着力构建全媒体传播体系的当下，无论是多平台、多形态、多落点的传播，还是融合各种媒介表现形式的全方位、立体的传播形态都至关重要。民族地区的全媒体传播体系建设在这两个方面都已经做出了有力的实践。总的来说，民族地区的全媒体矩阵建设，经历了一个由少到全的发展历程。

　　以甘孜州为例，其全媒体矩阵的搭建是以《甘孜日报》为出发点逐渐完善的。《甘孜日报》前身为《康定报》，创办于1954年8月23日，是新中国成立后创办较早的民族地区专区级党报，为西藏和平解放、甘孜州及其周边地区的经济社会发展做出了积极贡献。2004年，《甘孜日报》通过第三方网站，实现电子版上线；2010年，康巴传媒藏文网上线运营，系四川省委宣传部重点扶持网站，也是甘孜州最具权威的新闻门户网站；2013年，康巴传媒汉文网试运行，并成立甘孜州首个新媒体综合采编部门——康巴传媒中心；2014年康巴传媒中心正式以藏汉双语种形式上线运营；2017年，康巴传媒中心开启"康巴商城"电商购物平台，同年，运用多机位直播技术直播州内多场大型活动，并开通"甘孜日报康巴传媒"微博；2018年，开通"甘孜发布"抖音平台账号；2019年，强力推进"策、采、编、审、校、发"流程再造，开发建设康巴传媒藏汉双语新闻客户端，与州内多个新建的

　　① 罗鑫：《什么是"全媒体"》，载《中国记者》2010年第3期。

　　② 彭兰：《媒介融合方向下的四个关键变革》，https://www.cctv.com/cctvsurvey/special/08/20090611/113433.shtml。

　　③ 周洋：《打造全媒体时代的核心竞争力——中央媒体新中国成立60周年报道思考》，载《新闻前哨》2009年第11期。

县级融媒体中心进行深度合作。[①]

甘孜日报社所建成的甘孜州首个新媒体集中采编发系统——康巴传媒中心，2013 年以来，完成康巴传媒网藏汉文频道、康巴传媒微网（手机 H5 网站）、康巴传媒微信公众号、甘孜发布（甘孜微报）、甘孜党政手机参考报、指点康巴户外屏等"三网三微一屏"新兴媒体矩阵集群产品上线，同时采用无人机航拍、360 度 VR 全景拍摄、手持稳定器拍摄等创新拍摄方式，积极探索报网微融合路径。通过传播手段和媒体矩阵的构建，甘孜日报新闻产品已经形成多种渠道发布，快速传播的生动局面。甘孜州共有手机用户 75 万人，网络用户 45 万户。利用互联网传播新闻信息，提升传播速度和时效，具有绝对优势。[②]

其全媒体矩阵体系的建设成果主要表现在：一方面，在多平台的搭建上，以传统媒体为主，兼顾新媒体，在广播、电视、报刊的基础上，着力发展手机媒体和网络媒体，初步架构出全媒体的框架体系。另一方面，在媒介形态的融合呈现方面，创新内容和形式，制作出精良的电视纪录片、短视频等作品，丰富了新闻表现形式，契合了人民群众的信息需求和审美需求。

正是通过在平台和形态两面发力，民族地区的全媒体矩阵能够形成相对完善的传媒生态系统。这种传媒生态系统的搭建主要还是以各个主流媒体和传统媒体为依托，在广播、电视、报刊的基础之上，向各平台延展，与新技术接轨，在各个主流媒体内部构建起比较完整的传媒生态空间，从而在事实上构成整个传媒生态系统。

二、从无至有：民族地区县级融媒体中心建设现状

2018 年 8 月 21 日，习近平总书记在全国宣传思想工作会议上提出："要加强传播手段和话语方式创新，让党的创新理论'飞入寻常百姓家'。要扎实抓好县级融媒体中心建设，更好引导群众、服务群众。"自此，中国媒

---

① 杨杰：《民族地区媒体融合路径选择探析》，载《中国地市报人》2022 年第 S1 期。
② 马建华：《推进媒体融合构建舆论引导新格局——以甘孜日报社媒体转型为例》，载《四川民族学院学报》2017 年第 2 期。

体融合进入新的阶段，媒体融合的重心从中央媒体和省级大型传媒集团中媒体资源要素的整合落实向基层媒体融合机构的建设转移。县级融媒体中心建设是媒体融合开展的新探索，是中国媒体融合版图的"最后一公里"，也是提升传播力和传播主流意识形态的"最后一公里"。

县级融媒体中心建设是媒体融合在功能延伸、资源融合、权力整合方面进行的新探索。其一，在功能延伸的探索上，县级融媒体中心是开展媒体服务、党建服务、政务服务、公共服务、增值服务等业务的融合媒体平台，是距离基层最近的媒体，这也对县级融媒体中心的功能提出了更高的要求。针对地域内的实际需求提供服务成为县级融媒体中心建设的重点内容。其二，在资源融合的探索上，县级融媒体中心建设是在人力、物力、财力资源都较为缺乏的现实基础上开展的，其面临的艰难形势是以往媒体融合中前所未有的，在有限的条件下发挥最大的效力是县级融媒体中心建设以及当前媒体融合进行的新探索。其三，在权力整合的探索上，县级融媒体中心建设不能单靠县级广播电视中心、县报、新媒体等媒体机构发力。政务服务、党建服务、公共服务等服务功能的实现需要多方权力的让渡。

就县级融媒体中心建设过程而言，2018 年全国有 600 个县级融媒体中心先行落地，2019 年多个省份设立县级融媒体中心试点单位，"玉门模式""长兴模式"等县级融媒体中心建设的优秀示范已经广为流传。2020 年底县级融媒体中心基本实现在全国的全覆盖，打通了媒体融合版图的"最后一公里"。[①]

对民族地区而言，县级融媒体中心的建设有其历史基础和现实要求。其一，从历史发展上看，民族地区广播电视发展有着较为长远的过程，20 世纪三四十年代，新疆广播事业兴起，广播成为新疆地区民众了解时事政治和收听民族音乐的渠道，与此同时，全国范围内少数民族语言的广播频率也陆续出现；五六十年代，民族地区广播发展迅速，少数民族语言的广播频率增多，社会主义民族广播事业壮大，在区域内逐渐形成无线电覆盖体系；到 20 世纪 70 年代，民族地区电视台陆续创办，发展至今已有了丰厚的历史积

---

① 郑亮：《县级融媒体中心和基层社会治理研究》，暨南大学出版社，2020 年版，第 26 页。

淀，为融媒体中心建设提供了较为良好的基础。^① 其二，从现实条件上看，21世纪初民族地区仍属于经济欠发达地区，受地理环境、技术、人才、经济发展水平、文化差异等多方面的限制，民族地区传媒市场发展滞后于经济发达地区。^② 但随着传媒市场化、集团化在民族地区的推进以及"四新工程"和"村村通"工程等政策主导项目的开展，民族地区信息传播的基础设施状况大为改善，数字化网络建设也得到稳步推进，"互联网正在成为少数民族地区最具传播优势和影响力的新媒体"^③。随着互联网的普及，民族地区的媒体借助互联网，搭建信息公开和即时交流沟通的渠道，一定程度上提高了媒体的传播力、政府的舆论引导能力及其应对突发事件的能力。

在中央对于推进县级融媒体中心建设，打通"最后一公里"的号召下，民族地区积极响应，经历了"从无至有"的发展阶段。各个省份根据宏观政策的指引和具体的建设标准、运行规范，"自上而下"地开展县级融媒体中心建设。当前，县级融媒体中心建设的基本路径主要是"单兵扩散"与"云端共联"两种。^④ 民族地区县级融媒体中心建设大多选择后一种路径，依托省级技术平台建设全媒体矩阵，接入中央级或省级"云端"进行数据共享^⑤。

以甘孜州为例，从2019年2月起第一批建设的白玉县融媒体中心和甘孜县融媒体中心等到如今覆盖全州18个县的县级融媒体中心矩阵，完成了从无到有的蜕变。该地区采用州县共建的模式，由甘孜州融媒体中心牵头，打造了"圣洁甘孜"主APP，其他各县积极参与建设，开发了子APP。这一模式以"圣洁甘孜"APP为核心，勾连起州内全域的融媒体中心建设。"圣洁甘孜"APP是甘孜融媒的主打产品，于2015年正式推出，2018年7月上线2.0版本，2020年2月更新3.0版本。目前"圣洁甘孜"APP主要

---

① 白润生：《兴起·发展·繁荣——中国少数民族新闻传播事业100年》，载《国际新闻界》2000年第6期。

② 阴卫芝：《对少数民族自治地区报业发展的思考》，载《当代传播》2004年第5期。

③ 郑保卫、李文竹：《我国少数民族地区新闻传播业发展现状及对策》，载《现代传播（中国传媒大学学报）》2013年第05期。

④ 朱春阳、曾培伦：《"单兵扩散"与"云端共联"：县级融媒体中心建设的基本路径比较分析》，载《新闻与写作》2018年第12期。

⑤ 郑亮：《县级融媒体中心和基层社会治理研究》，暨南大学出版社，2020年版，第183—184页。

通过活动"吸粉"，以资讯、视频、服务三大模块为主。3.0版本进一步打造咨询、媒体、服务三大模块，面向5G时代的到来重点发展短视频直播模块。[1] 该APP的最大特点和功能即以云矩阵的形式，联合甘孜州18个县。现已有15个县建立了县级子APP，这些子APP相互独立，但都有统一的后台管理。这一形式使得甘孜各县都有自己发布消息的平台，也更能贴近当地受众的需要。而统一的后台管理使得"圣洁甘孜"APP更能发挥其作为党媒的喉舌作用，成为连接党和甘孜藏族自治州人民的重要新媒体桥梁之一。云矩阵的形式充分体现了甘孜州县级融媒体州级统建、县级入驻的模式。

三、稳中求进：民族地区突发事件信息传播机制建设现状

无论是全媒体矩阵还是县级融媒体中心，均是民族地区的宣传工作在常态化情境下的不断建设和自我完善。而在常态化的建设之外，面对突发事件与热点事件，民族地区的主流媒体不仅需要承担起信息传递的基本职责，在纷繁复杂的信息舆论环境中更应该激浊扬清，转危机为新机，化热点成常态。因此，本部分以突发事件与热点事件信息传播案例为立足点，勾勒出民族地区突发事件信息传播机制建设的现行流程，展现出其稳中求进的发展态势。

以甘孜州为例，因其特殊的地缘位置和地势特征，山体滑坡、泥石流、森林火灾等自然灾害时有发生。这些突发事件的报道、信息传播以及舆情应对都与人民的利益和民族地区的安全稳定息息相关，因而其关键在于求"稳"，按照最高效的报道流程，稳住信息内容，稳住信息渠道，稳住民众情绪，稳住舆情态势，转危机为新机。案例分析以事件概述、报道时间、报道空间、切入角度以及切口深度五个面向展开，真实全面地展现突发事件应对机制。此外，突发事件中还有一些热点事件的出现。热点事件如同民族地区向外打开的一扇窗，如何乘着流量的东风，向外界递出一张富有吸引力的名

---

[1]　于蕾：《我国藏区县级融媒体中心建设研究》，电子科技大学硕士学位论文，2020年。

片，这些都与民族地区的形象塑造和民生发展紧紧相连，因而其关键在于求"进"，吸纳瞬时流量亮出长远招牌，以热点为突破口，在留住受众上更进一步，化热点成常态。

（一）"金沙江山体滑坡堰塞湖避险救援"相关报道

1．事件概述

2018年10月10日22时6分，西藏自治区昌都市江达县和四川省甘孜藏族自治州白玉县境内发生山体滑坡，堵塞金沙江干流河道，形成堰塞湖；2018年11月3日17时40分，西藏自治区昌都市江达县波罗乡白格村原山体滑坡点发生二次滑坡。两次险情发生后，甘孜日报康巴传媒中心迅速聚焦白玉县险情，实时更新金沙江山体滑坡堰塞湖避险救援工作。

2．报道时间

在康巴传媒网检索"金沙江山体滑坡事件"，共有相关报道87篇，时间从2018年10月11日至2019年1月18日，达三个月之久。首先，报道及时化。险情发生后，康巴传媒中心第一时间核实了甘孜州应急办消息，于2018年10月11日7时10分许发布《甘孜州白玉县与昌都市江达县交界处发生山体滑坡造成金沙江断流并形成堰塞湖，甘孜州及时采取应急避险措施》一文[①]，报道险情和影响范围，疏解群众恐慌情绪。在金沙江山体发生二次滑坡发生后，康巴传媒中心结合前期报道经验，第一时间发布险情资讯与政府资讯，于2018年11月5日发布《省防指紧急会商白格堰塞湖险情》一文[②]，迅速发挥本地党报媒体的核心作用，尽量让社会各界及时了解险情真相，及时抢占舆论主阵地。其次，报道全时化。从2018年10月11日至2019年1月18日，尽管前期险情和后期修缮跨度较长，康巴传媒中心对金沙江山体滑坡堰塞湖避险救援的报道集群仍旧按照最快的发稿节奏提供新闻事实，全程跟踪报道，增强了群众对党和政府的信任感和认同感。

[①] 康巴传媒网：《党政要闻：甘孜州白玉县与昌都市江达县交界处发生山体滑坡造成金沙江断流并形成堰塞湖，甘孜州及时采取应急避险措施》，http://www.kbcmw.com/html/xw/dzyw/45882.html。

[②] 康巴传媒网：《省防指紧急会商白格堰塞湖险情》，http://www.kbcmw.com/html/xw/dzyw/46410.html。

3. 报道空间

一方面，报道空间实现现实在场。康巴传媒中心转载《四川日报》报道《鏖战金沙江——金沙江白格堰塞湖应急抢险全纪录》，并联合"川报观察"平台推出视频报道，采集优质航拍图片，体现出媒体在突发事件的现实在场。另一方面，报道空间实现虚拟在场。在金沙江山体发生二次滑坡之后，媒体报道加入了政府机构、救援人员以及不同工作群体的特写报道，让受众能以虚拟在场的方式参与到救援抢险过程中去，体会齐心协力应对自然灾害的强大决心与斗志。

4. 切入角度

在信源广度上，康巴传媒中心集纳了丰富的信源，联合中央、省、市（州）、县四级媒体信源进行资讯整合，通过报纸、电视、网络等不同媒介复现新闻事实，转载文字报道，推出视频报道，为受众搭建起全面立体的报道集群。在媒介富集度上，康巴传媒中心也在报道过程中以丰富的文本体裁，为受众拓展了信息的不同切面。金沙江山体滑坡堰塞湖避险救援相关文本以消息为主要体裁，辅以通讯和特写，兼有专访和评论。媒介形式的丰富度较为可观，但可以再进一步优化的方向在于，利用新媒体技术，如直播、VR、建模还原险情现场等技术，在视觉认知和体验感上为受众带来新的冲击。

5. 切口深度

一方面，传达深切的人文关怀。康巴传媒中心意识到金沙江山体滑坡事件具有很高的接近性，因而通过多主体、立体化、长篇幅的通讯和特写，报道来自抗险一线的鲜活事迹，实现了对抗险救援信息的深度整合，对参与抢险工作的不同行业人群进行特写。《白格堰塞湖灾害救援现场的记者节》《白格堰塞湖抢险活跃着一支"悬崖边的铁骑队"》《金沙江遇二次险情纪检人再奔赴一线》《驻守滑坡现场的唯一女干部》《"灰衣天使"李小聪在堰塞湖安置点的日子》《"钉"在白格堰塞湖的 290 个小时》等报道，多触点展现众志成城的抢险实况，为报道增加人情味和接近性，凸显党报新媒体的民生关怀与选题多样性。另一方面，引发灾后重建的深思。在首次抢险救灾取得阶段性胜利后，康巴传媒中心总结本次抢险救灾经验，经过对事件进行全方面、多角度回溯，并配以评论、综述等不同题材，深化报道影响力，为日后同类突发事件新闻报道提供借鉴文本。在第二次险情被控制后，报道进入平稳收尾期，关注灾民衣食住行、卫生健康、文化教育等多个方面，对灾后修复工作进行定期报道，持续关注受灾地区复原进度，将信息网络延展到民生关怀的每个角落。

（二）"九龙县4·01森林火灾"相关报道

1. 事件概述

2020年4月1日19时48分左右，甘孜州九龙县上团乡运脚村发生雷击引发的森林火灾，火场林相以高山栎、云南松为主，火场及周边无居民区、村庄、学校及重要设施。面对此类突发事件，作为甘孜州主流媒体的甘孜日报社和甘孜州广播电视台，充分利用了传统媒体和新媒体融合的优势：在对该事件进行报道时，主流媒体抢占报道先机，努力赢得话语权；创新传播机制，坚持持续跟踪报道，将抢救的全过程呈现给全国人民；及时回应社会关切，承担起上传下达的责任。[1]

2. 报道时间

一方面，报道及时化。在2020年4月1日九龙县发生森林火灾后，甘孜日报社和甘孜州广播电视台采用短视频、图片配文字说明的方式，24小时不间断滚动更新信息，并穿插了记者现场连线、无人机航拍、3D动画分析等形式，源源不断向外传递权威信息，同时实现有效互动，获取多位网友现场拍摄到的第一手资料并进行核实发布；第一时间进入了公众视野，充分满足公众信息需求；第一时间为新华社、中央电视台、四川日报、四川电视台及澎湃新闻等提供险情发生地的现场真实情况，在牢牢把握舆论主动权的同时最大限度吸引全国网友关注。另一方面，报道全时化。对九龙县森林火灾的扑救一直持续到了4月6日，而这期间甘孜日报紧跟事态发展，将灭火进展及时传达给人们。其中，甘孜日报派出了多名记者前往事故发生地进行报道和直播，并用无人机航拍发生火灾的森林的全景照片，向外界发布了最真实的现场画面，也为应急管理部专家会商解决方案提供了一手资料；同时，还拍摄了许多火灾现场情况的视频，为报纸、电视、网站、移动端新媒

---

① 陈燕林：《应对突发事件 主流媒体如何抢占话语权》，载《西部广播电视》2017年第7期。

体集群提供了翔实的新闻素材。

3. 报道空间

一方面，报道空间实现现实在场。甘孜日报派出了多名记者前往事故发生地进行报道和直播，并用无人机航拍出火灾现场情况的全景照片和视频，展现了主流媒体在面对突发事件的责任担当和现实在场。另一方面，报道空间实现虚拟在场。通过直播、VR 全景展示、记者现场连线、无人机航拍、3D 动画分析为受众展现了全景立体式的报道，为受众的虚拟在场提供了入口。

4. 切入角度

在信源广度上，在应对此次森林火灾事故时，甘孜日报迅速启动应急新闻宣传预案，做好新闻采访协调、媒体服务、应急信息速报等工作，运用横向部门联通和纵向微媒细胞群传送的方式，铺好信息收集网，构建"群组圈层"传播格局，及时向中央、省、州、县四级媒体发布信息，形成了主动、正面、立体的舆论引导。在媒介富集度上，甘孜日报引入多角度、多元化的新技术对此次森林火灾事故进行报道，以"融媒分发机制"让新闻素材转换为报纸深度报道、电视新闻、微信图文、微博话题和抖音小视频，源源不断地将从消防队灭火情况到森林火灾形成原因到各级下达解决措施再到险情解除的全过程展现给全国观众。

5. 切口深度

一方面，传达深切的人文关怀。在突发事件报道中，甘孜州主流媒体及时发现、捕捉、介入社会热点，提高对社会热点的反应速度，及时回应受众关切，加强解疑释惑。甘孜日报通过微信公众号、网站、微博等新媒体资源，发布了甘孜州委副书记、甘孜州州长、甘孜州应急扑救指挥部指挥长肖友才对于扑灭森林大火的安排部署，并将每一次召开的会议进行详细报道和说明，向人们传达了最权威的信息；同时，利用微博与受众互动，解答受众的疑惑并将受众的建议传达给政府。甘孜日报通过全方位、多视角、立体式报道，挤压了网络谣言传播的空间，满足人民群众的信息需求，回应社会关切，抢占先机、赢得了话语权。在火灾成功被扑灭之后，康巴传媒中心发布了《九龙"4·01"森林火灾成功扑灭，州委向一线人员致信慰问》的报道，对一线人员表达了亲切的慰问和崇高的敬意，体现出深切的人文关怀。另一方面，引发灾后重建的深思。在森林火灾扑救基本完成后，甘孜日报发布了《九龙县"4·01"森林火灾扑救取得决定性胜利》的报道，表示"州指挥部决定各参战队伍 7 日、8 日继续与直升机协同作战，对火场开展地毯式、拉网式排查，清理暗火和局部烟点。9 日后由九龙、雅江专业扑火队分区、分组、分点密切看护火场一周以上，坚决防止死灰复燃，切实巩固扑救成果。"① 但是，在当地森林火灾频发的背景下，还可以增加科普性质的报道，丰富报道体系，同时也为受众提供灾后的思考，完善和健全火灾防范与预警机制。

（三）丁真事件

1. 事件概述

2020 年 11 月 11 日摄影师胡波拍下藏族汉子丁真的视频并发布到抖音平台上；11 月 12 日这一视频被大量转发点赞，引爆网络舆论；11 月 25 日甘孜文旅与时差岛联合出品的《丁真的世界》正式上线；截至 11 月 30 日＃丁真＃话题阅读量超过 16.2 亿次。据相关数据显示，12 月 3 日晚 8 点，丁真和仓央书房的工作人员在快手进行了一场开箱直播，将近两个小时，吸引 348 万网友在线围观，点赞数远超 100 万，账号涨粉超过 38 万⋯⋯一场不带货的快手直播，令关键词"我要去理塘"出现了 36.2 万次。携程旅行网相关数据显示，丁真走红后，"理塘"搜索量猛增 620％，比国庆期间翻了四倍。

2. 慧眼独具

扣住热点事件新闻眼。2020 年 11 月 11 日至 2021 年 1 月 1 日@甘孜文旅共发布微博数 547 条，我们根据词云分析发现，占据前三位的词汇是"四川""甘孜""丁真"。甘孜文旅做到了紧跟网络热点，即时回应网民关切的信息。在丁真视频于 2020 年 11 月 12 日蹿红于社交媒体后，甘孜文旅迅速回应热点，于 11 月 13 日发布微博"咱们的康巴汉子有多帅？"。在事件发生 15 天内发布原创视频记录丁真生活；同时紧跟热搜，在丁真被其他地区官

---

① 甘孜日报数字报刊平台：《九龙县"4·01"森林火灾扑救取得决定性胜利》，http://paper.kbcmw.com/html/2020-04/08/content_127650.htm.

方账号邀请旅游，以及网友将丁真家乡"P图"为其余地区时，及时互动强调丁真在四川，并且积极与其余官方微博进行互动，形成宣传矩阵。事件发生后，甘孜文旅与四川发布、四川文旅等本土账号积极互动。在甘孜发布转发的视频和博文中，本土官方账号占据较大比例（其余则为人民日报等媒体），专注于本土账号的互动，采用"卖萌"的语态进行回应和转发。

3. 口口相传

跟进热点扩大影响。围绕热点，延展影响。在分析范围的微博内容中，几乎每一条@甘孜文旅都提及丁真，围绕丁真这一人物"IP"来推送每日内容，同时也带动了更多人物IP。11月26日甘孜文旅围绕"＃其实丁真在四川＃"发布以藏族姑娘视角拍摄的四川甘孜的旅游宣传片；11月28日在"＃跟着丁真游中国＃"话题下发布"甘孜乡城小姐姐"的动态，扩展更多人物IP。

4. 心照神交

顺应热点留住受众。一方面，营造互动空间，做到留住受众。在事件发生后，@甘孜文旅积极与网民互动，围绕自身文旅账号特点，发布抽奖等活动，提升粉丝黏性；与网友超话互动，如围绕灰兔子大叔建立的"＃藏族的康巴汉子有多帅＃"话题发帖，活跃于康巴、丁真、甘孜等相关话题，在微博评论区中形成良性的互动空间，在热点事件的信息流量中尽可能留住更多的受众。另一方面，转换传播思维，做到服务受众。其一，在进行文旅相关话题传播时，需要有分众化的传播思维。一部分粉丝可能并不想看到丁真相关话题，而是想获取旅游攻略等干货。因此，在微博运营中可以开设不同的栏目，不同的专栏对应不同的受众。其二，在一些动态中，@甘孜文旅带着大量和丁真相关的标签，但发布的动态和标签内容却并未十分契合。若这样的微博数量过多，恐引发受众反感。根据使用与满足理论，受众主动关注相关微博话题是期望得到相关信息，如果长期在这一途径中获取不到相应信息，会减少受众使用这一途径的频率。其三，要增强博文的原创性，为受众提供更丰富的信息体验。在互动内容中，抽奖类微博获得的互动转发数量较大，与丁真有关的原创视频类微博获得的互动点赞数较多，运用卖萌语气进行动态内容发布收获点赞数量较多。由此可见，抽奖类动态和丁真相关原创视频容易引发大家关注，知识介绍类和娱乐性强的内容加以萌化的语言更容易引起微博受众的兴趣，从而引起转发。

第二节　民族地区宣传工作的实践困境
——融媒体圆心辐射力有限

在新时代的融媒体建设和社会治理转型背景下，信息传播与公共服务的"双融合"功能是县级融媒体的题中应有之义，因此在实现了媒介自身的融合后，进而就要实现信息传播与公共服务的双融合。融合后的媒介协作体，要强化信息功能，拓展服务功能，实现媒体中心与电子政务中心合二为一，从而推进社会治理与服务型政府的建设。[①] 因此，要从信息传播与公共服务的两个视角来审视民族地区的全媒体矩阵与下属县级融媒体中心的建设实践。本节拟从经验的角度结合实地调研和观察的方式，以甘孜州为主要考察对象，呈现出民族地区融媒体建设的图景，同时也客观地提炼出民族地区融媒体建设仍需改进之处。

据调查显示，甘孜州县级融媒体建设中新媒体思维不够，服务功能不足，信息覆盖率不足，到达率更低。甘孜州 118 万人口，网民 81.4 万，移动互联网使用率虽低于四川省平均水平，但高于全国水平 6 个百分点。[②] 州内 18 个县，每个县拥有一个官方 APP 但最高用户 1 万人，总共不到 20 万人的覆盖量，还有 60 万人的信息传播无法覆盖。原因主要有三个：一是党媒覆盖率低。州县党媒平台体量小、较分散、覆盖少、功能弱，下载率、关注率、点击率不足。"康巴传媒"公众号关注量为 15 万＋，覆盖率仅12.6％；"圣洁甘孜"新闻客户端下载量仅得荣、泸定达到省级标准，理塘、石渠、新龙等 6 县（市）覆盖率不足 10％。县级融媒体仅巴塘、理塘、乡城 3 县达省级标准，石渠县仅为 2％。二是整体联动性弱。主流媒体新闻信息共享体制机制不够健全，县级融媒体新闻宣传各自为政，只关注本地信

---

① 栾轶玫：《信息传播与公共服务：县级融媒体中心建设的"双融合"》，载《视听界》2018年第 5 期。

② 数据来自该地区网信部门工作人员口述。

息，整体发力、联动宣传格局还未形成。三是宣传策划不足。宣传整体策划和创新意识不够，宣传报道没有同群众所关心的热点、难点问题联系起来，新闻报道不严谨、不规范，报道内容存在领导政务多、会议活动多、社会新闻少、民计民生少的现象。①

基于此，本节以媒体账号为主体对甘孜州融媒体建设进行进一步考察发现，其核心在于媒体账号的建设与运营对自身的功能定位，其支柱在于内容的生产与发布，其旗帜在于特色鲜明的主题宣传，其展台在于媒介形态的多样化和融合，其面向在于服务空间的营造与转化。根据实际的考察来看，总体上，民族地区融媒体的主流舆论场的圆心辐射力有限，其主要症结在于州县融媒体账号建设与运营的效能不足。因此，本节拟将圆心凝聚力、精准指向性与实际覆盖力三个维度作为衡量媒体账号建设与运营效能的指标，将内容生产、内容推送、主题宣传、界面设置、媒介形态、民生服务等角度作为衡量媒体账号建设与运营的准绳，从具体的媒介实践中抽象出其共性特征与现象。

一、辐射力核心——圆心凝聚力不足

民族地区融媒体的主流舆论场圆心辐射力的效能取决于其圆心的凝聚力，圆心散发引力吸引着外围的圆圈，决定了辐射的范围。对于民族地区融媒体账号建设与运营来说，其圆心就是账号内容的建设。这个圆心越凝实越落地，其引力就越强，越能够扩大信息圆圈和辐射范围。但在民族地区融媒体的实际建设与运营中，存在着内容生产、内容推送与主题宣传三方面的问题。

（一）内容生产原创性和接近性不足

内容生产不是信息堆叠和简单拼贴，须得有自身定位和信息转化的过程。一方面，自身定位的主体性突出创作者和发布者的身份，点明用户目

---

① 该组数据是课题组根据调研内容进行梳理汇总所得。

标；另一方面，信息转化的独特性强化账号与其他媒体的区分度。这就指明了在内容生产的过程中原创性的重要性。此外，作为圆心的向外辐射，与用户越接近，引力的系数越大，在内容影响力上越能够事半功倍。因而内容生产的原创性与接近性，围绕目标用户提供信息与知识，让媒体账号变得更加丰满和充实。通过观察与分析发现，甘孜州下属的媒体账号多数都存在内容原创性和接近性缺乏的问题，虽然"信息集中采集多平台分发"无可厚非，但是在资讯转载的同时，也必须结合自身账号特性和用户需要，生产原创内容，特别是在语言使用上和本土活动设置上，要贴近用户语言习惯和生产生活习惯。

调研期间，丁真依旧是高话题度人物，但是"康巴传媒"微信公众号的相关推文基本都是直接转发其他媒体而来的内容，凸显出原创内容生产能力有限的问题。同样，"甘孜发布"微信公众号在其间以转载其他主流媒体平台的内容为主，原创内容仅有 3 条。

在内容生产的接近性上，甘孜州存在着大量的农牧民，他们应当是媒介报道的重点关注对象。因此，媒体所报道的内容应着重满足当地农牧民的生产、生活需求。但是甘孜州的媒体大多都偏向硬新闻的报道，没有深入到目标用户的生活中去，没有相应的软新闻资讯和科普知识。

（二）内容推送机制规律性不足

圆心的凝聚力一方面依靠内容本身的吸引力；另一方面依靠技术的承托和事前的规划，发挥"放大镜"的作用，将具有吸引力的内容以具有吸引力的方式推送到用户面前。因此，内容生产之后，如何推送到用户面前也是媒体账号建设必须要思考的课题。本课题组根据调研出来的数据，可以看出一些账号的内容推送机制过于随意，没有考虑用户的信息接收习惯。

对于推送频率来说，一类是不做合集推送，有几条发几次。"康巴传媒"微信公众号平均一天推送 7 条信息，有些时候一天内甚至会达到 10 条之多。推送太多，之前发布的许多优质内容，用户还没来得及阅读分享就已经被后续发布的一波又一波的新闻盖过去，不仅给用户带来了信息负担，并且对内容质量没办法做持续性的正向反馈循环。另一类是一次性全发布，合集在一次推送中都无法显示完全。"理塘融媒""盛德白玉""会师之地踢踏甘孜"

微信公众号平均每天推送一次，以合集的形式进行推送，合集中的资讯基本有固定排序，但是经常出现合集文章太多展示不完全的情况。

对于推送时间来说，推送时间段不固定。在工作时间推送不容易培养用户黏性，也不利于培养用户的阅读习惯。以"康巴传媒"微信公众号的固定项目"甘孜微报"为例，推送时间就有早上6点、8点、9点、10点这几个时间段。作为一个新闻资讯类账号，固然要遵守新闻时效性的原则，但是考虑到微信公众号平台的特性，公众号文章并不会第一时间推送到用户首页，基本还是通过用户的主动点击才能实现资讯送达。在这方面，"微甘孜"微信公众号做得比较规范，账号的推送频率一般是每天2-3次的组合推送，时间也比较固定，一般是上午的8-10点推送一次，下午的3点左右推送一次，晚上的8-10点推送一次。组合推送让推文显得整齐有条理，并且围绕主题。时间段的固定有利于培养用户的阅读习惯，增强用户黏性，特别是早上和晚上，在工作之余的时间进行推送，有助于获得更多的阅读量。

（三）主题宣传聚焦性和完整性不足

在内容建设中，无论是信息发布还是思想宣传都得围绕主题和重点展开。在横向的内容维度，主题宣传须聚焦在主题本身上，将各角度各体裁的报道有序整合起来；在纵向的时间维度，主题宣传不是一蹴而就的，须事先做好策划，保证其完整性。本课题组在观察过程中发现，甘孜州的媒体账号在主题宣传的实践方面有些时候仍然存在预先策划不足、重心偏移、虎头蛇尾的问题。

完整性不足，没有主题宣传的预案。比如，"甘孜发布"抖音号对于"2020四川甘孜山地文化旅游节"专题的宣传，只展播了旅游节的前期准备和开幕式，放出了吸引游客的内容和活动，后续却悄无声息，没有形成完整的报道。聚焦性欠缺，展示内容较片面。虽然聚焦需要重心，但重心周围也需要发散。比如，在康定融媒体中心抖音号上"庆祝建州70周年"这一节目合集总共只有7集，没有专门的新闻报道资讯，基本上全是花絮，非常接地气。但这个系列视频与主题的关联只在入场列队，即使其宣传重心在庆祝也还可以进行后续发展，如精彩节目混剪、观众评论区反馈、表演人员后场采访等。而且"庆祝建州70周年"这一主题非常适合展现70年来本地发生的沧桑巨变，以短视频呈现也会更好地展现出视觉冲击力，从而对主题宣传更有利。

二、辐射力方向——精准指向性模糊

圆心的辐射力以圆心为起点，向四周发散，呈射线状，因而辐射力的方向也非常重要，指向性越强越精准，点对点的冲击力和吸引力就更强。精准指向性在新时代的融媒体建设上主要表现为自定位和用户这两个取向。

（一）定位的自主性和规划性模糊

精准指向性需要一个起点，也是账号自定位的凸显。对于媒体账号的运营和发布来说，其功能定位是基石，所有的界面设计、内容铺设都要围绕定位来展开。经过观察与分析发现，甘孜州下属的媒体账号对于自身的定位不清晰。从单个账号来说，定位的自主性模糊，更多是仅仅套上了平台的模板；从账号所组成的矩阵来说，定位的系统规划性模糊，各自为政，反而导致定位不明晰。各媒体的微信公众号通常定位为新闻资讯发布或者政务资讯发布，但微信公众号并不是只能提供资讯，平台所内置的小程序也可以提供服务。但多数账号只是按照微信公众号的统一模板机械化地分栏做成了电子新闻报。微博账号的运营存在惰性、持续性差，并且只能体现平台统一的精选、微博、视频、文章和相册的基础设置，没有自身的合集整合，更新频率也低。对于全媒体矩阵来说，媒体账号依托于各个平台，应该充分发挥每个平台的特点和优势，各有侧重，而不是"眉毛胡子一把抓"。微信公众号侧重于新闻和政务资讯发布，微博号和抖音号作为对外推介的窗口侧重于文旅议题，本地的客户端侧重于本地服务。甘孜州当前的媒介实践做到了"从无到有""由少到全"，下一步要追求的是"从有到精""由全局到立体"的目标。

（二）用户互动的可用性和实效性模糊

精准指向性的最终目的是落点，即以用户为中心。一方面将内容精准地向用户投放，引起用户关注；另一方面，培养用户黏度，以互动带动精准度的强化。前者在互联网时代已经可以通过大数据等技术得以实现，但后者不能完全交付给技术。建立在信息的双向互动实现了时空双向维度的巨大飞跃的基础之上，更应该突出用户的主体性，媒体也须转变单向的信息传播模式，与用户建立及时双向的良性互动，方能吸引用户、留住用户、服务用户。本课题组对甘孜州下属媒体账号进行观察和分析发现，在用户互动层面，存在两个方面的问题。

一方面，用户互动的可用性模糊。在社交平台开设的账号，本身就有社交服务功能和设置，却没有被利用起来。比如，"康巴传媒"微信公众号的推文《外交部发言人华春莹三连赞！各级媒体揭秘丁真现象级爆红背后，那些你所不知道的真相！》热度较高，评论区有很多留言，大都在表达对家乡的热爱，对祖国的热爱，情感真挚。但是在这些令人感动的留言区中，编辑却没有进行及时的互动，没有回复任何一条评论。

另一方面，用户互动的实效性模糊。在自主开发的客户端上，有意识设置了用户互动的板块却有名无实，互动少或者根本没有开通权限。比如，香巴拉资讯客户端，在互动板块，又细分了四个子部分：话题、问答、活动和直播。其中，活动和直播板块根本就不能进行互动，而话题和问答板块的互动内容不足，用户参与度不高。2018 年至 2020 年，客户端总共发起了 8 次话题讨论，每次的互动人数都不多，最高点赞数 73，留言最多 45 条，且在话题下小编从不与网友沟通也不回复网友提问。在问答部分，网友总共发起 14 次提问，但大多数都没有得到回答，仅有的回答也是热心网友给的，没有官方的回答。

（三）界面设置的区分度和匹配性模糊

精准指向性链接着媒介与用户这两端。在两端之间，账号如何将自身定位呈现在用户面前，用户如何进行互动和反馈，都是界面设置需要解决的问题。界面设置作为用户对账号的第一认知，存在首因效应，简单来说就是要给用户留下较好的第一印象，才能吸引用户并且留住用户。界面设置的互动板块的设置与使用问题在上文已经阐述，此处重点讨论账号自身定位的呈现。

　　经由观察与分析发现，甘孜州下属的一些微信公众号在界面设计上仍然存在栏目名称与内容匹配性模糊，下设栏目内容和职能的区分度模糊的问题。这类问题一方面给用户呈现出定位混乱的现象，另一方面暴露了账号运营粗放马虎，从而影响用户对账号的信任度，无法建立起双向互动的关系。

　　一方面，内容和职能的区分度模糊，栏目重复的情况出现在"康巴传媒"微信公众号的界面设计，更精彩菜单栏下设的手机看新闻、数字报和康巴传媒微网以及@甘孜菜单栏下设的甘孜微报均是网页形式的新闻报道合集，内容大致重合，各子栏目之间分野不明，职能重叠。

　　另一方面，栏目名称与内容匹配性模糊。文不对题的情况出现在"微甘孜"微信公众号中。名为直播的板块，会直接跳转到甘孜州电视台网页版的主页中，而且甘孜州电视台网页版的直播内容大多也是正式的党会内容；"我向总理说句话"子菜单会跳转到国务院客户端网站。在"看巴塘"微信公众号中，设置了第一次关注的指南"感谢关注！在这里您可以感受高原江南，弦舞巴塘的独特魅力！回复下列关键词有惊喜！弦子新闻文艺小冬红！"，但是本课题组回复相应关键词，并没有相应的内容推荐，仍然回复相同的指南。在这一方面做得比较规范的是康巴卫视微信公众号。康巴卫视微信公众号下设三个菜单栏，分别为栏目、悦读和微纪录片。栏目指向康巴卫视的节目，悦读就是藏语文章的有声阅读，纪录片就是本土纪录片的图文推送。这三个栏目职能清晰，内容紧扣主题，让用户一目了然。

三、辐射力范围——实际覆盖力有限

　　圆心辐射力的效能不仅要凝实圆心释放吸引力，而且要精准指向增强冲击力，更要圈定范围落实覆盖力。圆心辐射力效能的最直接体现就是其实际的覆盖度，覆盖度的高低在融媒体建设上体现为其信息传播和民生服务两种实际功能的落地程度。

（一）媒介形态呈现创新性和多样性有限

　　媒介的信息传播功能在互联网媒体时代在很大程度上需要媒介形态的变

更和多样化来承托，以此为用户带来丰富立体的信息体验。通过对甘孜州下属媒体账号进行观察和分析发现，一些账号存在以旧带新的问题。部分媒体账号似乎还停留在"报网联动""台网联动"的思维上，将传统媒体的内容直接搬运，也没有对呈现形式进行创新和转化。比如，"甘孜发布"微信公众号推送文章基本全为文字，两个月内共有18篇文章使用了图片（部分将文件内容制作为图片的未统计在内），图片数量为84张，仅有1篇文章使用了GIF图片，数量为1；共有6篇文章使用了视频，视频数量一共为8个。在这方面做得比较规范的是"康巴传媒"公众号。它不仅熟练运用多模态话语，图文并茂，声画并进，并且在菜单栏链接了"看直播"这一页面，集直播点播为一体，为用户提供了极为方便的跳转链接，通过直播和观看录播的形式，还提升了用户的信息获取体验。"看直播"这一页面的设置，不同于推文的图文形态，也不同于视频号的短视频形态，直接引入了线上直播这一形态，以评论区实时和历时互动的新特点为用户创造新体验、提供新功能。有部分媒体账号做出了新的呈现形态的尝试，但是还未将形式的功能和作用发挥到最大。比如，学习了慢直播的形式，但是直播内容不明确，固定镜头只能产生类似监控器的视觉效果，没有实质性内容，直播间里有人发问也没有回答。

（二）民生服务功能提供主动性有限

民生服务功能开发不足，仅仅局限在缴费。媒体的民生服务功能是最能让覆盖度落地的。它最切近群众生活，是媒体和用户之间的一座桥梁。对于主流媒体账号和县级融媒体的建设和运营来说，新时代为它们提出了新要求，要打通连接和服务群众的"最后一公里"。通过对甘孜州下属媒体账号进行观察和分析发现，在服务功能的提供上，一些账号具有惯性和惰性，以超链接直接转嫁政务服务的功能。一方面，账号直接没有设置相关的服务。"甘孜发布"微信公众号在内容上对民生服务的关注较少，在界面设计和服务的提供上也没有设置相关的内容和服务流程，只是单纯地将公众号作为政务资讯发布平台。另一方面，一个合格的政务新媒体理应做到开设与群众互动的服务功能，类似于政务公开、信访通道等。"微甘孜"微信公众号都没有涉及这些功能，仅仅依靠定时发布微信推文，来告知群众近期发生的"大事"。其服务功能直接通过圣洁甘孜的网站链接实现了转嫁。"盛德白玉"微信公众号同样存在这个问题。此公众号通过菜单栏链接，基本将服务功能转嫁给"云上白玉"APP网页以及四川省人民政府网站，它在其中只起到了一个中转站的作用。这些转嫁行为实际上并没有把用户需求放在第一位。用户对服务的获取总是以便捷直接为主要导向，不停地跳转只会消磨用户的耐心，消耗用户的信任。

第三节　民族地区宣传工作的定位转换
——融媒体全程嵌入基层治理

党的十九届四中全会通过的《中共中央关于坚持和完善中国特色社会主义制度、推进国家治理体系和治理能力现代化若干重大问题的决定》，着眼于完善坚持正确导向的舆论引导工作机制，提出"构建网上网下一体、内宣外宣联动的主流舆论格局，建立以内容建设为根本、先进技术为支撑、创新管理为保障的全媒体传播体系"，创造性地擘画了党在新形势下的传媒发展蓝图，为全媒体时代创新舆论引导、夺取新闻宣传胜利提供了基本遵循和努力方向。全媒体传播体系的主流舆论阵地、综合服务平台、社区信息枢纽的三大功能，决定了它在现代化国家治理体系中经络连接与筋脉疏通的角色作用。"铸牢中华民族共同体意识"是新时代党的民族工作的主线，是壮大主流意识形态在民族地区形成"知、情、意、行"多维度国家认同的核心要义。通过将全媒体传播体系融入基层治理全过程中的培育与服务，统筹民族地区多向面的物质精神文明实践，为最终实现中华民族伟大复兴的中国梦提供更为主动的精神力量。

本节立足于民族地区的边地特征及"治"与"稳"的现实需求，将以民族地区融媒体和文博资源为主体的地方主流意识形态传播体系视为为国家治理供给"可治理性"的"座架"，进而将媒体本位的治理媒介化转换为国家本位的治理融媒体化——从以媒介"破界"到治理，转换为治理"融合"媒介。民族地区现行传播体系的治理效能与治理需求高度不对称，低效能使全面重构具有后发优势。媒介逻辑与政治逻辑的双重交合，决定了融媒体嵌入民族地区"治"与"稳"的"端口"，基础点在民族宗教领域的"边地"思想文化，关键点在民生保障与治安防控领域的"边地"社会结构，根本点在以生产力和生产关系进步为深层动力的"边地"经济发展。最终实现全面推动民族地区"治"与"稳"关键领域的系统治理，持续提升各民族的政治向心力。媒体将自身融入社会发展与社会治理的全过程，明确其在治理体系中"培育"的本质定位与功能，进而在思想文化建设、社会安全治理和经济高质量发展三面发力，积极开展物质精神文明实践，吸收治理资源，转化治理效能。

一、融媒体嵌入民族地区思想文化建设

民族地区的思想文化建设仍然隐含边缘化的风险，存在着国际因素对族群政治离心力的挑动、无神论与有神论的"对话"机制的低效和地方民族主义与中华民族共同体意识的竞合的现实困境。其背后的成因包括民族宗教问题在思想文化上的复杂性、单维媒体逻辑对意识形态泛在性应对的局限和主流意识形态在边地的尚未深层融入。思想文化建设工作的本质是促进人的思想层面的发展和社会的文化向度的发展。将融媒体嵌入治理当中意味着融媒体作为整体治理体系中的一环，同体系中的其他主体共同发挥作用，提升治理效能。因而，融媒体为民族地区思想文化建设提供的"培育"服务，既要营造有利舆论氛围，又要培育专业人才。

（一）成风：包裹内化主流意识形态

成风，即发挥新闻媒介的涵化作用，以民族地区群众喜闻乐见的融媒体形式呈现和传播，将主流意识形态包裹和内化，营造民族团结、社会稳定的舆论氛围，无形之中淡化消弭民族、宗教、地区等的矛盾冲突，成为思想文化建设的环境推力。这种环境推力不仅在于线上舆论氛围和空间的营造，也在于线下文化场所的体验空间建构。

于线上舆论氛围和空间的营造上，提升民族地区媒体的公信力，这就要

求媒体传播的内容不只有"宣传"的声音，更应该有符合当代新媒介传播规律"多元"的声音，以多元的观点、丰富的内容去消融少数民族人民对民族地区信息传播的"刻板印象"，从而达到疏导舆论的目的。利用互联网媒介双向传播、跨越时空、用户激励和去中心化的特征，打破传统媒体环境下政府主导的垂直的、单向的、集中的、固化的信息传播与舆论统筹格局，将世俗化和现代化通过传播机理渗入民族地区，使群众、政府成为社会单位进行扁平的、多元的、分散的、流动的传播。由宣传转向浸润，从而实现民族地区信息传播的去特殊性和常态化。

于线下文化场所的体验空间建构上，以甘孜州为例，2020年10月，甘孜藏族自治州博物馆举办了甘孜藏族自治州建州70周年主题展览。其中，"信念"展厅以电子沙盘、仿真场景、半景画、小游戏、雕塑等艺术呈现方式展现各类红色景点，记录下甘孜人民支援红军、甘孜民族地区成立、支援十八军和平解放西藏等各个革命历史阶段重要的里程碑，给观众提供了更加直观的感受和体验。线下的文化场所本身也是链接民族地区群众与主流意识形态的媒介，以各类融媒技术作为承托，最大限度地通过多维体验空间的建构，不同于线上春风化雨的浸润，而是给受众以集中的冲击力。

（二）化人：提升专业人员媒介素养

化人，即提升民族地区融媒体专业人员的媒介素养，为民族地区融媒体中心注入活力，为民族地区的思想文化建设形成造血机制。人才是社会资源中最核心和最具有价值的资源。只有通过融媒体专业人才的培养引进，为融媒体中心筑牢传播支柱，才能盘活思想文化建设的全局，成为思想文化建设向前推进的内生动力。

新媒介是民族地区信息传播与舆论统筹的突破口，但是新媒介传播对传播者媒介素养要求较高。相关人员既要有符合互联网传播生态的传播理念和思维，如用户思维和内容创新等，还要有使用新媒体的技能，如熟悉各种软件的应用和各种平台的操作等，另外还要具备新闻学与传播学的基本理论储备，如新媒介传播、政治传播等。在民族地区，既要熟悉民族地区传播的大背景，也要有少数民族语言和汉语的双语基础，以及不同文化间转换的能力。一方面要加强新媒体信息传播与双语人才的队伍建设，加大相关人才培养力度，有针对性地开设课程，提高人才综合素质。另一方面，以制度保障人才吸引力和人才稳定度，建立相应的人才激励机制，支持相关人才队伍的发展。此外，也要挖掘和扶持本土力量，发现和培养扎根基层的乡土文化能人、民族民间文化传承人、非物质文化遗产传承人，大力扶持民间文艺队伍，让群众从观众变为演员，从看台走上舞台，成为群众性文化活动的主体。

二、融媒体嵌入民族地区社会安全治理

民族地区的社会安全治理早已完成"从无到有"的蜕变，搭建起了相对完整的社会安全治理体系，但仍然停滞在"从有到精"的阶段，在精细化程度上陷入了困境，仍存在民生改善的单向化、网格治理的碎片化、治安力量的一元化、法治观念低普及等问题。这些症结背后的原因包括党群关系和政社关系的疏离，力量与任务不匹配，机制和技术与敌对渗透手法不匹配，治理布局与区域性敌情、社情、民情的复杂性不匹配等。

社会安全治理所指向是个人的安全和社会的安全。现代化社会的安全不是任一主体的直接保障，必须纳入法制化的轨道。在法制化的维度，将融媒体嵌入社会安全治理之中意味着其成为社会安全的警报和个人安全的口哨。因而，融媒体为民族地区社会安全治理提供的"培育"服务，既要营造社会的知法懂法守法氛围，又要培育个人的法律自觉。

（一）聚气：碎片化浸润法治传播

聚气，即发挥媒介的载体作用，利用新媒体的碎片化传播进行复合性包围，进行法律传播。

媒介是信息的载体，技术是媒介的载体。把握技术特性有助于顺应媒体的传播规律，从而实现更加精细化的信息传播。媒介的社会化有助于信息传播的社会化，因而互联网新媒体的社会化特性不仅能够传递信息，也能交换情感、思想，最终形成社会化的文化氛围。利用互联网的传播规律，尤其是以微信、微博为核心的舆论动力机制，建立微小细胞群，即在每个村或每个

语言区域，建立一个微信群。深入最基层的传播，可以更好地了解社情民意，畅通基层民众包括文化需求在内的需求表达通道。通过资金支持、培训锻炼，培养一批具有互联网媒介素养、具备沟通协商能力同时又充分了解基层现实的意见领袖，使之在基层社会的组织化中发挥积极作用。另一方面，互联网上的信息传播，要以"主体间性"的方式进行与群众的对话，而不是你说我听的"灌输"价值观念的方式。具体到法律传播上，要抓住贴近日常生活的典型案例，避免枯燥乏味、目的性过强的说教式传播，将法律意识、法律知识、法律程序等"润物细无声"地融入社会生活的方方面面，从"宣传型"向"服务型"转变，不在相关报道上贴"标签"，不去"特殊化"传播对象，在社会上总体地形成知法懂法守法的氛围。

新媒体的碎片化和流动性在能够起到浸润作用的同时，也意味着对碎片化的不良信息的管控难度骤升。因而，认识到互联网技术的特性有助于信息管理制度的革新。互联网信息传播所涉及的不是单一政府主体或者媒介主体，既要有刚性的法治手段，也要运用弹性的信息传播手段。法治手段须得到法制的支撑，信息传播须顺应传播规律，不良的信息传播既不利于个人的身心也不利于社会的稳定。应采取法制化的信息传播管理手段，以联合执法的方式监管不良信息的散播。比如，与网信部门联合构建州、县舆情监控平台网，设立不良和违法信息举报中心，及时有效监控封堵负面信息。

（二）凝心：法治化塑造公民身份

凝心，即发挥媒介的塑造作用，以法治面前公民身份的塑造，消解少数民族民众重大决策中对宗教的依赖，由依赖走向自觉，培育个人的法治身份和法治自觉。

民族地区宗教借助新媒体传播对世俗社会的影响不容小觑。对民族地区新媒体空间的宗教传播活动的综合调研发现：民族地区宗教类新媒体空间总量大、类型多，但备案制度不健全，监管缺位现象突出；宗教类新媒体空间的社会影响力和动员力越来越大，但与之相应的管理明显滞后；宗教类新媒体空间活动自主性日益多元，宗教反渗透形势严峻。这种宗教类新媒体空间的影响事实上会阻滞民族地区社会安全治理纳入法制化轨道。

问题在于宗教类新媒体空间的社会影响力、动员力越来越大，但与此相应的管理严重滞后。在此过程中，融媒体的嵌入却没有发挥其应有的作用和效能。一方面，宣传队伍力量薄弱，媒体从业者回避争议。在宣传力量上，宣传部门编制少人手紧，队伍素质亟待提升，人才流失相当严重，缺乏高端策划创新人才，在很大程度上束缚了新闻生产力，制约了民族地区媒体的传播空间；在人员素质上，采编人员谨小慎微，担心触及雷区，不敢涉及宗教民族话题，这种"不求有功但求无过"的心态，最终会使主流媒体失去先机和话语权。另一方面，正是由于媒体在直面信息和舆论的前端未能很好地发挥缓和关系和化解纠纷的作用，宗教类新媒体空间一旦被分裂势力抢得话语权，负面信息和舆情被放大，也就只能交给行政部门和网信部门进行强有力的管控。但这种管控往往是滞后的，并且是与新媒体传播逻辑背道而驰的，也就导致受众的接受度低，陷入了话语权拱手让人的恶性循环。

因而，民族地区社会安全治理要纳入法制化轨道，就要唤起融媒体在传播链上的前端把关定位，并且要精细化到个人的层面。一方面，对于民族地区融媒体工作人员来说，须培养建立自身的工作自信，这种自信来源于自身的媒介素养和工作经验，而且需要制度化法制化的保障。只有对媒介运营和舆情应对具有自信和能力，才能在传播链的前端积极介入宗教类新媒体传播空间的内容生产和话语传播，化解潜在风险，发现问题势头，总体为后续其他主体的参与减轻压力，提升治理效能。另一方面，对于受众端的民族地区群众来说，媒体的社会化属性应当承担起社会化的功能，实现人的社会化和现代化。现代社会的标志之一就是法治化，作为现代社会组成部分的现代公民也须培育法律自觉，将宗教依赖转化为法治思维。

融媒体积极进入宗教类新媒体空间，在内容上能够为民族地区群众提供更加多元化、多视角的信息知识，特别是涉及宗教民族相关的内容，更能够展现主流意识形态的观点和立场。媒体需先做到不缺位，而后去掌握先发话语权，最终浸润到民众的日常生活中，逐步培养他们在做重大决策时参考媒体的声音、借助媒介的力量，实现社会化。

最终，在社会化的基础之上，在思想上，使民族地区群众逐步与宗教化脱钩，在遇到个人困境和冲突纠纷时，本能地遵照法律，形成法律的自觉意识。因为法律和法治并不因人的宗教信仰和民族身份而有所区分，以公民的身份可以将具有不同思想文化的民众聚合到一起，实现在法治身份上的趋同，从而减少寺院和高僧大德对于世俗事务的影响，逐渐使主流意识形态向中心突围。

三、融媒体嵌入民族地区经济高质发展

民族地区的经济高质发展仍然包含无法兼顾的隐忧，存在着科技传播的大众化与民族化、生态压力与发展压力、经济发展与反分维稳难以兼顾的现实困境。其背后的成因包括科技本位与人民本位的传播理念、媒体与用户的对接机制、区域平台统与分的运行机制。

民族地区经济高质发展的本质是要为人和社会的发展提供土壤，同时人和社会的不断进步也会为经济高质发展提供养分。融媒体要嵌入这两者的互相推进当中，成为双向互动中的一环，整合资源培育人才，最终为经济高质量发展提供外部合力和内源动力。经济发展的高质量则要直面上述无法兼顾的隐忧，融媒体的嵌入则是要从对立两分的价值选择转换为在二者的结合交叉点集中发力。因而，融媒体为民族地区经济高质量发展提供的"培育"服务，既要整合引入社会资源，又要培育当地造血和运行能力。

（一）引流：媒体平台汇聚社会资源

引流，即利用媒介的平台属性，引入社会资源，培育经济高质量发展的土壤，依托技术实现经济效益的最大化。

从现实上看，民族地区的经济基础和产业基础不具有先发优势。比如，甘孜州是多民族聚居、多宗教并存、多文化交融的民族地区，集中了西部地区、民族地区、高原地区和欠发达地区所有特点和困难，发展环境较差，自然条件特殊，人们思想观念落后，特别是边远农牧区和散杂居民族地区依然贫穷落后，GDP全省排名倒数第一，在3个自治州中经济总量最小，社会经济发展滞后。

自然生态环境也在很大程度上制约着民族地区传统媒体的发展。但是优越的自然生态却能够成为改变当地经济发展格局的突破点。失去经济发展先发优势的民族地区，利用融媒体的平台属性反而可以获得后发优势。融媒体

所依托的互联网技术具有跨越时空的特性，第一产业农牧业会受到自然地理环境限制，第二产业工业也会受制于交通和人口条件，但是第三产业中的旅游业的经济效能依托于融媒体的宣传能够被挖掘和释放，从而改变当地的经济发展格局，实现后发制人。

媒介的平台属性不仅能宣传引流，还能实现直接和间接的经济效能转化。一方面，在互联网媒体平台上，包括微信、抖音、快手，都内嵌有商城、商业平台或者能够挂上商品链接，能将吸引来的关注转化为购买力，实现直接的经济效能，同时本地的农牧特色产品的售卖也能推动第一产业的发展，促进其产业链条的延长和产业结构的优化。另一方面，互联网媒体平台的内容生产，尤其是文旅类相关内容的生产，能够发挥后发优势，吸引受众注意，培育旅游需求，吸引社会投资，最终将流量转化为现实的旅游行为，推动当地的旅游业和整个服务业的发展和转型升级，实现经济效能的间接转化。

（二）涌泉：媒介产业培育核心人才

涌泉，即利用媒介的产业属性，培育民族地区群众的媒介使用和运营人才，为经济效能的实现提供源源不断的内生动力，促进经济高质量发展的持续性。

融媒体的嵌入，实质上是为民族地区经济高质量发展"造血"，内生的驱动力和造血能力主要在于两个维度。一方面，以人才为中心，打造人物IP，带动产业发展，即推进"IP聚势＋融媒赋能"。首先，推进"IP聚势"，推动深度融媒改革，全力提升民族地区融媒服务中心工作的能力，充分发挥"州县党媒孵化出品＋县融媒中转推送"模式作用，动态宣传思想政治、生态环保等工作。其次，推进"融媒赋能"，围绕服务乡村振兴，通过"融媒＋"直播带货等活动更好服务乡村振兴。例如，围绕生态环保等工作开展融媒微视频大赛，既加强政策知识宣传，又选评优秀作品、发掘优秀人才，更锤炼融媒队伍，提升产品质量，让宣传教育更接地气、更有温度、更受喜爱、更富生命力。另一方面，以人才为支柱，立足产业基础，创新运营模式。2020年10月18日在甘孜州乡村振兴示范点若吉村的调研发现，基础设施的搭建和规模已经十分高端和现代化，但运行和盈利较为困难。作为旅游村庄，若吉村适应移动互联网的营销意识和服务质量均尚待提升。产业的经济实效和持续发展，需要管理服务的规范化和专业化。具体的运营问题集中表现在人员的服务意识和服务能力上。首先，在村庄中从事生产和服务工作的大多为留守的老年人，其服务意识和能力有限，导致已有的基础设施没法产生经济效益。具体来说，调研期间为非节庆和旅游淡季，村庄的公共卫生服务和商业运营处于局部运行状态，村中主街道整洁，餐饮照常待客，但小卖部关门，游泳池池水浑浊，游客中心的卫生间粪便无人打扫。其次，基层组织干部不了解市场运营基础规律和思维，导致运营策略无法对接受众需求。调研期间，经村支部书记介绍，该村的民宿无论房型、无论时段（平时和节假日）均为 288 元一晚。将这种不符合市场规律的定价和运营策略作为村庄的价格优势，明显是缺乏经营管理经验的做法。再次，本地宣推能力弱，缺乏媒介运营意识和能力。其微信公众号建设仍是处于有搭建无运营的状态。最新的活动仅有一则 2019 年年底的新闻报道。内容也对游客吸引力不足，仅为 45 秒的短视频与全景 VR，均为航拍视角，没有进一步的生活消费和文化娱乐场景。其内置的微商城，仅为产品陈列，没有优惠促销活动，无法刺激消费者的消费欲望。最后，对产业发展认知有限，无法延长产业链，进行深加工。调研期间村中无花果成熟但无人采摘，产业变现能力较弱，并且没有进行深加工变成新产品的变现渠道。

人是生产要素中最活跃、最关键的核心要素。为民族地区培育专业人才实质上才是对产业发展的核心支撑。因此，夯实产业基础之后，后续的运营变现和经济转化进程需要人才进行支撑。融媒体的嵌入有助于培养运营人才，提升互联网宣推能力，打开向外推介的窗口；有利于以媒介为突破点，与支柱产业旅游业的受众实现双向互动和对接，提供内容产品、民俗风物和文旅服务，为当地发展源源不断地提供新鲜血液，实现经济发展的高质量、可持续化。

第四节　民族地区宣传工作的传播策略
——公共文化服务为治理赋能

鉴于当前一段时期内的国际局势和舆论走势，国际涉藏重大舆情近两年来处于相对静默的状态，但康巴地区意识形态主管部门并未放松警惕，而是在厘清意识形态安全工作的本质属性、把握各类宣传思想工作对应行动主体的基础上，进行统筹思考和行动谋划，在实际工作的成效检验中凝练成功经验、淘汰失败做法，在把握规律的基础上不断优化方案。可见，当前康巴地区的宣传思想工作已经由一项应急工作变成一项长远工作。

一、"最先一公里"的正面宣传：单向的优势信息饱和战略

优势信息饱和战略，本是源自美国战略传播中的关键概念。"媒体作业不仅关乎国家形象建设和政治合法性维护，还关乎渗透与反渗透，关乎国家的'软战争'实力。"[1] 在传统的公关化战争宣传模式中，除妖魔化、心理战、重复传播等方式之外，一个重要方法就是通过新闻审查将具有破坏性的负面信息减少到极限。比如，压制、阻止战争中伤残、死亡等残酷画面出现在公众面前，通过电视新闻的叙事技巧和镜头语言，呈现出一场像军事回合制战略游戏一样干净、高科技的"任天堂战争"。然而，随着互联网和信息传播技术的发展与普及，任何人都可能在战争区域以外获得有关画面和信息，并上传至互联网或传递至全天候国际媒体。在这样的即时性、多渠道、核裂变式传播的世界，已经没有任何长效的方法能封锁负面信息。在试图以阻止负面形象产生为目标而进行新闻议程设置的传统公关运作中，一旦负面信息由媒体曝光并与公众负面情绪相互强化，舆论天平将被迅速掀翻（图

---

① 毕研韬：《战略传播中的媒体运用》，载《新闻战线》2013 年第 10 期。

6—1），意味着此轮舆论引导的彻底失控。

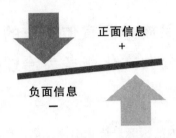

正面信息
+

负面信息
—

图6—1 传统公关运作面临新媒体挑战

改良后的公关化战争宣传模式，转向了以媒体为放大器和运作空间的"优势信息饱和战略"①（图6—2）。这一战略的核心思想就是力争使国际受众的注意力尽可能多地被有利于己方的正面信息填充。因为，受众注意力是有限的。主动发掘和搜寻负面信息的受众也是有限的。在一段总量有限的时空范围内，大量的正面信息可以抑制负面信息的扩大效应。首先，信息饱和是指确保对于任何有利于敌方的负面新闻，都有相关的有利于己方的解释性新闻，以及针对该事件或议题的正面信息，以形成竞争，并在数量上形成优势。其次，优势信息是指己方释放给西方媒体的新闻信息，与敌方提供的信息相比，更具吸引力和新闻价值，更加贴近符合、更能刺激触动受众心理，在质量上形成优势。通过质量上的优势和数量上的饱和，占据国际新闻议程的首要位置和国际舆论引导的制高点，使敌方的信息被淹没和遮蔽在饱和的正面信息流之中。在媒介化的伪现实环境中，媒体设置的议程和话语框架完全取代了公众的舆论环境或话语权，媒体所占有的信息资源量与主导国际舆论的能力成正比。而美国拥有全球最大的媒体王国，无论是媒体数量还是网络覆盖范围在全世界都是首屈一指的，为其传播影响力提供了最坚实的保障。美国的媒体在每天的新闻生产中占据着主导性地位，也就更容易在国际信息流动中塑造出强势舆论，从而利用这种话语霸权影响、引导公众的思想，保障其战略传播目标的实现。②

---

① Thomas Rid：*War and Media Operations*：*The U. S. Military and the Press from Vietnam to Iraq.* London：Routledge, 2007.

② 吴飞：《国际传播系列案例分析》，浙江大学出版社 2013 年版，第 93—103 页。

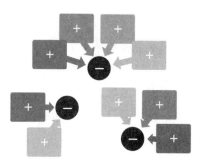

图6-2　以媒体为放大器和运作空间的优势信息饱和战略

在实施优势信息饱和战略过程中，也会遇到一系列公关危机和难题。一方面，高度视觉化的负面信息传播形态，将轻易并迅速地削弱苦心经营的正面形象塑造成果。新闻图片、视频画面具有形象鲜明、容易记忆、视觉冲击力强的特点，易于形成视觉化符号，进而上升为公众的集体记忆，难以通过公关运作和舆论导向抹去（即便最后被证明是伪造的），这正印证了西方的一句谚语"诽谤吧，诽谤吧，总会留下些什么的"。另一方面，一旦战争或冲突持续较长时间，来自互联网和其他卫星电视频道的新闻信息替代来源就会激增。这些来自互联网或其他替代来源的信息往往与主流媒体的观点和目标相对立。然而对于后者，优势信息饱和战略仍然奏效。因为在面向所有人开放的互联网所形成的夹杂着各种新闻、图片、观点的信息洪流中，信息是供远远大于求的。"积极的信息寻求者们能够将互联网作为工具，发现一大批的信息和观点。但是，这一直是如此——那些聪明的、受过教育的公众，总是知道如何绕过主流大众媒体，发现替代的消息来源。"① 而公共关系机构、舆论导向专家、国际强势媒体、国防情报部门这些富有技巧、技术和能力的职业传播者，则正是利用信息供大于求这一点作为自身优势，更积极、更具目的性地进行着传播活动，影响甚至控制着信息洪流的方向。网络新媒体在赋权运动的同时，也沦为西方国家公关机器及其强势媒体的霸权工具。②

那么，在这样的"优势信息饱和战略"下，如果我们的"正面宣传"还

---

① 〔英〕P. 埃瑞克·洛：《西方媒体如何影响政治》，新华出版社 2013 年版，第 234 页。
② 刘肖、董子铭：《媒体的权利和权力的媒体——西方媒体在国际政治中的角色与作用》，中国社会科学出版社 2017 年版，第 78—81 页。

不转换思维，那将一直处于被动挨骂的局面。互联网环境下，我们的正面宣传方针仍然奏效并且不可替代，但需要从以下两方面进行思维切换。

（一）正面宣传在于内容，但更在于渠道

与其生产大量低水平的正面内容，高难度压制负面信息，不如优化介质渠道，让高质量的正面内容更有传播力，能够精准到达用户。首先，自助式优化搜索引擎。互联网上用户的注意力永远是有限的，以国内搜索引擎为例，关于某地某人某事的正面表达和优质内容完全可以通过百度百科编辑词条、百度知道有问有答、百家号形成风评、百度贴吧垂直讨论等百度搜索引擎自带的服务功能模块来实现百度关键词的优化和信息搜索，将正面的音量放大，而这还只是对于国内受众信息接触的引导和框定。换到世界级的互联网舆论场域中来看，尽管维基百科词条编撰造假丑闻不断，但它的存在对于广大求知好奇者乃至于部分学者而言都是一份权威性象征的"箴言"。这种方法看似取巧引发争议，却正是美国所谓的"优势信息饱和战略"。他们利用英语在盎格鲁－撒克逊语系的优势地位，造成一种在国际政治环境中占据多数声音和强势舆论的假象。而我们正是要在新媒体运营中适应这种"借力打力"的战术，无需过度耗费人力财力删除负面信息，而是提升正面信息的饱和程度，因为对于搜索引擎，绝大多数用户的心理都是只看前几页。其二，社交媒体和知识分享平台的定制化宣发服务。目前绝大多数互联网商业媒体平台均开展了为机关和机构提供亮点工作和核心宣传目的的内容运维与宣发推广服务，乃至热搜榜的流量支持，以构建他们在该平台丰富且具有正能量和高浏览量的内容池。其三，多维渠道平台的矩阵式传播。短视频时代，优质的正面宣传内容如何精准到达用户，产生广泛的传播效果，需要了解和把握每一种信息渠道的传播优势与用户画像。电视屏是视频的"超级宣推"和"创作工厂"，视频网站则是视频的"内容书架"与"前沿探索"，微信、微博是前两者的"舆论战场"，而抖音、快手等短视频分享平台则是千人千面算法推送的"精准到达"。只有了解了各个平台渠道的特性，一次采集、多次生产、多元分发，才能够成为可能。

（二）由"讲好故事"到"分享故事"的社交思维转换

社交思维的核心是"好看不如好转"。社交媒体语境下衡量内容传播效果的重要 KPI 就是转发分享量。从媒介发展的历史来看，信息的传达经历了三个阶段。第一阶段：陈述事实（fact telling），被称为前工业时代，以倒金字塔结构将拉斯韦尔的 5W 讲清楚，突出重要信息。第二阶段：故事讲述（story telling），被称为工业时代，有模式有套路，批量生产。第三阶段：故事分享（story sharing），不仅要讲好故事，还要让人去分享你讲的故事，要让故事产生社交关系。但现实是，康巴地区很多州县媒体连讲好故事的能力都还不具备，就由第一阶段跨越式地直接过渡到第三阶段，显然存在着内容持续生产后劲不足的问题。但也正因如此，这种分享故事的思维，尤其适用于康巴地区，在人力物力财力资源不足的情况下，集中力量于重点 IP 的打造如藏族男孩"丁真"等，进而依托社交媒体平台的流量带动内地网民对康巴地区的了解和认知。运用这一思维要注意以下两点：

首先是内容选题的社交币价值。影像要获得社交动力，至少需要能够帮助用户实现"提供谈资、表达想法、帮助他人、塑造形象、地位比较"的五种功能之一，在对爆款政务宣传短视频的内容考察中发现，容易转发的爆款在选题方面的特点：一是专业中的高颜值，如"@甘孜文旅局长刘洪"的出圈爆红；二是言行中的反常态，如网红"@垫底辣孩"拍摄的甘孜宣传大片，获得 261 万的点赞量，13.5 万的评论数，14.3 万的转发量，从用户高赞评论中可以看出，视频主要的震撼和魅力就在于前后的变装反差；三是情感中的强共鸣，这在康巴地区官方账号的爆款作品中尚不常见，也是可以探索的方向。

其次是呈现方式上的社交思维。具体到影像中，就是要有网感化的语言和影像风格以及社交性的自我表达。首先，将高大上的政治理念转换成网感化的语言和影像风格，是可以在社交媒体平台上广泛传播的。然而，囿于媒体团队水平的客观限制，时政评论这方面的内容并不是康巴地区新闻宣传的长项。但另一方面，社交性的自我表达则是可以努力的方向，如"@行甘孜"这一账号就是甘孜州广播电视台在抖音平台的成功尝试。随着媒介技术的发展，个人意识的增强，自我表达成为 Z 世代网民的一种常态。在"@

行甘孜"这一官方账号的宣传短片中，高赞作品全部以 Vlog 形式呈现。Vlog 可以理解为短视频博客，即自拍日记，是一种个人化、日常化、口语化、具有代入感却没有新闻记者姿态、开展平等对话交流的影像呈现方式。

二、"最后一公里"的说服对话：偏向的宣讲与双向的交谈

新中国成立以来的宣传工作，围绕党管媒体的核心，一手以强大的意识形态宣传强化公众对异质舆论的免疫力，一手以一体化的媒介管理制度隔离异质信息以最大限度地消弭滋生有害舆论的感染源。然而，在社会加速转型和媒介生态格局深刻变革的新形势下，政府对社会信息的控制力、管理权威以及主流意识形态的社会认同度，均受到了前所未有的冲击，党管媒体这一法宝与时俱进的速度尚待提升。对此，党中央在国家治理体系和治理能力现代化要求的框架下提出了打通基层宣传工作"最后一公里"的新时代文明实践工作部署。"最后一公里"是康巴地区公共文化服务和基层宣传工作的重点和难点。增强主流意识形态在该地区基层社会的渗透力与认同度，提升该地区民众的社会文化资本与全面发展能力，已成为国家治边稳藏工作的重要目标。

基于康巴地区特殊的政治、经济、文化特征和目前的公共文化资源现状，课题组认为，公共文化服务尽管以公共文化基础设施建设为依托，但建设并非一蹴而就和一劳永逸的，体系的搭建仅仅是奠定思想文化体系系统性能的基础和起点，而维护协调宣传思想文化体系的持续良性运行则更为重要。康巴地区的公共文化服务工作急需观照搭建与运维的双重维度，在动态、关联、可持续的思路下布局实施具体的管理措施。在搭建层面，涉及涉藏州县信息媒介与文化教育资源的统筹整合；在运维层面，则涉及"因地制宜、因人群而异"地开展农牧区思想道德建设活动，丰富符合群众精神需求的公共文化产品，优化服务供给，推动供需之间的有效对接，培育挖掘农牧区文化人才参与文化建设，以"党政主导，社会主办，村民主体"为原则，以政府、社会、群众的合力，推动包涵精神文明建设在内的康巴地区全面协调发展。

（一）以"肖陶扩"提升社会资本，柔性强化康巴地区宣传思想工作的渗透力

精准扶贫战略对康巴地区产生了显著影响，但因为区域社会的文化内核尚未发生根本改变，与民风、民俗及民族文化现代化问题有关的因素，已经成为康巴地区"扶志"与"扶智"的"硬骨头"。如不以更大力度和精度扶文化之贫，当前扶贫的拉力不仅很难转化为村民脱贫的内生动力，而且可能被某些文化因素抵消甚至转化为阻碍区域现代化的力量（如在康巴地区，各种扶贫政策带来的收入，让相当部分村民"布施"更大方——扶贫成果正在部分转化为寺庙财产）。

经济发展与认同程度并非天然正相关，社会资本才是执政绩效满意度提升的基础。"社会资本"理论由美国哈佛大学政治学家罗伯特·帕特南提出，其思想是：相较于物质经济生活水平，民众精神文化上的差异才是真正决定政府执政绩效满意度的核心因素。因此，改善政社关系的关键，在于鼓励民众积极自发地参与基层活动，以提升当地社会的信任度、社会规范，优化人际关系。那么如何提升康巴地区的社会资本？发源于美国19世纪的"肖陶扩"运动可以作为一种具有可行性的参考模式。

"肖陶扩"是文化教育普及运动的代名词，其持续近三十年（1904—1932）的夏季巡回讲座，给北美乡村的数百万人带来了文化的改进。"肖陶扩"这种文化普及模式之所以适用于我国康巴地区，是因为该地区浓缩地映射了不同国家在不同时期共同经历过的现代化适应阶段与社会迅速转型过程中的社会发育不平衡。当社会经历深刻的经济、政治、科技变革时，知识沟与数字鸿沟的交叠越加显著。"肖陶扩"运动以家庭读书俱乐部、文化讲座、名人演讲、音乐戏剧等巡回演出的形式深入农村，同时在村镇开办暑期培训学校，向农村群众传授科学文化知识和现代社会理念。这种方式恰恰有助于弥合城市与乡村文化生活之间的差距。

中国当前正处在急速发展变化的社会转型期，不仅城乡地域之间的差距凸显，思想认知上的认同感和获得感与实际物质层面的获得也存在不匹配的情况。此时，"肖陶扩"既可以作为伸向社会肢体末梢的毛细血管，为"社会发育边地"提供文化教育的血液和养分，又相当于一个社会黏合剂，将康

巴地区与中东部地区先进文化相接合，促进康巴地区政社关系的良性互动。"肖陶扩"的主要运作形式包括巡回宣讲团、暑期培训学校和文娱活动。这三种形式在康巴地区都已经并将继续以更加自觉而丰富的路径发挥现代社会文化教育的潜力和作用。

1. 巡回宣讲团

其重点在于巡回。"巡回"不只是一个团队到处去讲同一批内容，巡回真正的含义是构建不断优化的可持续的培养机制，其目的在于将质量高、效果好的宣讲传播得广泛持久，并且与时俱进、不断更新。"文化扶贫，最缺的不是钱，而是人"，这是课题组所到州、县、乡镇和村的相关人员说得最多的一句话。优秀宣讲人才的培养和发掘，不仅需要人力物力财力的必然投入，还需要各个涉藏州县联合建立宣讲主题和宣讲人才的数据库。课题负责人长期从事面向基层干部的宣讲工作，深知将党和国家的精神、方针、政策，结合该地区、该部门的实际需求和新近案例，讲得动听、接地气、深入人心是非常高的要求。这样高水平的宣讲人才在实际的基层宣讲团队中并不多见。因此，亟须将愿意讲、善于讲的优秀宣讲团成员及时纳入地方州县的宣讲人才库，进行重点培养，定期巡回深入各个乡、镇、村进行宣讲，并且每次宣讲后收集听众的反馈和意见，以不断优化宣讲队伍，有助于下一次的宣讲满足和贴近受众的需求。在这一层面，其实康巴地区已经投入了实践，涉藏州县组建了"藏汉双语联合宣讲团"深入寺庙开展宣讲，如已有的高僧大德宣讲团、姐妹宣讲团、马背宣讲团、摩托车宣讲团等，讲体会、讲亲身体验，并且取得了良好的效果，但是须体系化常态化才能发挥宣讲团的效用。只有强调巡回才能让优质的内容覆盖更多的民众并提升宣讲的接受程度。

一方面，宣讲要做到有指向，藏传佛教对藏族人民精神文化内核影响深刻，在宗教性的转化与吸纳上，一头以引导为主，引导僧侣思想与国家意识形态和宣传思想相契合。具体而言，"汉藏双语联合宣讲团"每年至少2次深入寺庙开展宣讲，要与僧众面对面沟通、近距离交流、心连心互动，引导广大僧众维护祖国统一、维护民族团结、维护法律尊严、维护人民利益，形成法律宣讲队、高僧大德宣讲团等，达到同心同向效果。另一头以吸纳为主，将僧侣纳入对外宣讲的传播主体，扩大宣讲团版图。鼓励热爱传统文化、具有艺术专长的僧众加入各级文学艺术界联合会，感受多民族文化熏陶。也要组织他们积极参与藏族祥巴、藏族戏剧、唐卡绘画、造像艺术、藏医药等文化"走出去"展览展演，自觉弘扬民族传统优秀文化，让他们在感受多元文化融合的过程中体悟中华民族团结。

另一方面，要做到可持续。自上而下的生产往往无法切入社会基层的肌理，只有群众自下而上的创作喷涌，才能保持生机活力和可持续的产出。以基层群众自发自觉为导向，鼓励基层群众多样化参与。实现各类宣传宣讲到基层，把"送文化"变为"种文化"。围绕深入实施"润育工程"，统筹法治与德治教育，以"法律七进""道德讲堂"等为载体，深入推进社会公德、职业道德、家庭美德、个人品德建设，用身边正能量引领时代风尚。注重身边人讲身边事，身边人讲自己事，身边事教身边人，鼓励群众参与，特邀专业讲师和"身边好人"以社会公德、职业道德、家庭美德、个人品德等道德福仪为主题，采用藏汉双语，通过举例子、引寓言、讲民间谚语、述说身边事等方式，为农牧民群众带来生动且有意义的道德伦理课。要广泛开展以"历史的记忆、和谐的家园"为主题的口述历史活动、读史明志活动，通过重大历史事件的亲历者、见证者、知情者的述说还原历史，着眼康巴地区的历史沿革和重大建设成就，以历史事件和代表人物阐释民族团结的历史渊源和现实基础，将其作为资政育人的活教材，摒弃思想教育"满堂灌"的旧方法，让基层群众深度了解康巴地区的真实历史。还要通过大力开展文化惠民活动，送节目、送科技、送电影下乡村、入农户。近年来，阿坝州广泛开展"欢乐乡村行"专业艺术院团"送戏下乡""非遗进校园、社区、企业、部队、景区、农村"等文化活动，不断活跃和丰富了基层群众的精神文化生活，使群众在参与中享受到了无限乐趣，幸福指数得到有力提升，增进了党和基层群众的团结，凝聚了民心士气。但在送文化下乡时要兼顾传播主流文化与保留藏族特色，考虑受众偏好。调研显示，在送文化下乡过程中，最受欢迎的往往是当地藏族同胞自己推出的几个节目，这说明，在下乡巡演活动中结合当地特色能更好发挥文化传输的效能。

2. 暑期培训学校

其内核在于发挥文化反哺的作用，以青少年为突破点，带动父母等家庭成员参与到文化学习和建设中去，提升群众的文化素养和数字生活能力，一方面通过培训获得的技能转化为经济效益，另一方面实现与新技术和社会发展的接轨。这也契合了"肖陶扩"的本质精神及其所倡导的关注个人的价值以及个人改善自己和社会的能力。只有个体实现了自我进步，整个社会才能实现整体的提升。

基于康巴地区的社会历史条件，当地主要划分为城镇、河谷农区、半农半牧区和山地牧区，当地的青少年接受学校的义务教育主要在城镇学校，由于距离家庭居住地较远，一般选择寄宿。这也就导致青少年与家庭成员接触和相处的时间集中在暑期。当地的青少年作为社会的新生预备力量，具有相较于当地其他年龄层次群众更强和更高的学习意愿和学习素养，对于新技术新知识的接受能力和效率都更强、更高。因此，建立暑期培训学校应当以点带面，以当地青少年为纽带建立起家庭与学校之间的关联，引导青少年将培训学校授予的知识经过自己的转化反哺给家庭成员，最终实现共同的学习和进步。

暑期培训学校的建立，首先在于其培训内容的选择。暑期培训学校不同于普通义务教育学校，它更侧重于社会技能的教导。"肖陶扩"面向的是那些没有教育机构向公众提供课程的地区，当今美国投入巨大的农业合作推广服务、校外课程、大学外展项目和远程学习技术的庞大网络，其内核就是"肖陶扩"。正如"肖陶扩"在美国进入工业时代将大学的服务扩展到农村和城市一样，如今，随着中国社会跨越式迈入信息时代，基于移动互联网平台的商业机构正在努力将专业学习和职业课程扩展到更广阔的中国乡村与县城。但是康巴地区的边远地理位置和经济发展现状，无法给商业性的机构提供短期的直接变现的经济效益，因而这些商业机构不会选择直接深入和提供培训服务。在商业力量缺席之地，需要制度性力量的入场和保障，立足于长期的经济文化效益，提升当地群众的内生能力。暑期培训学校的建立，弥补了商业力量的缺席，同时也将这种技能的培训由间断的分散的转化为可持续的集中的有重点的，如与当地产业密切结合的直播带货。当地群众对于新媒体技术及其应用没有接触和学习，平日里进行系统性培训需要的力度、强度和课程密度都比较大，但在暑假期间，青少年返村回家，可以迅速掌握这些技能，就能够帮助家庭成员完成开通账号、建立直播间、上链接、实地拍摄等起步工作，一方面完成了经济效益的转化，另一方面也为当地群众打开了向外探索的窗口。新媒体技术作为平台和渠道，也承托着经济效应和文化建设的共同发展。

3. 文娱活动

其重点在于寓教于乐，弱化宣讲偏向的严肃性和灌输性所带来的受众心理抵抗，增加文教内容的吸引力，其发力点就在于电视电影节目。对于康巴地区民众的普遍文化水平和信息接收习惯来说，电视电影节目无疑是最能够让他们放松和入脑入心的传播载体。面对藏民做宣传内容，要考虑到用户的文化水平。文字掌握在僧侣手中，藏民文化水平较低，视频比文字更容易被藏民理解接受。所以康巴地区宣传工作应下大力在电视电影上。事实上，抖音上有很多僧人开直播，在视频的领域宣传主体不能缺位，在文娱方面也要潜在地消解宗教的话语权。因此，一方面要扩大增量，生产汉藏双语的文娱内容；另一方面盘活存量，州一级电视台具备一定的藏语翻译人才，然而相关工作却萎缩了，如阿坝州艺术中心的"231工程"，当前非常需要加大对正能量、高质量、接地气并蕴含社会主义核心价值观的内地经典影视剧作、综艺节目、纪录片的藏语翻译工作力度。

（二）以调研个体需求深化交谈的针对性，以文旅活动扩宽交谈的泛在性

前文所述"肖陶扩"式的宣讲是思想引领式的，存在双向沟通但过程非对等。"最后一公里"的说服与对话还需要人际交往中双向均衡的交流互动，促使康巴地区群众通过亲身体验和切身感受来认同主流意识形态和现代化的先进思想文化。交谈作为"口语—听觉"文化的呈现形态，是一种调动全身感官进行交流的沟通方式，面对面的语气、表情、眼神、手势等身体语言和所处的生活场景会让交流更加真实和入脑入心。我们认为可以从针对性和泛在性两方面，来提供交谈的环境和提升交谈的效果。

1. 交谈须以针对性为前提

交谈不是泛指东西之间、官民之间、汉藏之间的对话，而是针对具体的个体。交谈不是将藏族群体打包为一个整体，反而是要求因人制宜分层施策，关注各地藏族居民的不同特征。坚持从各地实际出发，因地制宜，不搞一刀切。一旦先入为主地以少数民族作为划分，没有深入康巴地区的居民内

部了解不同群体的具体需求，实质上就是在用少数民族的标签去概括整体，反而推动整个族群向内的认同和向内寻求助力，容易被狭隘的民族性和宗教传统继续裹挟和主导，成为推动该地区社会化和现代化的阻力。因此，交谈需要在具体的社会身份群体上寻求共性，调研不同性别、不同年龄、不同职业、不同群体的需求。这也正体现了中央精神，以关心群众和服务群众带动宣传工作在基层的深入开展，将理论宣讲、政策解读柔性嵌入贴近乡村居民的文化、生活、健康、科普等各项日常服务活动之中。交谈针对性的落脚点在于到达的精准和具体。交谈诉诸口语和听觉的形式和对全身感官的调动决定了交谈双方的投入程度和体验。在交谈中倾听对方的需求，才能真正切入不同群体困境的具体症结和核心需求，形成良好的反馈和互动机制。如僧侣、农民、牧民、司机等不同职业人群，在各自职业内部存在共性的信息偏好、职业习惯以及困境，同时个体也存在着具体的需求与困惑。弱势群体如单亲妈妈、残障人士，先从导致其成为帮扶对象和陷入生活困境的原因入手给予救助，进而结合客观原因和个人诉求，实现公共文化服务的精准到达。这样的交谈应由基层政府、地缘高校、科研机构、社会工作组织等更多的社会化力量来进行。比如，对于残障人士，其生存困境不仅在于生理缺陷，还在于持续生存的能力——受教育程度，通过交谈，了解到其实际需求后，借助新媒体技术我们可以为其提供网课学习的机会。同样，对于僧侣来说，其信息接收习惯是对政治不感兴趣，排斥政务信息，但是接纳生活科普类的知识。宣传重点可放于软性的非政治化内容。对于司机来说，通过交谈可以得知其偏好生活服务类的信息，就能以服务为内容支柱覆盖到这类受众。总之，通过交谈，让藏民由"符号"性地呈现变成具体的人的在场，进而实现他们的社会化和现代化。

2. 交谈形式的泛在性

但凡是双向的沟通和亲身的沉浸和体验，都可以归为交谈。换句话说交谈无处不在。那么，如果单从宣传媒介的视角去讨论交谈，难免陷入传播主体间性的缺失，传授双方力量的强弱也会导致互动中权力的不均等。因此，真正地实现平等的双向互动须下沉到具体的个体。所谓"功夫在诗外"，就是传播问题的解决方案往往不在传播体系之中，而需要从其他维度寻求路径。比如，与文化旅游结合，就是增进汉藏对话交谈的最和谐有效的方式。

对康巴地区来说，旅游的主体通常是汉族游客，旅游的对象是康巴地区的风景民俗和文化，旅游行为的发生本身就是汉藏之间的对话和交谈。通过旅游中的交谈，以人为载体的汉藏文化和人本身都能实现交流和交融。一方面，在具体场景上，民宿民居接待能够为汉藏对话提供实在的共同物理空间。无论是语言、生活习惯、价值观念、饮食文化都能在这个空间中得到充分的交流。俗话说"康巴的汉子，安多的马"，尽管安多和康藏地区使用不同的藏语方言，但两个地区在传统的西藏地理概念中又合称"多康六岗"①，具有较为相似的区域藏文化特征，在宣传思想工作与文旅结合方面具有同样的参考价值。其中，安多四地就包含了阿坝州的阿坝县、红原县、若尔盖县三地。例如，阿坝县的神座景区，属于农牧林营区，拥有草场 65 万亩，森林 5 万亩，民族文化氛围浓厚。那里依借高山、峡谷、草原的自然风光和淳朴的部落民俗风情开发的"牧家乐"非常受到内地游客的欢迎。在旅游过程中内地游客与当地牧民的交谈交流，既带动了当地经济发展，又实现了以人为载体的汉藏民族文化的交融与情感的连接。另一方面，在主题活动上，具有民族特色的活动和赛事能够为汉藏对话提供仪式性的共同文化空间，如节庆、体育、文艺、生态保护等活动。已经开展的"甘孜康巴艺术节""马尔康嘉绒锅庄文化旅游节""阿坝红原草原艺术节"，以仪式构建共同的文化空间，既繁荣了文化生活，也让汉族游客领略当地的民族文化的魅力，以共情的力量结成汉藏民族之间强韧的关系纽带。然而，举办节庆活动是以政府资金投入为主要资金渠道的。推动文化内生动力的成长，需要基层文化能手、文化骨干、文化名人、民间艺人、非遗传承人、文化中心户、业余文化组织等多元社会力量参与，这既能弥补基层文化队伍人员和能力的不足以防止"政府失灵"，更能激发文化志愿者、文化管家、文化类社会组织、文化自组织的主体性和创造性。

从社会组织主导的角度来说，还要整合民间组织队伍，壮大组织力量。要积极调动社会文艺团体、民间艺人的作用，重新整合被遗忘的民间组织力量，发动群众加入。一方面，康巴地区的社会文艺团体、民间艺人对藏族地

---

① 按照西藏传统的地理观念，整个藏地海拔由高至低被划分为"上、中、下"三大区域，有"上阿里三围、中卫藏四如、下多康六岗"的说法。

域文化和当地群众的视听偏好比较了解，能针对性地为广大群众提供他们最喜爱的文化活动；另一方面，康巴地区的社会文艺团体、民间艺人掌握了独特的文化技艺，将党和国家的意识形态思想文化嵌入藏族特色文化艺术中，在传播藏族特色文化、增强文化自信的同时，也能让康巴地区民众接收主流文化的熏陶。但要切实解决演员的体制内身份问题、薪酬较低问题，减少演员流失，才能更充分发挥社会组织的力量。

从普通群众主导的角度来说，要完善民间演出队伍，开展群众文化活动，将群众从看客转变为主角。由县委政府当"领唱"，文化部门当"老师"，建立完善乡村文艺演出队。通过发挥基层文化骨干的意见领袖力量，积极引导和发动群众自编自演、自娱自乐，以藏族特色为基础，组织跳锅庄、赛马等歌舞、体育竞技类群众文化活动，把群众从文化的看客变为主角，激发群众参与热情。调研结果显示，康定城区广场健身活动充分结合当地特色，选择了锅庄而非健身操作为运动项目，引来了群众积极参与。

附录一　调研访谈对象基本情况统计表

访谈对象	姓名	所在地区/单位	访谈时间	编号
政府相关部门工作人员	傅××	成都市委宣传部（市文明办）志愿者服务处副处长	2022.06.23	A1
	张××	成都市人大代表、郫都区社治委工作人员	2022.03.24	A2
	江××	成都市郫都区德源街道党群办主任	2022.06.17	A3
媒体从业人员	刘××	郫都区融媒体记者	2022.03.20	A4
	黄××	成都日报记者	2022.03.27	A5
基层党组织/新时代文明实践中心（所/站）负责人	曾××	新都区新时代文明实践中心	2022.05.16	B1
	熊××	温江区新时代文明实践中心	2022.06.24	B2
	王××	郫都区新时代文明实践中心	2022.04.25	B3
	熊××	双柏社区党委书记	2022.04.06	B4
	黄××	书院社区党委书记	2022.04.06	B5
	熊××	和平社区党委副书记	2022.04.12	B6
	孟××	都江堰市新时代文明实践中心	2022.05.23	B7
	刘××	蒲江县新时代文明实践中心负责人	2022.05.30	B8
	周××	武侯区新时代文明实践中心负责人	2022.05.16	B9
	高××	高新区新时代文明实践中心负责人	2022.06.15	B10
	刘××	东林村新时代文明实践站负责人	2022.04.13	B11
	李××	金牛区新时代文明实践中心负责人	2022.05.17	B12
	齐××	简阳市新时代文明实践中心负责人	2022.06.06	B13
	杨××	邛崃市新时代文明实践中心负责人	2022.05.30	B14

访谈对象	姓名	所在地区/单位	访谈时间	编号
社会他组织负责人	王××	优力课志愿者团队负责人	2022.03.20	C1
	李××	未来社工培育计划负责人	2022.04.28	C2
	武××	"义家"志愿者团队负责人	2022.03.25	C3
	陈××	四季纯真生态社区负责人	2022.06.21	C4
群众自组织负责人	李××	"老漂儿"自组织负责人	2022.03.23	D1
	周××	"梦想辣妈团"自组织负责人	2022.03.23	D2
	周××	"织锦梦缘"自组织负责人	2022.04.02	D3
民众/志愿者	薛××	郫都区郫筒街道书院社区居民	2022.03.20	E1
	周××	高新区桂溪街道和平社区居民	2022.03.24	E2
	王××	高新区桂溪街道和平社区居民	2022.03.24	E3
	李××	新津区岳店村居民	2022.03.27	E4
	徐××	新津区东华村居民	2022.03.27	E5
	刘××	郫都区禹庙村居民	2022.03.24	E6
	易××	蒲江县明月村居民	2022.03.20	E7
	徐××	郫都区东林村居民	2022.04.13	E8

附录二　访谈提纲

访谈对象	提纲
政府相关部门工作人员	1. 传播在基层治理工作中发挥着什么样的作用？ 2. 在基层治理过程中，如何发挥传播的作用？具体的做法有哪些？ 3. 上级部门向下级部门（基层）传递信息的方式有哪些？ 4. 上级部门在信息传播方面，对基层提供过哪些帮助？ 5. 您认为在基层治理过程中，信息传播还存在什么问题？ 6. 您对基层治理过程中的信息传播有什么好的建议？
媒体从业人员	1. 社区在供稿和报送新闻的时候有没有积极塑造基层党组织、社会他组织、群众自组织形象的意识呢？ 2. 媒体在报道社区或乡村的事迹、案例等成绩时，更倾向于报道哪一部分群体？ 3. 从媒体实践的角度看，这些群体的宣传报道对基层治理工作起到哪些作用？ 4. 对基层的宣传报道是以什么方式传播的？能否给基层治理带来积极的影响？ 5. 站在媒体的角度上，您认为基层在信息传播方面存在哪些问题？应如何改进？
基层党组织负责人	1. 您能介绍一下目前党组织信息传播的基本现状吗？ 2. 党组织在基层治理过程中起到什么样的作用？ 3. 党组织是通过什么样的方式来传播信息、密切党群关系的？ 4. 党员在基层治理中发挥着什么样的作用？成效怎么样？ 5. 党组织在基层治理过程中，信息传播存在什么问题？ 6. 您认为党组织在基层治理过程中如何改进信息传播的方式？

访谈对象	提纲
新时代文明实践中心（所/站）负责人	1. 您认为新时代文明实践中心（所/站）在基层治理过程中发挥着什么样的作用？ 2. 新时代文明实践中心（所/站）是如何开展文明实践活动的，运行机制是什么？ 3. 新时代文明实践中心（所/站）是通过什么样的方式收集群众需求或向群众传播信息的？ 4. 新时代文明实践中心（所/站）在基层治理过程中，整合了哪些公共资源？具体效果或功能服务能力如何？ 5. 新时代文明实践中心（所/站）在信息传播方面存在什么样的问题？ 6. 您对新时代文明实践中心（所/站）信息传播方面的问题有何建议，以使其更好地服务于基层治理？
社会他组织负责人	1. 社会他组织是以什么样的方式参与到基层治理工作中的？ 2. 您认为社会他组织在基层治理工作中发挥着什么样的作用？ 3. 社会他组织是通过哪些方式进行信息传播的？效果怎么样？ 4. 您认为什么样的信息内容是群众比较喜欢的？ 5. 社会他组织参与基层治理工作时，在信息传播方面存在什么问题？ 6. 您对社会他组织在信息传播方面存在的问题有什么建议？
群众自组织负责人	1. 群众自组织是通过什么样的方式进行信息传播的？ 2. 您认为群众自组织对基层治理起着怎样的作用？ 3. 您认为群众自组织在自行传播的过程中存在着哪些问题或隐患？ 4. 你对存在的问题有什么建议？
民众/志愿者	1. 您是通过什么方式来了解或表达自己的信息需求？ 2. 您更喜欢什么样的信息内容或信息传播方式？ 3. 您对当前的信息传播方式有什么看法？

附录三　关于新时代文明实践中心建设现状的问卷

您好！这是一份针对当地新时代文明实践中心（所/站）建设情况的调查问卷。新时代文明实践中心（所/站）是打通宣传群众、教育群众、关心群众、服务群众的"最后一公里"而建立的。为了解当地当前新时代文明实践中心（所/站）建设的进展情况，特做此问卷。非常感谢您能在百忙之中抽出时间填写我们的问卷，您的填写对我们有着很重要的意义！我们承诺对您所提供的一切信息保密，不向第三方透露。谢谢您的配合！

一、基本信息

1. 您的性别：

    A. 男　　　　　　　　B. 女

2. 您的年龄：

    A. 0—18 岁　　　　　B. 19—35 岁　　　　　C. 36—50 岁

    D. 51—64 岁　　　　　E. 65 岁及以上

3. 您的学历：

    A. 小学及以下　　　　B. 初中　　　　　　　C. 高中/中专

D. 大学（大专以及本科）E. 研究生及以上

4. 您的职业：

    A. 干部   B. 事业单位工作人员（教师、医生等）

    C. 企业人员   D. 个体户   E. 自由职业者

    F. 学生   G. 农民

    H. 无业/待业人员   I. 其他

5. 您的身份是：

    A. 街道干部   B. 村居干部

    C. 新时代文明实践中心（所/站）工作人员

    D. 志愿者   E. 群众

二、推进效果

6. 您是否了解新时代文明实践中心（所/站）：

    A. 非常了解   B. 比较了解   C. 一般了解

    D. 不太了解   E. 完全不了解

7. 您是否参加过新时代文明实践活动：

    A. 参加过   B. 没深入参与，但旁听（旁观）过

    C. 只听说过   D. 没参加过也没听说过

8. 您所在地区的新时代文明实践中心（所/站）主要在哪里开展活动：（可多选）

    A. 公共活动场所（广场/公园/活动室等）

    B. 村/社区（自行搭建的戏台/讲堂等）

    C. 大中小学校/社会活动机构（儿童活动中心/青少年活动中心等）

    D. 文化场所（图书馆/博物馆/文化站/农家书屋/科技与科普示范基地等）

    E. 其他

9. 您所在的地区开展过哪些内容的活动：（可多选）

    A. 理论宣讲（学习习近平新时代中国特色社会主义思想等党的最

新理论）

B. 政策宣讲（为民利民惠民政策、脱贫攻坚政策、民生保障政策等）

C. 培育主流价值（评选表彰先进典型、好人好事、文明家庭等）

D. 文化生活（开展歌唱比赛、广场舞比赛、读书看报活动、文艺汇演等）

E. 移风易俗（制订乡规民约、开展乡风评议、提倡健康生活等）

F. 其他

10. 最近1年内，您参加过多少次新时代文明实践中心（所/站）开展的活动：

A. 0次 　　　　　　B. 1—15次 　　　　　C. 16—30次

D. 31次以上

11. 您最想了解或参加哪一类活动：

A. 理论宣讲类 　　　B. 教育服务类 　　　C. 文化服务类

D. 科技与科普服务类 　E. 健身体育服务类

F. 其他

12. 您所在地区的新时代文明实践中心（所/站）开展志愿服务活动主要通过什么方式：（可多选）

A. 利用主题党日、组织生活会的时机开展文明实践活动

B. 利用周末及节假日开展文明实践活动

C. 利用传统节日开展文明实践活动

D. 利用自媒体平台线上开展

E. 道德大讲堂

F. 其他

13. 您所在地区的新时代文明实践中心（所/站）开展的活动内容是否能够满足您的实际需求：

A. 能满足 　　　　　B. 比较能满足 　　　C. 一般满足

D. 不能满足 　　　　E. 完全不能满足

14. 您所在地区的新时代文明实践中心（所/站）开展活动时，了解居民需求的方式为：（可多选）

A. 问卷调查   B. 入户走访   C. 召开座谈会

D. 参与活动观察 E. 线上留言（微信群告知等）

F. 其他

15. 您对新时代文明实践活动的形式和内容感到：

A. 非常满意   B. 比较满意   C. 一般满意

D. 不满意   E. 非常不满意

三、队伍建设

16. 您所在地区的新时代文明实践中心（所/站）是否成立志愿服务队伍：

A. 是   B. 否

17. 您所在地区的新时代文明实践中心的志愿服务队伍参与人员主要来源是：（可多选）

A. 党政机关和国有企事业单位工作人员

B. 中心/所/站工作人员

C. 本村/社居民

D. 社会组织/机构工作人员

E. 乡土文化能人（文艺爱好者/传承人等）

F. 村/社区工作人员（网格员等）

G. 大中小学师生

H. 先进人物和新乡贤

I. 致富/创业能手

J. "五老人员"

K. 不清楚

L. 其他

18. 您所在地区的新时代文明实践中心（所/站）开展的实践活动主要类型为：（可多选）

A. 文化文艺   B. 健康卫生   C. 科技科普

　　D. 移风易俗　　　　　E. 应急抢险　　　　　F. 乡村振兴

　　G. 支教助学　　　　　H. 助老助困　　　　　I. 手工制作

　　J. 其他

19. 您对新时代文明实践中心（所/站）的志愿服务队伍建设感到：

　　A. 非常满意　　　　　B. 比较满意　　　　　C. 一般满意

　　D. 不满意　　　　　　E. 非常不满意

四、平台效能

20. 您平时是否会关注新时代文明实践中心（所/站）相关信息：

　　A. 关注　　　　　　　B. 不关注

21. 您是通过哪个（些）渠道了解到活动开展的信息：（可多选）

　　A. 自己打听、了解

　　B. 有熟人或朋友告诉

　　C. 小区宣传展板

　　D. 工作人员上门告知

　　E. 微信（QQ）群

　　F. 微信公众号、微博、抖音、快手等新媒体

　　G. 广播、电视、报纸等传统媒体

　　H. "文明兴蓉"小程序、成都志愿者网站等

　　I. 碰巧遇到

　　J. 其他

22. 您对新时代文明实践活动的宣传感到：

　　A. 非常满意　　　　　B. 比较满意　　　　　C. 一般满意

　　D. 不满意　　　　　　E. 非常不满意

五、创新能力

23. 您所在地区的新时代文明实践中心（所/站）是否有品牌项目或特色志愿服务队伍：

    A. 有   B. 没有

24. （23 题选"有"的答）您对品牌项目开展的形式和内容是否满意：

    A. 非常满意   B. 比较满意   C. 一般满意

    D. 比较不满意   E. 非常不满意

25. （23 题选"没有"的答）您认为没有品牌项目或特色志愿服务队伍的原因是：（可多选）

    A. "一把手"不推进   B. 利益主体相互推诿

    C. 相关部门不重视   D. 缺乏资源

    E. 活动形式主义   F. 不清楚   G. 其他

26. 您认为当地新时代文明实践中心（所/站）具有当地特色：

    A. 非常同意   B. 比较同意   C. 一般同意

    D. 不同意   E. 非常不同意

六、其他问题

27. 您认为参加新时代文明实践志愿服务活动遇到的困难是：（可多选）

    A. 不知道如何报名

    B. 不知道怎么去参加

    C. 没有时间参加

    D. 没有人组织

    E. 志愿服务岗位要求和自己的专业、能力不匹配

    F. 其他

28. 您认为目前当地新时代文明实践中心建设存在哪些不足：（可多选）

A. 宣传力度不够（很多人不知道有这个活动或者不了解具体活动内容）

B. 群众需求与志愿服务不匹配（提供的服务不是我想要的）

C. 平台建设不完善（活动设计不合理、措施不连贯等）

D. 活动内容与形式单一化（活动、节目总是那几样，没有新意）

E. 资金投入不足（活动不能持续开展）

F. 志愿服务队伍不健全（志愿者们专业能力不强等）

G. 其他

29. 通过开展新时代文明实践活动，您认为达到了以下哪些效果：（可多选）

A. 越来越有文化

B. 越来越文明

C. 身体越来越健康

D. 周边环境越来越整洁

E. 服务老百姓的活动越来越多

F. 陈规旧习越来越少

G. 当地特色文化被越来越多人知道

H. 其他

30. 您认为今后新时代文明实践中心的努力方向有哪些：（可多选）

A. 增加资金投入和保障

B. 加大宣传力度

C. 平衡地区、城乡文化资源

D. 打造品牌活动

E. 丰富活动方式

F. 推进志愿服务项目化、品牌化

G. 完善信息传播平台

H. 其他

后　记

　　基层治理是推进国家治理体系与治理能力现代化的重要组成部分，也是社会发展和实现中国式现代化的必然选择。近年来，随着脱贫攻坚、全面建成小康社会的第一个百年奋斗目标的完成，人民群众对美好生活的向往逐渐变为现实。对于实现第二个百年奋斗目标来说，基层治理是一个核心命题。而在治理实践过程中，传播发挥着关键的作用。

　　本书以传播融入基层治理的眼光对基层社会进行系统性的剖析，认识和理解传播在基层治理中扮演的两种角色：一种是发现者、感知者、瞭望者，以其报道及观点引导民众理性活动、理性决策，促进民众对基层社会的情感认同、价值认同；另一种是组织者、动员者、引导者、参与者和政策执行的解释者、监督者、评价者。传播的信息，能引导利益相关的社会主体和个人以民主公开、审慎理性的方式，形成认知共识和行动协同。我们可以通过传播所形成的认知共识和行动协同，推动基层治理的进行。

　　正因为如此，我们在翻阅大量文献资料和开展多番专家咨询论证的基础上，以社会实践、科研调查、基层挂职、志愿服务活动等方式，踏遍蓉都城郊，对新时代文明实践中心、县级融媒体中心、党群服务中心等基层治理实践平台进行实地调研，深入了解了基层社会的经济发展水平、社会文化面貌、人文环境以及相关基层治理实践活动的传播现状。最终，在课题组的共同努力下，将调研所得之成果，梳理成稿，不揣浅陋，拿来求教于方家。

　　本书由董子铭拟定全书的整体框架和基本的写作思路，并负责全书的观点提炼和统稿工作。各章撰写人员分别是：第一章，董子铭；第二章，李志宏、董子铭；第三章，李志宏、董子铭；第四章，董子铭、杨凯；第五章，王溪、何星仪；第六章，董子铭、何星仪。此外，书中的大量研究资料由课题组成员——成都优力课社会工作服务中心负责人王溪、成都市郫都区郫筒街道双柏社区党委书记熊珊、成都市郫都区郫筒街道书院社区党委书记黄菲提供，资料翔实可靠、具有说服力。

　　本书的出版得到了成都市郫都区民政局、优力课社会工作服务中心、四川省数字文化与传媒重点研究基地，以及成都市郫都区郫筒街道书院社区、双柏社区、和平社区等居民委员会、成都市郫都区社会工作协会、电子科技大学公共管理学院等单位领导、老师和相关工作人员的大力支持，我对此深表感谢。同时，我要特别感谢我的导师蒋晓丽教授、师兄肖尧中教授的指导和帮助。此外，我还要感谢国内外学者的研究成果对本书研究的启迪，在此深深致敬。

作者于电子科技大学清水河畔